SOBRE A LINGUAGEM E O PENSAR

Concepção e Organização
José Renato Avzaradel

Sobre a Linguagem e o Pensar

Casa do Psicólogo®

© 2012 Casapsi Livraria e Editora Ltda.

É proibida a reprodução total ou parcial desta publicação, para qualquer finalidade, sem autorização por escrito dos editores.

1ª Edição
2012

Editores
Ingo Bernd Güntert e Juliana de Villemor A. Güntert

Assistente Editorial
Luciana Vaz Cameira

Projeto Gráfico de Capa
Nathalie Braga

Imagem de Capa
Os Escravos de Michelangelo

Editoração Eletrônica
Sergio Gzeschenik

Produção Gráfica
Fabio Alves Melo

Coordenação de Revisão
Lucas Torrisi Gomediano

Preparação de Original
Tássia Fernanda Alvarenga de Carvalho

Revisão Final
Carolina Serra Azul Guimarães

Dados Internacionais de Catalogação na Publicação (CIP)
(Câmara Brasileira do Livro, SP, Brasil)

Sobre a linguagem e o pensar / José Renato Avzaradel organizador. --
São Paulo : Casa do Psicólogo®, 2012.

Bibliografia
ISBN 978-85-8040-021-2

1. Escrita 2. Linguagem 3. Oralidade 4. Pensamento 5. Símbolos
6. Vida emocional I. Avzaradel, José Renato.

12-00995	CDD-153.42

Índices para catálogo sistemático:
1. Pensamento e linguagem : Psicologia 153.42
2. Linguagem e pensamento : Psicologia 153.42

Impresso no Brasil
Printed in Brazil

As opiniões expressas neste livro, bem como seu conteúdo, são de responsabilidade de seus autores, não necessariamente correspondendo ao ponto de vista da editora.

Reservados todos os direitos de publicação em língua portuguesa à

Casapsi Livraria e Editora Ltda.
Rua Simão Álvares, 1020
Pinheiros • CEP 05417-020
São Paulo/SP – Brasil
Tel. Fax: (11) 3034-3600
www.casadopsicologo.com.br

SUMÁRIO

AGRADECIMENTOS 7
José Renato Avzaradel

APRESENTAÇÃO 9
Daniela Beccaccia Versiani

PREFÁCIO 13
Alessandro Rocha

INTRODUÇÃO 15
José Renato Avzaradel

O SÍMBOLO E A VIDA EMOCIONAL 25
Elias Mallet da Rocha Barros e Elizabeth Lima da Rocha Barros

CRIANDO VÍNCULOS – UM DIÁLOGO ENTRE A FILOSOFIA
SOCIAL E A TEORIA DAS RELAÇÕES DE OBJETO 67
Emilia Steuerman

O SILÊNCIO E O RUÍDO, O FUNDO E A FIGURA NO ESPAÇO
ANALÍTICO: VARIAÇÕES SOBRE TEMAS DE BION,
CAGE E MALIÉVITCH 87
Raul Hartke

PARA ALÉM DA LINGUAGEM: PERFORMATIVOS IMPLÍCITOS
E ATOS INDIRETOS 109
Danilo Marcondes

ORALIDADE, ESCRITA E PENSAMENTO: O CASO
DA INTERPRETAÇÃO 131
Eliana Yunes

O DELÍRIO DO JUIZ DANIEL PAUL SCHREBER: UMA MEMÓRIA
DO FUTURO – ESTUDO SOBRE A CONSTRUÇÃO, DESTRUIÇÃO
E RECONSTRUÇÃO DE UM MUNDO 149
Ney Marinho

DA CONSTRUÇÃO DO PENSAR 199
José Renato Avzaradel

O VOO DA MADRUGADA: DA MELANCOLIA À CRIAÇÃO
DO CONTO 239
José Francisco Gama e Silva

CESURA E IMAGINAÇÃO RADICAL: OBTENDO IMAGENS
PARA A RESSIGNIFICAÇÃO DA HISTÓRIA PRIMITIVA NO
PROCESSO ANALÍTICO 263
Arnaldo Chuster

SOBRE A DIMENSÃO LINGUÍSTICA DA IMAGEM 285
Luiz Antonio L. Coelho

AGRADECIMENTOS

Gostaria de agradecer a todos os coautores que contribuíram de forma vigorosa para a realização deste projeto: um diálogo fecundo da psicanálise, na sua vertente da teoria das relações de objetos, com a filosofia, a linguística e literatura, numa contribuição de estudiosos brasileiros. São eles Arnaldo Chuster, Danilo Marcondes, Eliana Yunes, Elias Mallet da Rocha Barros, Elizabeth Lima da Rocha Barros, Emilia Steuerman, José Francisco da Gama e Silva, Luiz Antonio Coelho, Ney Marinho e Raul Hartke.

Gostaria de agradecer a todos os colegas que discutiram o projeto e deram importantes contribuições, particularmente aos do grupo de estudos com os quais mais pude aprofundar a discussão das ideias. São eles Ângela Stiger, Débora Unikowski, Luiza Carolina Nabuco, Margarida Torres Costa, Marly Beaklini Lemos, Miriam Fainguelernt e Yara Lansac, que coordena o grupo.

Finalmente, agradeço a Maria, minha esposa, não só o seu apoio e companheirismo, mas também por ter se tornado, ao longo do tempo, a melhor interlocutora.

JOSÉ RENATO AVZARADEL

Apresentação

Remontando às discussões propostas por Gilles Deleuze e Félix Guattari, podemos afirmar que existem pelo menos dois modos distintos de organizar o pensamento enquanto processo de produção de conhecimentos: o modo que tem por metáfora ilustrativa a árvore, e aquele que – surgido como uma alternativa à tradição filosófica Ocidental – tem por metáfora ilustrativa o rizoma.

No modelo arborescente, o pensamento e os conhecimentos são ordenados a partir de uma espécie de jogo de cartas marcadas, no qual os jogadores já sabem que, ao fim e ao cabo de suas indagações, terão diante dos olhos resultados organizados segundo a lógica seguidora de um roteiro (e, portanto, preestabelecida) a garantir-lhes que, da *indagação-semente* inaugural, germinarão – em uma evolução progressiva, causal e linear – as raízes, o tronco, os ramos e as folhas de uma árvore.

No modelo rizomático, o pensamento ou, melhor dizendo, os pensadores desconhecem qualquer roteiro e avançam produzindo saberes a partir de encontros acidentais e contingentes, desvelando devires inesperados, surpreendentes, complexos e múltiplos. Não há uma lógica previsível e universal. Há, sim, encadeamentos lógicos produzidos a partir das singulares trajetórias de cada pensador que concorda em participar de um jogo no qual ocupa, junto de seus parceiros, posições continuamente diferentes e cambiantes: ora o pensador produz conhecimento e o expressa por meio de múltiplas linguagens, ora o pensador é o leitor-receptor-ouvinte que dá sentido às elaborações de seus companheiros de jogo. Simplificando, no modelo arborescente, predomina a causalidade; no modelo rizomático, predomina a casualidade.

Ao reunir, segundo uma lógica rizomática, os onze pensadores da coletânea *Sobre a linguagem e o pensar,* José Renato Avzaradel oferece aos leitores um conjunto de abordagens e problematizações tratadas de modo múltiplo e complexo, segundo encadeamentos lógicos construídos pela singular e circunstancial trajetória intelectual de cada coautor.

A partir dessa premissa norteadora do projeto proposto por Avzaradel, cada um dos ensaios que compõem a coletânea aborda o tema central do livro – a linguagem e o pensar – por um diferente viés, a partir de encontros, diálogos e fricções transdisciplinares, em que a psicanálise, a linguística, a filosofia, a literatura e as artes plásticas dialogam entre si para produzir outros e novos saberes.

Embora a psicanálise, sobretudo a psicanálise na sua vertente da teoria das relações de objetos, seja o campo de conhecimento de maior destaque no conjunto de ensaios, ela não está só. E com ela dialogam não apenas psicanalistas, mas também filósofos e teóricos da literatura, da cultura, da leitura, das artes plásticas, da música. Cada um deles, tangenciando a psicanálise, envereda por outros campos de conhecimento, construindo seu próprio e singular caminho de enfrentamento da relação entre a linguagem e o pensar. Caminho próprio e singular, sim, mas sempre passível de ser compartilhado, de modo a expandir o saber psicanalítico, tanto nos seus aspectos teóricos quanto práticos, reconhecida aqui a óbvia interdependência que há entre esses dois termos.

Não fosse tal oferta suficiente, os onze ensaios têm – qual *leitmotiv* a atravessá-los – um pressuposto em comum: a impossibilidade de compreender o sujeito fora da linguagem e fora da interação com outros sujeitos e objetos, sejam eles o analista e o paciente; o leitor, o texto literário e seu autor; o pintor, sua obra, seu observador.

Assim, diante do objeto *Sobre a linguagem e o pensar*, o leitor terá a oportunidade de, digamos, se colocar em processo, participando, ele próprio, com sua leitura, de um jogo sem cartas marcadas.

DANIELA BECCACCIA VERSIANI
PUC-RIO/FAPERJ.

PREFÁCIO

Diante das tentativas de representação da realidade – uma tela, uma escultura, uma peça teatral, uma composição, ou mesmo expressões menos pretensiosas, mas não menos importantes, que compõem o cotidiano –, nossos olhos podem pousar sobre duas perspectivas: o espaço preenchido pelas cores, materiais, dramas, sons... ou os espaços vazios que cadenciam os elementos justapostos para gerar significado.

Na primeira perspectiva, estaríamos diante da lógica da completude, do sentido dado, da obra fechada, da vida como realidade desvelada. Diferentemente, a segunda nos colocaria frente à incompletude, ao carente de interpretação, ao sentido por emergir. No âmbito do discurso acerca da realidade, isso significa apostarmos na lógica discursiva do excesso, que visa à totalidade/universalidade, ou na lógica da falta, que compreende a ação discursiva em termos hermenêuticos, ou seja, interpretativa e, portanto, situada.

A obra que aqui apreciamos, *Sobre a linguagem e o pensar*, percorre as sendas da falta, não do excesso. As miradas sobre a realidade, as quais se perfilam organizadas por José Renato Avzaradel, constituem-se como exercícios de emprestar elementos teóricos para a emergência de sentido. Tais elementos são da ordem da linguagem, desse universo que se reinventa nos vãos dos saberes, nas fissuras que o tempo causa nos monolíticos arcabouços das ciências.

Como identifica Avzaradel, essa obra faz parte de um projeto maior que aborda a linguagem e a construção do pensamento a partir de exercícios dialógicos entre a filosofia, a linguística, a literatura e a psicanálise.

Nesse carrossel interdisciplinar, giro a giro, a falta que experimentamos frente à realidade é preenchida por ferramentas de sentido: o símbolo em sua relação com a vida emocional, a filosofia e a teoria das relações, a estética e seus desafios de descentramento, a literatura e os desníveis entre oralidade e escrita, a filosofia da linguagem frente ao jogo de construção / destruição / reconstrução do mundo, a psicanálise e suas possibilidades de ressignificação da história a partir do processo analítico, e a imagem vista em seu potencial de estabelecimento de sentido para além da representação dos objetos.

Sobre a linguagem e o pensar é um convite a dirigirmos nossos olhares para as fissuras, em vez de nos determos paralisados diante da rocha do estável e definitivamente dado. Na fissura, e para além dela, há o espaço a ser preenchido – mesmo que provisoriamente, há a incompletude a ser visita. A fissura, em toda sua expressão de falta, oferece-se como lugar de emergência de sentido, e é exatamente aí que a linguagem encontra seu lugar mais próprio, seu berço mais primitivo. Adentremo-nos pela fissura!

ALESSANDRO ROCHA
CÁTEDRA UNESCO DE LEITURA DA PUC-RIO.

INTRODUÇÃO

Este livro visa levar adiante um projeto que se iniciou com a publicação de *Linguagem e construção do pensamento*: aprofundar o diálogo da filosofia com a linguística, com a literatura e com a psicanálise em sua vertente da teoria das relações de objetos. Esse diálogo se torna possível ao identificarmos várias confluências, por exemplo a linguagem como ação, o espaço intersubjetivo entre os falantes, o escritor e o leitor, o leitor e a personagem e o analista e seu paciente. Buscamos valorizar uma produção brasileira nesta área, a qual se possa tornar obra de referência.

Os comentários que faço nesta introdução sobre os diversos trabalhos aqui desenvolvidos têm inevitavelmente um viés psicanalítico que, é claro, não esgota todas as possíveis aproximações teóricas. Procurei realizar um alinhamento entre os diversos textos, visando a que o livro seja não apenas uma reunião de trabalhos sobre o mesmo tema, mas também um conjunto coerente, o que traz como consequência uma maior consistência das ideias.

O livro inicia-se com o trabalho "O símbolo e a vida emocional", de Elias Mallet da Rocha Barros e Elizabeth Lima da Rocha Barros, inicialmente escrito em homenagem a Donald Meltzer, de quem traz uma citação que aponta para a direção desse artigo: "O sonhante reclama a intervenção do analista para transformar a linguagem descritiva da evocação em linguagem verbal de explicitação do significado, como um primeiro passo antes da abstração e sofisticação".

Elias e Elizabeth apontam que o processo de construção do símbolo, nos seus diversos aspectos, é central para a psicanálise contemporânea, assim como o aprofundamento dessa questão a partir do conceito de transformação de Bion e dos trabalhos de Susanne Langer, que descreve alguns processos de construção de formas simbólicas próprias à natureza do símbolo tratado como uma estrutura viva.

Os autores estudam pacientes que não têm a capacidade de reconhecer a experiência emocional que as formas simbólicas nos sonhos parecem transmitir. Introduzem um diálogo com Susanne Langer, ao trazer sua sugestão sobre a diferenciação entre o simbolismo apresentativo e o discursivo. O primeiro, ligado à expressividade da emoção, evoca associações, enquanto o segundo, denotativo, tem um significado objetivo. O apresentativo é responsável pela transmissão e pela captação dos sentimentos. Assim, examinam pacientes que "são competentes emocionalmente para produzir uma simbologia capaz de apresentar, mas apenas no sentido de representar a situação que está vivenciando, mas não expressam os significados das vivências representadas". Tal simbolismo conotativo, não discursivo, é que abre as redes para as representações dos afetos e comunica sentimentos aos interlocutores.

A partir daí, desenvolvem ideias sobre interpretação como ato de apreensão da experiência emocional e da construção de significados, pontuando que a interpretação tem necessariamente de conter elementos expressivos da *poiesis,* sem, no entanto, ser poesia. Este ponto os aproxima de uma ideia discutida por François Cheng e Lacan de que a interpretação tem uma constituição assemelhada à constituição poética. Segue-se a tais explanações detalhado relato clínico.

Em "Criando vínculos – Um diálogo entre a filosofia e a teoria das relações de objetos", Emilia Steuerman, já no título, deixa claro o diálogo pretendido, a partir do desafio da filosofia contemporânea de que não há posições privilegiadas, científicas ou não, das quais se possa olhar a realidade sem nela imprimir a própria perspectiva.

Essa crítica do conhecimento desenvolvida primeiro por Wittgenstein, com a conceituação dos jogos de linguagem e a percepção de que a linguagem revela a experiência da intersubjetividade, o exame da relação de uns com os outros, foi chamada por Rorty de virada linguística. Emilia traça um paralelo com a psicanálise na sua passagem de uma teoria das pulsões predominantemente econômica, para uma que enfatiza que as pulsões visam ao objeto.

Desta mudança na filosofia, surge Habermas, com a filosofia social, que pensa a moral em termos de intersubjetivos examinando questões como verdade, justiça, liberdade e responsabilidade para com os outros. Mas Habermas parte de um ideal de igualdade que é utópico. E é na psicanálise, na conceituação de posição depressiva, conceito desenvolvido por Klein, que se encontra uma resposta que considera a desigualdade entre os seres e também compreende a consideração pelo outro como fruto do desenvolvimento emocional. Em minha opinião, sem dúvida, é a partir da psicanálise que ocorre um salto epistemológico para a compreensão da ética; uma psicanálise voltada mais para o amor como "Caritas" do que como "Eros". Nesse diálogo é que se aprofunda o trabalho de Emilia Steuerman.

"O silêncio e o ruído, o fundo e a figura no espaço analítico: Variações sobre temas de Bion, Cage e Maliévitch", de Raul Hartke, foi apresentado a primeira vez para uma plateia, e Hartke permaneceu em silêncio por quatro minutos e 33 segundos, o tempo da peça de Cage intitulada *4'33"*, e com o quadro *Quadrado negro sobre fundo branco*, de Maliévitch, projetado sobre o fundo.

Hartke discute que as obras de arte possuem uma moldura necessária, e as propostas são de realizar uma espécie de descentramento dos sons externos para os sons internos, dentro dos presentes, da música organizada para os ruídos. Da mesma forma na pintura. Nas palavras de Maliévitch, vemos uma proposta de mudança de um predomínio impositivo do pintor para uma participação ativa do espectador, e do externo para o interno, daí porque seu quadro é o mais abstrato possível. Raul trabalha para encontrar na psicanálise as molduras e os descentramentos; uma psicanálise voltada para as questões da representação. Recorda Freud quando este afirma: "Pensar consiste na construção de relações entre as representações".

Raul faz, ainda, uma referência aos trabalhos de Bertola quando transcreve "todo o ato de pensar é secundariamente culpado pelo assassinato do objeto", o que é uma formulação muito semelhante à que encontramos no trabalho de José Francisco quando ele refere T. S. Elliot. O autor aponta para os pacientes que têm buracos na sua trama de representações, e responde com Ferreira Gullar: "A arte como o sonho transforma um sistema de coisas sem sentido em uma linguagem estética". É nessa linha que vemos o desenvolvimento atual da psicanálise.

Danilo Marcondes, em "Para além da linguagem: performativos implícitos e atos indiretos", faz um exame da filosofia da linguagem contemporânea, tendo como principais referências Austin, Searle, Vandercken e Wittgeinstein. Trata-se de uma investigação sobre o uso da fala entendido como ação, o que Austin denominou com fala total. A linguagem como construtora do real, interativa, usada como performativa, no sentido de realizar, e não só dizer. Esta fala tem uma força ilocucionária, que está no núcleo do ato da fala. Danilo discute a crítica de que falta uma visão dialógica, um exame das consequências da fala sobre o ouvinte, sobre seus pensamentos e seus sentimentos, em que se inclui também o estudo dos chamados atos indiretos.

Bastante interessante que os estudos psicanalíticos sobre a contratransferência, entendido em seu sentido lato, isto é, tudo que se passa com o psicanalista e não o só seu inconsciente, e os estudos sobre o campo intersubjetivo, também chamado de campo psicanalítico, examinam exatamente este ponto: quais os efeitos que a fala do paciente tem sobre o analista e vice-versa, e como esse processo se realiza, ou seja, como se passam as comunicações indiretas, a força da fala, seus efeitos e suas intenções.

Ao ler o conceito de Austin sobre o ato da fala total, não há como não relacioná-lo com o trabalho *Transferência: a situação total,* de Beth Joseph, no qual ela entende como transferência tudo aquilo que vem do paciente e que vai muito além do explicitamente dito.

Voltando a Danilo, ele expõe a classificação das forças ilocucionárias de Austin e os componentes de tais forças descritos por Searle. Indica, ainda, que um dos principais desafios dessa análise da linguagem é trazer à tona os elementos subjacentes, passando de um significado e de uma força ilocucionária de superfície ou aparente para um significado e uma força "profundos". Como indicado por Danilo, torna-se necessário compreender como "aquilo que não se encontra explicitamente formulado ou que não é diretamente proferido possa ser constitutivo da força dos atos de fala realizados". Há uma questão nesta comunicação que o conceito de identificação projetiva, formulado em 1946 por Melanie Klein, pode contribuir para a discussão, sendo este, em minha opinião, um importante ponto de convergência.

O trabalho "Oralidade, escrita e pensamento: O caso da interpretação", de Eliana Yunes, faz um instigante estudo, a partir de Aristóteles e de Platão, sobre a linguagem, como construção que permite o entendimento do mundo de uma perspectiva cultural, por meio da qual surge o humano. Nada existe fora dela, vista como uma representação que articula o sujeito interior com o social e que, compartilhada, abre para as ideias e os pensamentos. A autora considera, apoiada em Heidegger, que a linguagem já é uma interpretação do mundo, de seu sentido, postulação que encontramos nos trabalhos de Isaias Melhson, considerando as ideias de Cassirer.

Quando compara as linguagens falada e escrita, Eliana salienta a expressividade da linguagem falada, com entonação de voz, ritmos, ênfases, etc., aspectos que nós, psicanalistas, sabemos bem como são essenciais para a compreensão da comunicação analítica e como a transcrição de tais textos é uma tarefa bastante árdua. A linguagem falada coloca-se presente mesmo quando lemos, pois, numa espécie de leitura silenciosa, nos ouvimos lendo e, é claro, colocando-nos e interferindo no texto.

Eliana convida-nos a pensar que, na literatura, ocorrem as intenções do texto, as do autor e as do leitor e, portanto, a obra literária não pode ser pensada como algo fechado, mas, sim, como uma existência que se realiza sempre como acontecimento atual. Portanto, as análises dos textos só podem ter sentido quando numa situação relacional. Daí a autora postula o professor de literatura não com um "dissecador de textos e estilos", mas como "uma ponte de compreensão que torne significativas as narrativas hoje, ou que as ressignifique".

Ao se ler qualquer obra, uma mediação hermenêutica impõe-se, no que Eliana se reporta a Hermes. Em *O ser e o tempo,* de Heidegger, ela encontra a indicação de que "a compreensão e a interpretação são modos fundantes da existência humana", e em Gadamer – *Verdade e método –*, "um diálogo com a estética e a filosofia do conhecimento com base no texto, fortalecendo a reflexão do pensamento com a linguagem". A autora encerra seu trabalho apontando para o debate entre a objetividade e a subjetividade, que, "em suas contraposições, guarda a mesma pergunta sobre o real".

Em *"O delírio do juiz Paul Schreber: Uma memória do futuro – Estudo sobre a construção, destruição e reconstrução de um mundo",* *Ney Marinho* faz um minucioso estudo sobre o caso Schreber, com investigação bibliográfica, além do pioneiro estudo de Freud e do próprio livro de Schreber em que Freud se baseou. Examina o trabalho de Franz Baumeyer e William Niederland, além de Elias Canneti e Eric Santner, o que propicia ao leitor um nível de conhecimento e de informações enriquecedor para a compreensão do primeiro estudo psicanalítico sobre a paranoia e sobre a construção, destruição e reconstrução de um mundo mental por meio da elaboração do delírio, uma forma peculiar de pensamento. A investigação de Ney faz deste trabalho uma referência obrigatória para quem quiser estudar o caso Schreber.

A partir daí, Ney, ancorado nas ideias de Bion e Wittgenstein, além de Rickman, desenvolve seu próprio ponto de vista. Sugere que o material do delírio é a natureza das primeiras relações objetais; o delírio entendido como uma bizarra forma de vida e seu caráter irredutível e a inescapável semelhança entre a criação do delírio individual com transformações do social coletivo, no caso o nazismo. Propõe ainda a existência de uma invariância na construção, destruição e reconstrução do mundo mental, oferecendo assim o autor uma contribuição para a expansão do conhecimento psicanalítico.

Em "Da construção do pensar", investigo uma questão cujo fundamento parece unânime entre os psicanalistas: a de que o funcionamento mental se inicia com a experiência de sensações corporais, e que gradualmente vai havendo uma evolução para o psíquico, que implica a capacidade de gerar símbolos, conceitos abstratos, significados e, principalmente, a representação mental dos afetos.

A questão que pesquiso é de que forma elementos concretos com origens somatossensoriais se articulam para gerar conceitos abstratos, de que forma essa passagem se faz. Sabemos que este é o caminho, mas ainda sabemos pouco como isso se estabelece. Quando essa passagem não ocorre ou se faz de forma insatisfatória, as consequências são graves para a construção de um aparelho mental. Há um buraco negro na mente que não pode ser compreendido, pois não alcançou qualquer nível de expressão, e diferentemente das demais patologias que podem ser compreendidas por meio da análise, esta não pode.

Partindo da premissa de que linguagem e pensamento são inseparáveis, posto que um necessita do outro, caminho pelo estudo da construção da linguagem para compreender a construção do pensar. Portanto, além de me apoiar nos estudos psicanalíticos mais contemporâneos, também me apoio em estudos tanto da filosofia quanto da linguística; além disso, a partir de uma investigação sobre a construção dos ideogramas chineses, utilizo-os como modelo para a compreensão da formação de representações abstratas.

Se eu puder entender como o pensar se desenvolve, talvez possa estabelecer uma abordagem técnica que ofereça aos psicanalistas mais instrumentos para tratar tais pacientes. Finalizando o trabalho, descrevo minuciosamente dois casos clínicos em que os sintomas eram concretos, isto é, havia um buraco negro que não permitia a representação dos afetos, e demonstro sua evolução na análise utilizando as ideias até aqui desenvolvidas. Numa terminologia puramente psicanalítica, trata-se de investigação sobre o funcionamento da função alfa, conceito definido por Bion.

Em "O voo da madrugada: Da melancolia à criação do conto", *José Francisco da Gama e Silva* busca encontrar as raízes da criatividade em suas relações com núcleos depressivo-melancólicos, por meio de um estudo sobre o conto de Sérgio Sant'Anna. Este estudo se revela, apoiando-se em citações de poesias e de poetas que se colocam à disposição do autor, um texto de intensa beleza que beira a própria poesia. Passeando pela literatura e pela psicanálise, recorda Freud, que, em carta, escreveu que sua psicologia avançava de forma estranha, como se estivesse em um sonho. Assim surpreende com talvez a primeira referência ao estado onírico de vigília, ideia levada adiante meio século depois por Bion. No seu caminho entre a literatura e a psicanálise, José Francisco faz também um exame sobre os processos do luto, reportando-se aos estudos de Melanie Klein sobre a posição depressiva e sua relação com a criatividade. A importância deste conceito será também abordada no trabalho de Emilia Steuerman.

Neste estado que permeia o sonho e a realidade aparece a linguagem para ordenar e expressar as intuições e gerar integração. José Francisco, ao examinar o processo criativo recorrendo a Elliot, sugere que há, de um lado, um germe criativo e, de outro, a linguagem própria do escritor. Daí nasce a ideia e a imagem pictográfica. Escreve José Francisco: "Algo quase sensorial e somático é transformado em algo mental por meio do pensamento e da palavra". O autor aproxima-se da ideia de Freud sobre o ego ser inicialmente corporal, o que encontra eco na pesquisa que faço em meu trabalho "Da construção do pensar", em que investigo exatamente esse ponto. O autor também se aproxima dos trabalhos de Raul Hartke e de Arnaldo Chuster.

Finalmente, ele aponta-nos as relações entre o contista e o leitor e como desta íntima relação vai surgir o sentido do texto, numa intersubjetividade, na relação entre os sujeitos, num jogo de linguagem, em consonância partilhada por outros textos aqui publicados.

Em "Cesura e imaginação radical: obtendo imagens para a ressignificação da história primitiva no processo analítico", Arnaldo Chuster desenvolve, a partir da obra de Bion, mas principalmente a partir do chamado último Bion (1987), um estudo que envolve a mente embrionária, considerando um nível subtalâmico, relacionado aos ritmos corporais da mãe e do bebê. Para tanto, utiliza o conceito de imaginação radical desenvolvido por Castoriadis (1997), uma primeira etapa da pré-concepção, cuja etapa seguinte é a identificação projetiva.

Nessa primeira etapa, formam-se as molduras que, após a cesura do nascimento, abrem passagem para a paisagem edípica. O conceito de moldura levado para a psicanálise é também explorado no trabalho de Raul Rartke. Dentro dessa moldura edípica, no segundo estágio da realização, produz-se o desenvolvimento das significações. Nesse trajeto, as experiências subtalâmicas podem vir a se integrar à história do sujeito. Na evolução descrita, Chuster deixa claro o momento do desenvolvimento em que a formação dos símbolos se inicia, quando o inacessível pode tornar-se acessível. Esse estado inacessível, chamado por Bion de "O" (de *origin*), é a fonte de todas as significações que vierem a ser construídas. Ocorre então, no processo analítico, uma ressignificação por imagens das histórias primitivas, sem dúvida, uma das funções do sonhar. Desta forma, nas palavras de Bion, "Se a análise for bem-sucedida, o paciente aproxima-se de ser a pessoa que sempre deveria ter sido".

Arnaldo aponta duas histórias que o ajudam a sonhar esses estados primitivos: a queda de Satã, em *Paradise lost*, de John Milton, e o relato que Walter Benjamim faz da gravura *Angelus novus*, de Paul Klee. Encerra seu trabalho com a exposição de um detalhado material clínico em que expõe como suas propostas são trabalhadas na situação analítica.

Em "Sobre a dimensão linguística da imagem", Luiz Antonio L. Coelho discute a natureza da imagem e também o letramento visual. Ressalta que, quando fala em imagem, tem em mente o produto do pensamento figurativo com intenção de representar. Evidencia o potencial da imagem em estabelecer o sentido para além da representação do objeto imediato e que, se com o advento do alfabeto o pensamento linguístico vem a prevalecer sobre o pensamento imagético, o mundo da fantasia mental e da arte pura pertence a este último. Mais ainda, aponta para Darras, que acentua o papel do pensamento imagético enquanto sistema de reflexão e de geração de sentido teórico-científico.

Coelho indica ainda as relações entre o nosso alfabeto, que também descende de ícones, e a linguagem pictórica, o que é sugerido por Pierce e confirmado por Guelb. Esta abordagem de Coelho nos aproxima do trabalho de Melanie Klein sobre o caso Fritz, discutido por Derrida em *De la Gramatologie*. Este, em *A escritura e a diferença*, sugere ainda que os espaços entre letras sejam um possível *locus* de sentido.

Outra face desse trabalho se refere à importância da cultura no entendimento da imagem. O autor afirma que objetos são representados de uma maneira numa cultura e de forma distinta em outra; assim, cada objeto pode ter várias representações. Isso corrobora as ideias de Wittgenstein sobre os jogos de linguagem, os quais são os formadores desta, nas relações entre os indivíduos, e também na vertente psicanalítica das teorias das relações de objeto, que supõe que o aparelho psíquico, a linguagem e o pensar vão estabelecer-se nas relações do sujeito com seus objetos.

Claro é, como finaliza Coelho, que, se admitirmos uma linguagem visual com gramática específica, como de fato encontramos nas escritas chinesa, maia e hieroglífica, torna-se possível um tipo de letramento e de alfabetização. Esse ponto de vista contraria os argumentos de que as linguagens pictóricas não possuem gramática, o que parece carregar um preconceito que Chang Tung-Sun aponta em Kant, quando este busca estabelecer as categorias universais do pensamento, mas considerando o ocidental como sendo o único, e não considerando outros pensamentos, como o oriental.

Creio que foi possível elaborar este livro com um importante nível de coesão e de diálogo entre os diversos trabalhos publicados. Convém ainda lembrar que o diálogo pretendido é um projeto que não se encerra nesta obra.

JOSÉ RENATO AVZARADEL

O SÍMBOLO E A VIDA EMOCIONAL

ELIAS MALLET DA ROCHA BARROS[1]
ELIZABETH LIMA DA ROCHA BARROS[2]

"[...] os bons leitores são cisnes ainda mais tenebrosos e singulares do que os bons autores." (Jorge Luiz Borges, 1935)
"Mind and Meaning are etymological cousins." (Marcia Cavel, 1996)

"O inconsciente não é um lugar oculto ou um submundo habitado de onde somos misteriosamente separados, mas consiste em campos de experiência potencial que na maioria das vezes não conseguimos tornar real, por medo das consequências psíquicas dessa ocorrência. O inconsciente, portanto, também é construído, não simplesmente resgatado ou descoberto, tanto na arte quanto na psicanálise." (Michel Rustim, 2008)

---

[1] Elias M. da Rocha Barros é analista didata e supervisor da Sociedade Brasileira de Psicanálise de São Paulo (SBPSP), *fellow* da Sociedade Britânica de Psicanálise, recipiente do Sigourney Award pela sua contribuição à Psicanálise, atribuída pelo Mary Sigourney Trust, ex-editor para a América latina do International Journal of Psychoanalysis e ex--presidente do Comitê de Prática Analítica e Atividades Científicas (CAPSA).

[2] Elizabeth L. da Rocha Barros é analista didata e supervisora da SBPSP, *fellow* da Sociedade Britânica de Psicanálise, mestre em Psicopatologia pela Sorbonne e analista de crianças pela Sociedade Britânica de Psicanálise e pela Tavistock Clinic.

Introdução

Este trabalho foi escrito inicialmente em homenagem a Donald Meltzer Meltzer. Neste artigo, relacionamos o pensamento de alguns filósofos (Susanne Langer, Ernst Cassirer, Schelling, Robert Innis) que discutiram a função do simbolismo na vida mental com psicanalistas que abordaram este tema do ponto de vista psicodinâmico, tais como Thomas Ogden, Antonino Ferro, Sara e Cesar Botella, Raul Hartke e Hanna Segal.

Não é fácil trabalhar com ideias de outros autores, delimitando o que é de um, o que é de outro, quais as ilações permitidas, quais as extensões legítimas e onde começam nossas próprias ideias para, assim, definir o que há de original nestas. Ao trabalharmos uma ideia, repetimos inevitavelmente coisas já ditas por nós e por outros autores, aspectos já explorados e, ao mesmo tempo, promovemos rupturas ao sugerir novos ângulos de observação, que nos levam a propor outras hipóteses. O novo é uma continuidade do antigo e, ao mesmo tempo, um rompimento com este, sendo a inovação, no mais das vezes, "a reafirmação de uma exigência originária" (LAPLANCHE, 1987,1993, p. 52).

Nosso objetivo é o de mostrar, por meio do exame das construções simbólicas, como se dá o trabalho mental de elaboração das experiências emocionais durante o processo analítico, assim como no desenrolar da vida, diante de acontecimentos de grande impacto afetivo. Acreditamos que, quando um paciente tem um *insight* que integra partes cindidas do *self,* sua mente promove simultaneamente, num processo dialético, uma ampliação das representações simbólicas das realidades vividas, a qual pode ser observada particularmente nos sonhos.

No decorrer da elaboração de nosso artigo, procuramos relacionar nossos pontos de vista sobre os processos simbólicos com aquilo que vínhamos observando num grupo de pacientes que nos intrigavam pela singularidade de suas relações com os símbolos e com as representações que produziam em seus sonhos. Examinaremos como

O SÍMBOLO E A VIDA EMOCIONAL

esses processos se dão durante o processo analítico de um paciente em particular.

Tratava-se de pacientes que tinham contato afetivo com suas emoções e, embora em graus variados, aderiam ao processo analítico, sonhavam com certa abundância de símbolos, mas, inicialmente, não tinham capacidade de reconhecer a experiência emocional que as formas simbólicas utilizadas nos sonhos pareciam transmitir. Tais pacientes, contudo, não estavam anestesiados psiquicamente em consequência de um trauma, nem tinham perdido o contato com a vida afetiva em geral. Eram pessoas que, apesar de inteligentes e sofisticadas, frequentemente faziam comentários superficiais e irrelevantes a respeito das interpretações recebidas quando aludiam a seu possível significado. Esses comentários se prendiam, na maior parte das vezes, ao significado literal do que o analista dissera ou se voltavam para o caráter concreto das representações simbólicas presentes em seus sonhos, tratando-os como simples analogias. Não eram pessoas frias e passavam por períodos muito cooperativos em suas análises.

Essa reação nos intrigou e nos levou a estudar a relação das pessoas com as representações simbólicas por elas construídas, tanto do ponto de vista psicanalítico quanto do linguístico e do filosófico. O exame permitiu-nos aprofundar nossa compreensão de como operam os processos simbólicos na mente humana do ponto de vista psicanalítico.

Vários autores já escreveram sobre a dificuldade que pacientes apresentam de ser tocados pelas interpretações por manter uma parte do ego alijado da relação analítica e, dessa maneira, mostram o quão difícil pode ser entrar em contato com as necessidades e as ansiedades de seus pacientes. Nesses caso, Joseph (1992,1975, p. 85) propõe que focalizemos nossa atenção "em seu método de comunicação, em seu modo próprio de falar e de reagir às interpretações do analista [...]".

Dentre os analistas que trataram dessa questão, além de Beth Joseph, devemos mencionar Ronald Britton, John Steiner, Herbert Rosenfeld, Thomas Ogden e Antonino Ferro. Esses autores também discutiram em profundidade a dificuldade de contato, focalizando-se nas cisões em curso e no efeito das estruturas narcísicas da personalidade que impedem o contato emocional com o analista. Várias interpretações foram propostas para explicar pacientes de difícil acesso, tais como a presença de uma adição à quase morte (JOSEPH, 1992, 1982), a presença de um narcisismo destrutivo (ROSENFELD, 1984), retiradas para refúgios psíquicos (John Steiner) e uma dificuldade de promover um trabalho de elaboração no nível onírico (OGDEN, 2004). De modo geral, essa dificuldade é atribuída a uma estrutura invejosa-narcísica operando em diversas versões. Os autores citados ajudavam-nos a entender vários aspectos do problema, tais como a natureza dos ataques aos analistas e à sua produção. Entretanto, seria interessante complementar essas contribuições examinando um outro aspecto, isto é, como essas cisões e defesas narcísicas operam de forma a interferir intrinsecamente no próprio processo da construção da representação simbólica, restringindo seu alcance. Pensamos que prestar atenção ao método de comunicação e ao modo próprio de falar e de reagir às interpretações dos analistas implica examinar a natureza e as limitações das representações mentais produzidas pelo paciente e as mutilações que estas sofrem em consequência de um ataque à atividade de percepção/representação em si mesma.

A contribuição de Hanna Segal (1957) foi seminal e permanece central para nossa compreensão do processo de formação de símbolos como uma maneira de recriar ou de restaurar um objeto perdido. Contudo, ela não trata especificamente de como o símbolo pode ser afetado em sua estrutura por ocasião da sua formação na mente.

Por essa razão, fomos estudar a questão da construção das formas simbólicas em sua estrutura mesma e começamos a nos indagar se não haveria da parte desses pacientes uma relação psicodinâmica particular com o próprio processo de construção do símbolo. Uma pergunta inicial se impôs: qual o processo psicodinâmico utilizado para retirar a expressividade e emudecer emocionalmente as representações simbólicas pelos pacientes produzidas e aparentemente muito claras quanto ao seu significado?

O SÍMBOLO E A VIDA EMOCIONAL

Nosso ponto de partida para este estudo foi uma frase de D. Meltzer a qual associava o conceito de "transformações" de Bion, ideia psicanalítica por excelência, com uma expressão usada pela filósofa Susanne Langer, referente à lógica intrínseca que comandava a expansão do significado das formas simbólicas. Meltzer escreve:

> Mas se aceitarmos que o significado ultrapassa a percepção das gestalts e que a vida mental vai além do que possamos imaginar e não se confunde com qualidades de computadores, temos de considerar seriamente que este conceito implica a possibilidade de que a mentalização não seja sensorial no seu início, que se refira a objetos para os quais é preciso inventar ou tomar emprestadas formas da realidade externa, que tenha na emoção seu fenômeno central e tendo por leis não as da lógica ou da matemática, mas sim as da "progressão" em qualidades formais (Susanne Langer) e as que regem as "transformações." (Bion apud Meltzer, 1984, p. 28-29, tradução nossa)

Esta relação entre a natureza dos processos simbólicos descritos por Susanne Langer (uma filósofa), associada ao conceito de "transformações" de Bion, nos intrigou e nos pareceu oferecer uma chave para entendermos algo mais profundo sobre o modo de operação das formas simbólicas em si mesmas, numa perspectiva psicanalítica, sobretudo sobre o modo pelo qual elas eram atacadas e mutiladas, prejudicando o processo de transformação das experiências emocionais.

Nesse ponto, desejamos complementar a noção de "transformações" da forma proposta por Bion com uma modificação do conceito sugerida por B. Salomonsson (2007). Esse autor propõe que deveríamos falar de transformações semióticas e não simplesmente de "transformações", pois não aceita a ideia de Bion de que as transformações seguem um processo contínuo a partir de uma invariância. Para Solomonsson, uma transformação linear não possui uma essência nem uma invariante escondida ou implícita na forma matemática que a representa. Sendo assim, segundo ele (2007, p. 1214): "[...]

(nós estamos usando o conceito de transformação) definido como um conceito semiótico sem nenhuma raiz transcendental numa essência não passível de ser conhecida, nós estamos enfatizando apenas seu caráter de processo contínuo".

Susanne Langer, inspirada em Ernst Cassirer, descreve alguns processos da construção das formas simbólicas próprias à natureza do símbolo tratado como uma estrutura viva, constituída de aspectos que permanecem interagindo entre si, diríamos nós, analistas, da dinâmica mental inconsciente.

A citação de Meltzer é muito complexa e difícil de ser entendida na sua profundidade, na medida em que contém muitas intuições não explicitadas e sínteses realizadas a partir de suas leituras psicanalíticas e filosóficas. Ao examinarmos os trabalhos de Meltzer desse período, encontramos referências a vários filósofos: Wittgenstein, Ernest Cassirer, Susanne Langer, Platão e Aristóteles e, mais raramente, Kant.

Boa parte de nosso trabalho será uma tentativa de tornar a citação mais compreensível para o leitor. É provável também que tenha sido neste mesmo contexto psicanalítico-filosófico, associado ao conceito de simbolismo que a problemática da experiência estética como parte central do funcionamento mental, introduzido na psicanálise por Meltzer, tenha se imposto. Etimologicamente, a palavra "Estética" deriva do grego, *aistheticos*, que se refere a "coisas percebidas pelos sentidos" (COSTELO, 2004, apud RUSTIM, 2008).

Com a finalidade de tornar este texto mais compreensível para um amplo grupo de leitores, apresentaremos de forma resumida algumas ideias relativas ao processo de simbolização.

Signo é um termo genérico que inclui tanto a noção de símbolo como a noção de sinal (ou índice, que compreende a função de indicação, ou seja, indica a existência de uma coisa, de um evento ou de uma condição). Símbolos não são simples representações de um objeto ou de uma situação, mas, sobretudo, veículos para sua concepção. Eles contêm um aspecto psicológico e outro lógico.

Susanne Langer (1942) propõe uma diferenciação entre simbolismo apresentativo (*presentational*) e simbolismo discursivo. O

O SÍMBOLO E A VIDA EMOCIONAL

primeiro é associado às formas expressivas da emoção; é não discursivo e tem um caráter fundamentalmente conotativo (refere-se ao significado subjetivo e transmite informações por evocar outras realidades por meio de associações e de formas sensuais). O segundo é discursivo e tem caráter denotativo (refere-se ao significado objetivo; é a palavra em estado de dicionário). O simbolismo apresentativo é intuitivo (muitas vezes uma forma de intuição cristalizada) e nutre-se dos padrões de nossa vida emocional, sendo por intermédio dessa forma que afetos são evocados. Sua vocação não é a de apresentar ideias como proposições ou conceitos, tal como ocorre na linguagem natural. A expressividade precede a capacidade comunicativa por meio de palavras. Para os fins deste trabalho, estamos englobando os dois tipos de simbolismo no termo representação mental, embora mantendo a discriminação entre as duas formas simbólicas e considerando que a função de cada um dos aspectos constitutivos da representação seja diferente.

Langer (1942), ao comentar como sentimentos são captados e transmitidos por meio de símbolos, refere-se ao papel central exercido pelo simbolismo apresentativo e sugere que este tem a propriedade de transmitir o que ela chama de semelhança (*likeness*), isto é "exemplifica objetivamente aquilo que o sentimento parece ser subjetivamente" (INNIS, 2009, p. 47). Outros autores (Dewey, 1931; Pierce,1992) se referem a esta mesma propriedade dos símbolos como a qualidade de "ser como tal" (*quality of suchness*). Por *suchness* (a qualidade de ser como tal), eles entendem algo muito próximo de similitude, ou seja, a capacidade de sugerir tipos de experiência. De acordo com Innis (2009), o simbolismo apresentativo não nomeia, mas exemplifica aquilo do qual estamos falando (*what they are about*). Innis (2009, p. 47-48) afirma: "Feeling itself, the perceived suchness of things, is a form of meaning-making, and forms of feeling can be expressed in material media [imagens, por exemplo], which give us true knowledge, although it cannot be put into words".

Propomos seguir nossas indagações acompanhando um caso clínico em particular – Sr. C. –, que nos pareceu ideal para ilustrarmos o problema que estamos estudando.

Pretendemos discutir neste trabalho a hipótese de que o próprio processo de construção do símbolo, nos seus diversos aspectos, é central para a psicanálise contemporânea e tem implicações importantes para a montagem da interpretação com vistas a esta ter um papel seminal no desencadeamento do trabalho de perlaboração. Para que o paciente possa aprender com sua experiência emocional, é preciso que exista uma (experiência emocional) e, para tanto, é necessário que todos os aspectos orgânicos constitutivos das formas simbólicas sejam levados em consideração. Implícita está a ideia de que os ataques pulsionais não são dirigidos apenas às conexões entre pensamentos e vivências emocionais ou diretamente aos objetos internos, mas abrangem também ataques às percepções e às representações mentais em sua estrutura orgânica no seu processo de constituição em formas simbólicas. Segundo Botella e Botella (2005), há situações em que estes ataques até impedem a sua constituição/representação; em outras, limitam sua eficácia e deformam a experiência emocional que lhes é afeita.

O problema observado na clínica: sonhos, símbolos e figurabilidade

Gostaríamos agora de ilustrar clinicamente as ideias apresentadas por meio do material de um paciente que iniciou uma nova análise para dar continuidade a um trabalho terapêutico que tinha sido interrompido há alguns anos. Durante o transcorrer da análise, recebeu o diagnóstico de câncer, o que lhe produziu uma depressão de grandes proporções, levando-o ao internamento psiquiátrico e à interrupção da análise.

Trata-se de um homem de mais de sessenta anos, nascido na Europa, e que, ainda criança, emigrou diversas vezes. Sua mãe foi uma

O SÍMBOLO E A VIDA EMOCIONAL

sobrevivente do holocausto; seu pai e o resto da família, inclusive um irmão, pereceram num campo de concentração. Depois da primeira emigração para um país da América Latina, foi obrigado a se mudar novamente devido a circunstâncias políticas que punham sua família em risco, conduzindo-o a uma outra emigração.

Do ponto de vista objetivo, todas as emigrações por que passou fazem total sentido, mas, como analistas, devemos perguntar se a forma de lidar com problemas por meio de mudanças de países (ainda que forçadas) também não gerou no inconsciente um modelo para o paciente enfrentar dificuldades mediante um recurso a cisões, ou seja, corta-se o contato com aquilo que é ameaçador; migra-se de um estado de espírito para outro como num passe de mágica.

Contava ter vivido infância e adolescência dominadas pela pobreza e sentia-se muito marcado pelas emigrações iniciais. Dizia que sempre tivera de começar do zero, aprender novas línguas e lutar contra ambientes hostis. Considerava-se uma pessoa de sucesso, casado, pai de três filhos, profissional liberal de prestígio, economicamente abastado.

No quinto ano de análise, dizia sentir-se muito melhor e mais feliz, sendo muito grato ao analista pela ajuda recebida, sem qualquer plano de interromper a análise naquele momento. Era um paciente cooperativo; trazia sonhos e associações ricas e parecia aproveitar bastante as interpretações.

Subitamente, ao receber o diagnóstico médico de tumor maligno na próstata, durante a análise, desabou numa profunda depressão, deixou de trabalhar, emudeceu, parou de se alimentar e não saiu mais do quarto, onde se refugiava no escuro.

Uma cirurgia foi realizada (durante a crise depressiva) com sucesso, mas o período de recuperação foi muito difícil. Ficou incontinente por um período, sexualmente desinteressado e impotente, acreditando que essas condições eram definitivas, apesar de os médicos dizerem o contrário. Foi tratado com antidepressivos, estabilizadores de humor e, como recurso extremo, foram utilizadas cinco sessões de eletroconvulsoterapia. Durante o período da convalescença, o analista fez várias sugestões ao paciente e à sua família, visando a que retomasse a análise o quanto antes, mas o paciente e sua família opuseram-se.

Três meses após a cirurgia, dizendo já se sentir melhor por força da medicação antidepressiva, decidiu retomar a análise. Ainda estava bastante deprimido, mas já tinha voltado a se comunicar com as pessoas, a sair de casa e a trabalhar. Retomou o ritmo de quatro sessões por semana.

Em uma dessas sessões, contou um sonho: Estava pilotando um avião que, subitamente, sofreu uma avaria num pistão e precisou fazer um pouso de emergência, mas nenhum aeroporto aceitou recebê-lo, devido ao fato de que a aeronave estava matriculada no Burundi, um país considerado selvagem. Todos (ele diz) desprezavam esse país de negros pobres e selvagens. O avião caiu, mas ele salvou-se, embora cego e muito ferido. Nessa sessão, não foi apresentada nenhuma associação e, como o sonho tinha sido contado no final do tempo, não foi comentado pelo analista.

Na próxima sessão, sem retomar a análise do sonho anterior, devido a outros acontecimentos, que, segundo ele, eram mais urgentes, contou outro sonho: A força aérea de Israel estava bombardeando a central nuclear de Teerã. Ele era um dos pilotos. Seu avião fora atingido; estava perdendo combustível e potência dos motores, precisando realizar uma aterrissagem de emergência. Novamente, tal qual no sonho anterior, não havia aeroportos disponíveis, pois todos aqueles da região se situavam em territórios inimigos de Israel. Ao associar, contou que o céu de Teerã estava cinza e os aviões, sendo amarelos, eram alvos fáceis.

Em relação a ambos os sonhos, dizia não ter muitas associações, salvo as óbvias: o amarelo dos aviões foi tirado da cor amarela das estrelas de Davi, as quais os judeus eram obrigados a usar no período nazista; Burundi era um país inexpressivo, destruído pela guerra, e talvez fosse, ele dizia, uma referência a como ele próprio se sentia.

O analista apontou-lhe que talvez os sonhos de fato tivessem algo a ver com como ele se sentia no momento, vivendo uma situação

O símbolo e a vida emocional

muito difícil, desamparado, humilhado, discriminado e impotente, temeroso de não sobreviver, o que o fazia lembrar-se de seu passado infantil e adolescente, quando se sentira da mesma forma, e essa conexão reforçava todos seus medos atuais. Nessa altura, o analista está interpretando as situações presentes no sonho como representações analógicas do que está passando-se com o paciente neste momento da sua vida.

Diante da falta de reação do paciente, o analista procurou detalhar e ampliar a interpretação. Sugeriu que o pistão avariado seria a representação analógica de sua próstata e de seu pênis, que ele sentia como, definitivamente, resultando numa aterrissagem desastrosa depois da cirurgia, isto é, quando pôs os pés na terra, entrou em contato com aquilo que lhe parecia uma realidade catastrófica, diante da qual a única proteção seria cegar-se para seus sentimentos.

A seguir, acredito que movido por certa ansiedade e pelo desejo de estabelecer algum contato com o paciente, tendo em vista que o sonho lhe parecia claro e quase óbvio, o analista prosseguiu a descrição: O amarelo dos aviões estava ligado a um período de sua vida em que predominava o medo de não sobreviver, a humilhação que lhe havia sido imposta por ser judeu, diante de um perigo real representado pelo nazismo. O analista sugeriu que ele vivia a situação presente, relativa à próstata, que naturalmente o ameaçava devido à incerteza do prognóstico e ao medo que isso produzia, misturado com estados de espírito do passado, quando também vivia numa grande incerteza e com medo de não sobreviver, e isso interferia na possibilidade de superar a vivência traumática atual. Apontou-lhe que uma dificuldade que ele enfrentava estava relacionada com o desprezo que sentia por si mesmo, como impotente, e com o terror do desamparo que isso agora lhe produzia. Agora podemos ver que o analista interpretou a cor amarela como um símbolo expressivo de um estado de espírito que evocava as vivências persecutórias de sua vida passada.

Retrospectivamente, parece-nos que o analista, ao insistir em detalhar sua interpretação, expressava seu desespero em não conseguir que o paciente reagisse emocionalmente ao que lhe parecia ser uma representação tão clara em seus sonhos. Essa comunicação via identificação projetiva evocava no analista um sentimento de profundo isolamento e incomunicabilidade.

O Sr. C. reagiu aparentemente com total indiferença às interpretações, apesar de durante a sessão não parecer distante nem frio. Afirmou que nada que o analista dizia fazia muito sentido. Numa sessão posterior, comentou que não acreditava que algo totalmente material e mecânico, como um avião ou um pistão, significasse qualquer coisa. Não via qualquer relação com ele e achava que a análise não poderia ajudá-lo nessa situação traumática concreta. Ele estava impotente, quiçá prestes a morrer, ou melhor, já morto. Nesse momento, o paciente insistia no caráter unicamente denotativo das situações apresentadas nas imagens do sonho.

O analista, então, interpretou que a reação do paciente ao que ele tinha dito na sessão anterior refletia, nesse exato momento, no aqui e agora da sessão, a própria problemática que ele estava vivendo, isto é, ele mantinha uma relação mecânica e concreta consigo mesmo e com o seu problema e, por isso, sentia-se morto, matando também a interpretação. Assim agindo, o analista estava interpretando o discurso do paciente sobre o sonho e sobre sua função.

É interessante notar que o paciente negava em sua fala qualquer relação significativa com o analista, mas aparentemente, de maneira incoerente com o que sentia conscientemente, continuava produzindo imagens oníricas para a análise. Achamos que esse movimento é próprio da atividade mental que busca tornar a mente clara para si mesma, o que caracteriza o funcionamento mental humano. Laplanche (1981, p. 58) menciona um conceito sugerido por Daniel Lagache, que nomeia "efeito Zeigarnik" (Zeigarnik é uma referência ao psicólogo russo Bluma Zeigarnik, que propôs tal noção em 1927), isto é, a necessidade de levar a seu termo as tarefas mentais que não foram acabadas, que permanecem inconclusas. Creio que Lagache estava sublinhando o fato de que aqueles problemas ou conflitos psíquicos inconscientes, que não encontravam uma solução emocional satisfatória, continuavam a ser pensados inconscientemente com os

O SÍMBOLO E A VIDA EMOCIONAL

instrumentos apresentativos, representativos e expressivos disponíveis a cada momento, ou seja, por meio do símbolo/representação que contém esses dois aspectos.

Poderíamos acrescentar que o instrumento perfeito para se observar o "efeito Zeigarnik" é o símbolo em seu processo de transformação, isto é, examinando as metamorfoses que sofrem seus aspectos formais.

O que estaria acontecendo com esse paciente? De um lado, ele apresentava algum contato com as experiências emocionais presentes e passadas, que o levavam a produzir o sonho, que, por sinal, era composto de símbolos sofisticados. Mas, de outro lado, parecia não ter a menor noção da experiência emocional talvez transmitida pelas imagens do sonho. Como se dava este ataque à capacidade de sentir ou de se relacionar com os símbolos de seus sonhos? Os sonhos em si mostram que as emoções se transformaram em imagens-representações simbólicas, sugerindo estar em operação a função alfa postulada por Bion. Contudo, as imagens produzidas permaneciam inexpressivas; nada evocavam. Estamos interessados em entender o processo que está aqui ilustrado.

Se acreditarmos que a forma simbólica é uma abstração compreendendo uma lei que é parte do momento constitutivo do fenômeno representado e possui potencialmente as chaves dos encadeamentos lógicos daquilo que é representado, que, na circunstância atual, se encontra bloqueado, precisamos desconstruir os processos que estão afetando a constituição dessas formas.

Uma primeira discussão: imagens visuais; representação e expressão

Pensamos que a vivência traumática afeta especialmente a capacidade das pessoas em reagir aos aspectos conotativos expressivos dos símbolos. Os símbolos produzidos no sonho perdem a plasticidade e, desse modo, emudecem (nada evocam) as emoções frente a estes, como no caso desse paciente. Dito de outra forma, aquilo que sentimos enquanto pensamos permanece bloqueado (no inconsciente? Ou a função pregnante do símbolo fica congelada?) e, dessa forma, nossa capacidade de reflexão sobre o que estamos vivendo fica tremendamente limitada.

Neste trabalho, pretendemos sugerir que, em casos semelhantes, é a qualidade da relação com o aspecto expressivo do símbolo que permitirá ou não ao paciente aprender com a experiência e, desse modo, promover transformações.

Este material nos permite aprofundar a compreensão de como atuam na vida mental as qualidades formais dos símbolos e como interferem na capacidade de perlaboração de vivências emocionais.

O trabalho psíquico continua ativo, mas a capacidade de perlaboração fica paralisada, ou seja, não há metabolização das vivências traumáticas por meio da representação e de posterior reflexão. O paciente é competente emocionalmente para produzir uma simbologia capaz de apresentar, mas apenas no sentido de representar a situação que está vivenciando, não expressando os significados das vivências representadas. Nessa circunstância, o simbolismo apresentativo (*presentational*, LANGER, 1942) fica empobrecido e impedido de migrar para o plano discursivo devido ao bloqueio de sua função expressiva. Em consequência, o discurso pode ficar esvaziado de significado emocional.

Susan Langer (1953) escreve no seu livro *Sentimento e forma* a propósito da função do símbolo na obra de arte e de suas conotações, algo que vale mencionar, pois permite entender melhor a situação do paciente que estamos discutindo no contexto psicanalítico. Langer (1953, p. 53) diz:

A função da "semelhança" é dar às formas uma nova corporificação em ocasiões puramente qualitativas, irreais, libertando-as de sua corporificação normal nas coisas reais, de forma que elas possam ser reconhecidas por si mesmas e que possam ser livremente concebidas e compostas tendo em vista o alvo fundamental do artista a significação, ou a expressão lógica.

No contexto psicanalítico, a liberdade psíquica depende da capacidade do indivíduo de se descolar do senso comum e dar uma nova corporificação, dentro de uma outra rede afetiva, para os sentimentos atuais.

Reflexões sobre o problema observado na clínica

Essa área relacionada ao significado das representações mentais, ou seja, do universo das evocações e das formas simbólicas assumidas por estas (ou impedidas de fazê-lo), tem sido um campo privilegiado e muito frutífero de estudos de vários autores, tais como Ferro, César e Sara Botela e Thomas Ogden. O texto de Ogden de 2004, premiado como o melhor artigo publicado naquele ano no *International Journal of Psychoanalysis*, cujo título "Essa Arte da Psicanálise. Sonhando sonhos não sonhados e choros Interrompidos!", num primeiro momento, parecia curioso ou enigmático, é metafórico do que estamos falando e abriu uma janela seminal para o aprofundamento da técnica interpretativa. Nesse trabalho, Ogden atribui a dificuldade de alguns indivíduos em se modificarem à incapacidade de transformar as experiências emocionais por meio da simbolização, referindo-se a instâncias de não sonho do trabalho psíquico. Ogden (2004, p. 859) comenta que

> Sonhar é um processo contínuo, que ocorre tanto no sono quanto na vida inconsciente de vigília. Se a pessoa for incapaz de transformar as impressões sensoriais brutas em elementos inconscientes de experiência que possam se vincular, ela não pode gerar pensamentos oníricos inconscientes e, consequentemente, não pode sonhar (seja no sono, seja na vida inconsciente de vigília).

Pensamos que Thomas Ogden, ao se referir à incapacidade do paciente de sonhar certas experiências, esteja enfatizando o fato de que certos estados de espírito ficam congelados na mente do paciente porque ele é capaz de capturar apenas aspectos limitados do significado de suas vivências emocionais, como se eles fossem capazes apenas de denotar, mas não de conotar, quando se relacionam com suas representações simbólicas. Dito de outra maneira, seguindo Peirce (1992) e Langer (1942), esses pacientes perderam a capacidade simbólica do que chamam de *suchness* (outros autores usam o termo *likeness*), isto é, de exemplificarem para si suas vivências afetivas, e para reganhar essa capacidade esses pacientes precisam sonhar, no dizer de Ogden.

A preocupação com esta problemática surge também na Itália com Antonino Ferro (1995). O autor diz: "O sonho tem a capacidade de reunir e colocar em imagens humores e emoções ainda não pensáveis" (1995, p. 104). Ele fala nessas representações como sendo imagens sincréticas das emoções, expressão que contém grande parte da problemática que está sendo discutida neste trabalho.

Michael Rustim (2008), em trabalho apresentado em São Paulo, na conferência em homenagem a Donald Meltzer, escreve:

> Uma das mais cruciais descobertas de Bion foi que o que mais importava, tanto em estados de extremo distúrbio mental quanto a partir dos momentos iniciais do desenvolvimento da personalidade, não foram só diferenças entre emoções primárias e desejos e seus objetos, mas também formas de pensamento por meio das quais tais estados eram expressos, comunicados e contidos.

Quase como se houvesse um diálogo contínuo entre autores das mais diversas partes do mundo, Thomas Ogden primeiro e, depois, A. Ferro, tais estudos dão início a uma investigação profunda dos processos evocativos produzidos na mente do analista e do paciente, como fruto da interação durante a sessão, trazendo para um campo privilegiado a questão da representação mental e das formas simbólicas

O SÍMBOLO E A VIDA EMOCIONAL

por ela utilizadas. Tanto Ogden quanto Ferro estão interessados nos processos de construção de uma interpretação que possa tocar emocionalmente o paciente a partir das vivências, dos sentimentos ou das lembranças evocados na mente do analista, provenientes da projeção de elementos mentais que o paciente não consegue elaborar. Ambos estão interessados em relacionar (unir) pensamento e experiência emocional vivida. Acredito que, por isso, dão nova vida ao pensamento de Winnicott e ao conceito de espaço transicional como parte central de um processo de criação de símbolos.

Sara e Cesar Botella (2005), adotando uma perspectiva diferente, retornam à questão das condições necessárias para a construção ou não das representações mentais. De certa maneira, poderíamos dizer que todos esses autores estão dando continuidade a um item tratado por Freud (1900), em seu livro *A interpretação dos sonhos*, denominado "Considerações sobre a representabilidade" (p. 339), no qual sugere a ideia de um movimento que denomina migração em busca da figurabilidade. Freud (1900, p. 329) menciona que, se quisermos entender melhor a relação entre o conteúdo dos sonhos e os pensamentos do sonho, necessitamos: "[...] take dreams themselves as our point of departure and consider what certain formal characteristics of the method of representation in dreams signify in relation to the thought underlying them". Como estamos vendo, a referência às características formais do método de representação tem sido central em nosso artigo.

Ogden (2007) diz que faz parte de nosso trabalho como analistas "transformar algo invisível, e, no entanto, uma presença sentida num contexto emocional, num conteúdo psicológico, em algo sobre o qual o paciente possa falar e pensar a respeito". Ele descreve esse processo como sendo o "de virar a experiência do avesso" (*turning experience inside out*). Desse modo, transformar uma experiência ou qualidade do mundo interno do paciente que é sentido, mas, num primeiro momento, não nomeável e muito assustador, em algo simbolizável permite que, a partir daí, o paciente e o analista possam nomear a experiência e pensar a respeito dela. Essa relação entre mundos internos define um espaço inter e intrassubjetivo em que significados são gerados.

O analista, num lugar análogo, mas não idêntico, ao da mãe, utilizando-se da *reverie* como parte da função psicanalítica de sua personalidade, passa a ocupar virtualmente a função de transformar as experiências emocionais do paciente/bebê-analógico, dos sentimentos projetados, seja dando a esses sentimentos sua primeira representação mental para estados não mentais (função alfa sintética) (CAPER, 2002), seja alterando a representação mental de estados anímicos insuportáveis, levando a que a experiência na representação recém-criada seja, nesta nova representação, mais assimilável pelo aparelho mental (função alfa analítica).

Sob diferentes ângulos, todas essas reflexões a respeito dos processos de evocação e de representação mental nos colocam a questão do papel do simbolismo (a emoção necessita transformar-se em imagem) na vida psíquica, a partir da própria construção das formas simbólicas como representantes e expressivas dessas transações ocorrendo no mundo interno. Para que haja mudança psíquica, os pacientes necessitam captar o significado de suas experiências, os conflitos que este invoca (e que produzem ansiedade e dor psíquica), para poderem refletir (e imaginar outras soluções para as questões sob escrutínio) sobre o vivido. É nessa perspectiva que queremos enfatizar que os símbolos produzidos por nossos pacientes em seus sonhos, em sua imaginação, não representam apenas situações vividas, mas, sobretudo, revelam algo; tornam por meio daquilo que evocam algo visível.

Ao estudarmos os sonhos principalmente, abrimos uma janela privilegiada para a observação dos processos transicionais enquanto ocorrem, mas também os observamos durante a vigília e no processo comunicativo/defensivo que se estrutura entre paciente e analista e nos incita a examiná-los em seus componentes formais individualizados.

Nosso trabalho pretende abordar um aspecto complementar ao que sugerem os autores citados. Para nós, como já dissemos, não é suficiente interpretar o ataque destrutivo aos vínculos que anulam a interpretação do analista. Pensamos que é preciso compreender

O SÍMBOLO E A VIDA EMOCIONAL

também como os ataques são substancialmente dirigidos ao próprio processo de construção das formas simbólicas. Estamos enfatizando que a pobreza formal dos símbolos limita sua capacidade de revelação dos significados substantivos da vida. A pergunta que nos fazemos é se, no caso desses pacientes, basta produzir o símbolo em seus sonhos para depois podermos nomear a experiência para que seja possível pensar a respeito e, dessa maneira, produzir mudanças psíquicas? Ou, alternativamente, nesses casos, será que não faltaria alguma qualidade na forma simbólica, isto é, algo que a teria mutilado e que o paciente é capaz de produzir, mas não é capaz de viver plenamente a experiência emocional que ela expressa, ou seja, objetiva evocar e assim exercer sua função de revelação? A conclusão a que chegamos é a de que isso de fato ocorre, daí a necessidade de aprofundarmos nosso entendimento psicanalítico das características orgânicas das formas simbólicas construídas.

A fim de discutirmos a problemática acima de maneira proveitosa, necessitamos esclarecer a distinção entre símbolo e formas simbólicas. Deixemos para Charles W. Hendel (1961, p. 52-53) esta explicação: "[...] o adjetivo 'simbólico' não pertence apenas à imagem ou conteúdo tomado como representativo ou expressivo de significado, pois diz respeito não só às formas em que o significado é inteligível como também são 'formas simbólicas' em virtude de seu papel na função de simbolizar".

Estamos propondo, agora seguindo Meltzer, que as transformações semióticas das experiências emocionais (como parte de um processo psicanalítico de perlaboração) são produzidas e podem ser acompanhadas também por meio da progressão em qualidades formais da representação, uma referência à lógica intrínseca das formas simbólicas descritas por Susanne Langer (MELTZER, 1984) e vistas nos sonhos e percebidas por intermédio de evocações na mente do analista. Essa associação proposta por Meltzer entre o processo de transformação (conceito do âmbito psicanalítico mesmo quando a este adicionamos o qualificativo de semióticas) com os processos que são próprios da representação (conceito filosófico), relacionados às propriedades das formas simbólicas, parece-nos de grande riqueza para avançarmos em nossa compressão sobre as fontes dos efeitos dos processos interpretativos. São, a nosso ver, a chave para compreendermos como opera a perlaboração e o que a obstaculiza.

"Progressão" é um termo problemático por ser polissêmico, pois pode englobar a ideia de que uma forma é superior à outra ou a de que um símbolo é "melhor" que outro, o que não é o caso. Nós estamos enfatizando outro aspecto, qual seja aquele que se refere apenas ao fato de que uma forma simbólica pode ter uma maior abrangência (pregnância) de seu campo afetivo e representacional e, dessa maneira, pode operar como uma chave que abre mais redes afetivas do que outra. É neste último sentido que o estamos utilizando. Esta "progressão" (transformação, segundo Bion) tem por função tornar a representação mental cada vez mais abrangente e, ao mesmo tempo, mais específica. Meltzer diz que as imagens visuais usadas no trabalho onírico, enquanto fruto de um trabalho de perlaboração (transformação), aumentam em complexidade, sofisticação e em nível de abstração, e é dessa maneira que a transformação ou o crescimento amplia a generalidade da formulação mental e igualmente aumenta a especificidade da sua utilização (ver Meltzer, 1978, p. 73). Essas imagens se desenvolvem em pictogramas afetivos (BARROS, 2003) que englobam toda a expressividade da representação mental e tornam-se algo que existe entre a experiência pura e as abstrações dessas vivências.

Estamos sugerindo que os significados se ampliam à medida que se vão relacionando entre si devido ao rompimento de barreiras dinâmicas, que impedem o contato com outras vivências emocionais. Os significados ocultos, ausentes e potenciais (BARROS, 2003), apreendidos por meio de certas imagens ou evocações expressivas e das vivências emocionais associadas a um sonho, por exemplo, ao ser desvelado, liberam emoções que abrem novas redes conectivas de afetos e de emoções e, assim, ampliam sua dimensão significativa, abrindo portas para a realização de outros significados potenciais (BARROS, 2003, 2006). Uma outra fonte para compreendermos o

O SÍMBOLO E A VIDA EMOCIONAL   45

papel exercido diretamente pelas próprias características das formas simbólicas, na vida mental, é sugerida por Wittgenstein (1958), quando menciona formas que reconheceríamos como formas de algo, mas cujo significado só poderia aparecer por sua relação com outras experiências.

Para Freud, era essencial, para que um material inconsciente se tornasse consciente, que a representação de coisa se ligasse à representação de palavra por meio da interpretação. Mas, a partir do processo de constituição do símbolo, hoje teríamos de nos perguntar se basta descrever as fantasias inconscientes, colocando-as em palavras, ou se existem outras condições para que a discursividade seja mais efetiva, no sentido de mutativa?

Nossa reflexão mostra que, a partir do que estamos sugerindo em relação às formas simbólicas, não basta fazer a conexão da representação de coisa (inconsciente) com a representação de palavra (pré-consciente) para que as cadeias das representações mentais se transformem e adquiram um caráter mutativo. O simbolismo conotativo de base não discursiva, que abre redes emocionais quando posto em relação com a forma discursiva denotativa (voltada para o conceitual) e também conotativa, produz uma ampliação das redes afetivas de representação associadas a vivências emocionais ao longo da vida. A palavra "mutativa" aqui empregada se refere a mudanças que alteram não apenas o momento, mas toda sua progenitura. A transformação não se dá apenas pontualmente na sessão fruto do *insight,* porém cria as condições para a manutenção deste não só na sessão, mas fora dela e ao longo da vida.

As associações entre redes afetivas e de representação colocam os diversos níveis das experiências emocionais debaixo do mesmo guarda-chuva e criam, então, a possibilidade de um diálogo íntimo entre os objetos internos, produzindo modificação no significado das experiências emocionais, ou seja, a detecção das paixões que dão significado às nossas vidas e que variam ao longo destas. O convívio entre estas diversas áreas faz surgir e, portanto, amplia o campo dos significados.

É só o casamento íntimo entre os aspectos conotativos (que ampliam a experiência emocional por meio do estabelecimento de novos elos emocionais) com os denotativos (ligados à palavra e à perlaboração de conceitos) que dá à forma simbólica discursiva um poder de mudar estados de espírito. Dessa forma, alteram configurações objetais, por reconfigurar núcleos significativos da experiência (*kernel of meanings*, GREEN, 1999) e por nos colocar em contato com épocas remotas de nossas vidas que até então atuaram como formas atribuidoras de significado (ou *templates*, BARROS, 2003) para nossas vivências emocionais. É esse processo também que permite ao paciente ir muito além da interpretação do analista, dando vida ao *insight* obtido na sessão, para compreender e significar outras situações de sua vida, vivificando seu espírito e sua imaginação.

O grande poema é aquele que também realiza este casamento. É por meio da progressão em qualidades formais da representação que as capacidades pensantes da vida afetiva se desenvolvem e se tornam parte do processo do que poderíamos chamar metaforicamente de metabolização da vida emocional. Essa metabolização ocorre por intermédio da migração de significado ao longo de vários níveis do processamento mental.

Até agora, acompanhamos um primeiro período durante o qual o Sr. C. estava bloqueado em sua capacidade de perlaborar a experiência traumática que vivera. Isso se devia, segundo nossa ideia, à sua dificuldade de ter acesso à experiência emocional que estava sendo transformada mediante o trabalho do sonho e que se expressava em imagens mentais que para ele nada significavam.

Vamos agora seguir um segundo período de sua análise, durante o qual mudanças começam a ocorrer. Diríamos que o paciente passou a ter acesso aos aspectos expressivos das formas simbólicas, evidenciando o que Susanne Langer chamaria de "progressão em qualidades formais".

Nesse contexto, estamos considerando os símbolos como cristalizações das intuições, e podem, ou não, também assumir uma forma expressiva, além da representativa. Ensaístas e romancistas

O SÍMBOLO E A VIDA EMOCIONAL

têm insistido que tal universo só poderia ser captado e comunicado por meio da arte e da poesia porque ambas têm em sua essência, intrinsecamente, a expressividade. Como poderíamos ver essa problemática de um ponto de vista psicanalítico? Ou seja, qual o papel da expressividade no plano não discursivo e qual a sua ligação com a discursividade no mundo mental, nas suas relações com a vida mental consciente e inconsciente? Aqui cabe uma nota sobre a "expressividade". Esse termo, na maneira que o estamos empregando, deriva de R.G. Collingood (1933) e de Benedeto Croce (1925, 2002), e se refere a um aspecto da arte que não visa apenas descrever ou representar emoções, mas centralmente transmiti-las, produzindo-as no outro ou em si mesmo, a partir de uma evocação, uma representação mental colorida pela emoção. No caso, poderíamos dizer que é uma representação alocutória, ou seja, que "fala para alguém". A qualidade da expressividade – produzir no outro emoção – parece-nos essencial para a compreensão não só da arte, mas igualmente da memória afetiva e da função das formas simbólicas na vida psíquica. Uma das funções da expressividade é a de ativar a imaginação. Talvez tanto na psicanálise quanto nos processos criativos dos artistas, seja o caráter expressivo do simbolismo que desperte nas formas e nas situações imaginadas uma intensidade epifânica maior até que as situações da vida real, e por isso produza transformações tão significativas.

Segundo período da análise do Sr. C. O bloqueio começa a se desfazer

Agora acompanharemos os momentos do desbloqueio do Sr. C. e parte do processo de perlaboração mental (*working through*) das situações vividas, sobretudo as traumáticas. Esse processo não se deu num curto espaço de tempo e passou por várias fases, aqui sintetizadas para podermos refletir sobre como opera o processo de perlaboração, no que tange às qualidades formais dos símbolos que interagem dialeticamente com as emoções sentidas e produzidas.

Ao fazê-lo, estamos deixando de lado muitos acontecimentos, dinamismos, concentrando-nos apenas naquilo que queremos discutir neste artigo, a saber, a função dos diversos aspectos integrantes das formas simbólicas e sua relação específica com o processo de perlaboração.

Este segundo período durou cerca de seis meses, marcado inicialmente por uma contratransferência no analista dominada pela superficialidade e pelo sentimento de tédio diante dos relatos do paciente. Sr. C. gastava seu tempo, durante esses meses, com descrições irrelevantes, intermináveis, mencionando situações banais, às vezes se mostrando sonolento e pessimista em relação à ajuda que poderia receber da análise.

Até aqui, como já dissemos, os sonhos e as queixas do paciente não evocavam praticamente nada no analista e nem no paciente: nenhuma imagem, nenhuma memória, e produziam a impressão de um mundo plano, de uma estrada sem fim, sendo percorrida até o ponto de dar sono no condutor e obrigá-lo a interromper o percurso para evitar um desastre de grandes proporções.

Durante esse período, o analista interpretou de diversas formas o convite que o paciente lhe fazia para que se sentisse isolado de seus afetos num mundo frio, desolado e apartado de qualquer possibilidade de comunicação, tal como provavelmente se sentia. Em alguns momentos, aparecia um conteúdo mais aflitivo prontamente evitado pelo paciente. Em tais situações, o analista interpretou o sentimento de catástrofe iminente que o Sr. C. parecia sentir diante de qualquer situação que pudesse produzir ansiedade (ou até mesmo simplesmente o levasse a sentir algo) e que era preferível dormir para essas questões a enfrentá-las de forma viva caso ele se mantivesse vitalizado/acordado. Essas interpretações pareciam fazer algum sentido. O analista pensava nesta situação como uma outra espécie de emigração para o país da superficialidade.

Com base em certos materiais e vivências contratransferenciais, depois de alguns meses, o analista mudou o foco de suas interpretações ao sentir o Sr. C. mais vivo e até ligeiramente excitado. Interpretou que

O SÍMBOLO E A VIDA EMOCIONAL

o paciente parecia ficar mais vitalizado quando transmitia ao analista a parte dele capaz de sentir o desespero e a impotência, comprazendo-se em ficar observando-o sofrer com sua incapacidade em ajudá-lo, o que acompanhava esses estados. Retroativamente, podemos supor que essa interpretação fez sentido e que o *insight* lhe produziu uma certa vergonha. Veremos posteriormente a importância central do sentimento de vergonha na transformação de sua atitude frente à análise.

Durante esse período, morreu um amigo íntimo de infância do paciente, fato que lhe produziu um grande choque. Ele relatou ao analista que essa morte parecia tê-lo acordado de um longo sono.

Pouco após, sonhou que estava brincando com aviõezinhos; era criança e estava acompanhado também do amigo morto, quando menino. Os dois competiam com seus aviões de papel e, quando C. estava quase perdendo a competição, o avião de seu amigo caiu numa poça de água. O amigo chorou muito. C. fingiu (sic) consternação, mas, no fundo, disse ao analista que durante o sonho estava sentindo grande prazer com a destruição do avião do outro.

Contou que ficara chocado com seus sentimentos quando acordou. Na sessão, lembrou-se de que no sonho havia uma segunda parte. A mãe do amigo chorava e dizia que agora a família teria de se mudar. Tudo se passava numa parte devastada e desolada da cidade, que se chamava *yellow zone* (zona amarela). A cidade lembrava um filme onde aparecia Varsóvia (cidade vítima, nosso comentário) bombardeada, mas poderia ser Berlim (cidade objeto posterior da vingança, também nosso comentário). De alguma forma, havia bebês no sonho.

O paciente acrescentou que acordara muito ansioso, suando, muito desgostoso, envergonhado e zangado consigo mesmo por sua atitude imoral em relação ao amigo, chocado por esse sonho ter ocorrido imediatamente após a sua morte. A sessão foi pesada, e o paciente teve enorme dificuldade de pensar a respeito do sonho. Acreditamos que o fato de ter sentido vergonha por ocasião das primeiras referências, tanto por seu prazer em torturar o analista, quanto diante do sonho em relação ao que sentia vendo o amigo chorar pelo avião destroçado, criou no Sr. C. certa atmosfera de intimidade. Nossa hipótese é a de que este sentimento vinha de fontes aparentadas, ou seja, de uma parte competitiva e cruel e de outra traumatizada, fragilizada, com medo da solidão e do isolamento. Acreditamos que foi essa a primeira vez que o paciente percebeu, a partir de um olhar adulto dirigido à sua vida, sua solidão associada à sua crueldade e o consequente sentimento de culpa, e só assim esses sentimentos passaram a ter a possibilidade de desencadear o processo de luto. Tabbia (2008) sugere que o sentimento de luto é, no mundo interno, o passaporte para atravessar a fronteira entre partes cindidas do *self.* É a partir desse momento que as partes cindidas passam a habitar o mesmo universo emocional, sendo este um primeiro passo para que ocorra uma integração a partir do estabelecimento de um princípio de intimidade entre aspectos do *self.*

O analista observou para o paciente que tinha a impressão de que ele havia trazido esse sonho de destruição e devastação da cidade no mundo externo como expressão de seu desânimo diante da cidade analítica interna também devastada, que o deixava desolado, solitário e sem esperança, por atribuir também ao analista tal estado de espírito devastado, isto é, deprimido. Indicou também que, apesar disso, o sentimento de vergonha em relação ao que sentira pelo amigo em seu sonho, que provavelmente também sentira em relação à tortura a que submetia o analista, havia criado uma certa intimidade entre eles todos e consigo mesmo.

O paciente apenas comentou: "Intimidade? Sim!".

O analista decidiu, então, abordar um novo ângulo da questão, o qual também parecia estar presente e era considerado a parte mais significativa da interpretação, dizendo que esse C. distante, que ficava observando, representava uma parte que não se sentia responsável por ter produzido aquela devastação, que ficava indiferente diante da catástrofe objetiva e que acreditava que só poderia eventualmente ser despertado desse estado por comentários interpretativos sádicos e recriminatórios da parte do analista.

O analista, por sua vez, sentiu que havia tocado em algo importante, ainda que certo desconforto tenha tomado conta de seu espírito,

O SÍMBOLO E A VIDA EMOCIONAL 51

embora não soubesse identificar as causas. Várias horas após a sessão, contudo, ao refletir, voltou a não se sentir satisfeito com as interpretações dadas ao paciente. Pensou que havia uma peça de um quebra-cabeça que estava ausente.

Nesse estágio da análise, o analista estava apenas nomeando e conectando suas experiências, as imagens dos sonhos e os sentimentos trazidos pelo paciente para o presente da sessão e, dessa forma, propiciava uma maior possibilidade de integração de partes cindidas da personalidade de C. por meio da atribuição de significados para aquilo que o paciente estava mostrando nessa sessão.

Na sessão seguinte, C. disse que havia ficado intrigado com seu sonho e que pensara também nos sonhos anteriores ocorridos logo após a cirurgia. Lembrou-se novamente de que seu caça abatido no sonho era amarelo, o que se associava a um sentimento de medo e intenso desconforto com o antissemitismo, nas vezes em que se sentiu vitimado por este. Disse também que essa vivência estava associada à *yellow zone* da cidade para a qual deveria mudar-se. Acrescentou que *yellow zone* parecia ser a descrição de um estado de espírito. Comentou que sentira vergonha em alguns momentos em que era discriminado e que o amarelo era a cor da vergonha. Todos esses sentimentos não haviam sido mencionados em nenhum outro momento dessa análise.

Acrescentou ainda que lhe ocorrera algo estranho e sentira um profundo mal-estar naquele momento. Comentou que não sabia se havia contado (no caso não havia) ao analista que sua mãe perdera um filho antes dele, que morrera ainda bebê, e esta lhe havia dito que tinha ficado "devastada" (ela teria usado esse termo) naquela época. Isso ocorrera em Varsóvia, e acrescentou que, embora nunca tivesse comentado, ele se lembrava vivamente de que, ao relatar o diagnóstico de câncer para o analista, desconfiou que este tivesse ficado deprimido com a notícia da doença, o que, por sinal, correspondia a uma percepção correta. Ele reagiu a essa percepção sentindo um imenso ódio do analista, mesmo sabendo que era irracional. Esse ódio havia contribuído para ele interromper a análise na época, pois pensara "de que me serve um analista tão deprimido quanto eu?". O paciente disse que a *yellow zone* parecia ter algo a ver com esse estado de espírito, e que bem poderia ser uma referência ao estado de depressão da mãe no passado.

Discussão: o diálogo íntimo com os objetos internos

Pensamos que esta nova etapa se inicia com o renascer de um sentimento de intimidade de C. consigo mesmo. Provavelmente despertado pela vivência de intimidade com seu amigo de toda a vida, recentemente falecido, sobretudo com aquela que existira durante a infância, quando os dois viviam no mesmo universo afetivo, marcado pelo medo infantil muito desorganizador, que os levava a valorizar a companhia um do outro. Esse sentimento de pertinência a um mesmo universo emocional é central na experiência de intimidade e, a nosso ver, favorece a integração de aspectos cindidos do *self*.

Nesse segundo período, reapareceram as imagens do avião em dificuldade, do irmão morto que ele nunca conhecera e da cor amarela, agora acompanhadas de novas representações, ou seja, de bebês, cidades devastadas, antissemitismo, referências à necessidade de se mudar de um lado para outro da cidade. As redes afetivas evocadas e mobilizadas são agora mais amplas e mais coloridas emocionalmente, isto é, houve progressão em suas qualidades formais.

Embora as imagens sejam as mesmas, agora elas têm muito maiores poderes evocativo-expressivos, isto é, comunicam mais sentimentos aos interlocutores. Elas não apenas representam uma vivência e/ou uma situação passada, mas também captam e comunicam algo por meio da expressividade, passando a revelar (esclarecer) significados centrais de momentos de sua vida que se associam ao que ele estava vivendo naquele momento. Essa ampliação da expressividade (os símbolos ampliam sua capacidade conotativa) está presente nas qualidades formais do símbolo (não nos esqueçamos de

O SÍMBOLO E A VIDA EMOCIONAL

Croce: expressividade não apenas descreve, mas comunica, acorda, sentimentos) e produzirá uma mudança na natureza da identificação projetiva utilizada pelo paciente. Essa identificação projetiva deixa de estar a serviço da evacuação de sentimentos e do controle agressivo do objeto, para tornar-se mais comunicativa, facilitando, dessa forma, uma maior integração do *self* por meio de um diálogo interno consigo e com o analista na sessão. É dessa forma que adquire a possibilidade de colocar em palavras essas vivências, sem perder seu importe emocional carreado pelas formas simbólicas apresentativas.

Acreditamos que possamos ver, no material desse segundo período, a progressão nas qualidades formais das imagens pictóricas oníricas, acompanhadas de uma expressividade/conotatividade mais ampla (abrindo novas redes afetivas), constituindo-se em pictogramas afetivos mais ricos e contendo tanto os aspectos não discursivos (intuitivos) quanto os discursivos. Dessa maneira, elas permitem uma referência a certos aspectos mais singulares e mais específicos das emoções vividas, possibilitando, portanto, o acesso a um significado mais amplo que incita a imaginação e, assim, estimula a conexão com muitas novas redes afetivas.

Para tratar dessas questões, somos obrigados a repassar novamente a compreensão oferecida ao material do paciente, tentando sumarizar associando às nossas hipóteses as diversas etapas de sua evolução e o processo de surgimento de novos significados, ainda que correndo o risco de aborrecer o leitor com algumas repetições.

Segue, portanto, o sumário de nossas hipóteses sobre o sonho.

A cidade devastada (queremos sublinhar que esta teria sido, segundo o paciente, a palavra utilizada pela mãe no passado para descrever seu estado de espírito posterior à perda do filho e, portanto, já é um elemento discursivo) provavelmente representava sua mãe destruída pela depressão, mergulhada na *yellow zone* por ter perdido o outro filho, a quem permanecia simbioticamente ligada. A essa percepção-intuição se havia associado uma crença inconsciente de que a única forma de tirar a mãe do estado depressivo seria por meio de uma pressão cruel para ressuscitá-la. Aqui a ideia da crueldade tem sua importância. Ela expressava tanto a raiva que C. sentia da mãe, por estar distante dele e ligada a outra criança, como a crença inconsciente (BRITTON, 1998) de que só uma dor maior poderia arrancá-la daquele estado de espírito. Em sua mente, misturavam-se desespero e sadismo. Mas tal situação também criava um paradoxo interno, pois a mãe, no mundo interno que ele queria revigorar e reconquistar, era percebida como emocionalmente destruída, o que gerava colateralmente um enorme sentimento de culpa que, devido à intensidade, não mobilizava um desejo de reparação, mas a necessidade de cegar-se (cindir-se da parte que sentia). No caso, ele era um mau piloto de seus ódios, tendente a se acidentar e a se ferir.

Quando o paciente foi diagnosticado com câncer, sentiu-se devastado, e essa situação atuou como um gatilho para uma identificação projetiva imediata com sua mãe do passado, também devastada. Nesse momento, sentiu uma empatia (no sentido dado a esta palavra por Stefano Bolognini, 2008) por ela, e isso lhe despertou um sentimento avassalador de culpa por tê-la odiado tanto. Por um instante, ele compreendeu a mãe. A culpa foi maior do que poderia tolerar e, para proteger-se, tornou-se cego a seus sentimentos (ele escapou do desastre aéreo, mas cego. Do ponto de vista da dinâmica mental, queria dizer que, para escapar do desastre, tinha de se cegar) e ficou inacessível, daí o caráter congelador da depressão frente às interpretações do analista, as quais não mobilizavam nele nenhum sentimento. Temos aqui uma elegante ilustração daquilo que Melanie Klein denominou *memories in feelings*. Inconscientemente, em sua fantasia, o paciente culpava sua mãe e seu irmão morto (seu rival) por todos os sofrimentos que ele vivera ao mudar de países. Isso é indicado pelo fato de a mãe dizer no sonho "agora teremos de mudar novamente", depois da devastação da cidade, coisa que o paciente sentiu como um holocausto e ficou confuso, sem saber se ele havia produzido o holocausto e, portanto, se ele era ou não um nazista, ou se havia sido vítima deste. Essa confusão foi reeditada pela complexidade das identificações projetivas envolvidas, quando recebeu o diagnóstico de câncer.

O SÍMBOLO E A VIDA EMOCIONAL

Foi a morte do amigo que despertou uma intimidade perdida consigo mesmo, produzindo uma virada significativa na análise, e isso, a nosso ver, propiciou o sonho, como parte do trabalho de perlaboração até então obstaculizado na sua capacidade de produção de símbolos mais abrangentes, e a recuperação do poder expressivo/evocativo das representações. Vemos isso ilustrado, por exemplo, pelo que ocorre com a cor amarela e a imagem dos aviões ao longo dos meses de análise. O amarelo, inicialmente, estava apenas conectado ao judaísmo, como símbolo do antissemitismo nazista. A pregnância desse símbolo estava limitada e, portanto, sua capacidade conotativa era reduzida também. Tratava-se de um simbolismo somente analógico-representativo, de pouco poder expressivo. No decorrer do processo de perlaboração, o amarelo associa-se a mudanças de áreas geográficas e, particularmente numa cidade (o paciente emigrou quatro vezes), à devastação (já num plano que tem elementos de discursividade) e, finalmente, a um estado de espírito que, como veremos, tanto se refere a um estado emocional da mãe quanto do paciente. Nesta altura, já temos uma forte captação no mundo interno do aspecto expressivo-evocativo do símbolo. O avião deixa de ser apenas o representante das potências sexual e emocional afetadas e fica associado tanto ao ódio do paciente pelo estado de espírito deprimido da mãe, quanto à competitividade (uma nova rede afetiva que se abre) em relação ao irmão (o avião derrubado agora é o do outro), ao analista, etc. As identificações projetivas às quais as imagens nos remetem são mais numerosas e mais complexas e passam a dar conta da confusão (gerada pelo conflito) sentida pelo paciente sobre ser vítima ou algoz do processo de destruição, sendo que o segundo caso lhe propicia a possibilidade de sentir culpa e de reparar. O símbolo agora compreende uma forma apresentativo-expressiva (ele já evoca emoções e libera novas associações), embora ainda não ocorra em nível do simbolismo discursivo. É importante acentuar que a reparação só é possível com a integração das partes do *self* e, para tanto, pressupõe que as partes cindidas tenham desenvolvido uma intimidade entre elas, como condição prévia à integração. Isso basicamente quer dizer que redes afetivas antes separadas e desconectadas na mente do paciente desenvolveram conexões (*links*) entre si e, dessa forma, passaram a habitar o mesmo universo emocional.

Os bebês representavam tanto o lado infantil de C. desamparado quanto o irmão morto (vítima casual do nazismo ou exterminado por ele em sua fantasia inconsciente?), e aparecem associados tanto à devastação das cidades quanto ao estado de espírito da mãe. Trata-se aqui de uma captação de todo um conjunto de sentimentos presentes no passado e intimamente associados entre si, e novamente evocados no presente. Talvez, por isso mesmo, esses sentimentos atuem como formas atribuidoras de significado para o que está ocorrendo no presente, bloqueando, dessa forma, a possibilidade de o paciente discriminar entre o que teria realmente ocorrido no passado e o quanto o presente repete esta situação. Queremos enfatizar que cada nova conexão entre redes afetivas, a qual é estabelecida na mente deste paciente, adquire um caráter de uma nova captação da totalidade de suas relações e intercâmbios emocionais com o mundo.

Somente quando tais ligações foram feitas a depressão começou a ser elaborada e, finalmente, cedeu, dando lugar a um estado de espírito mais reflexivo, produzindo maior proximidade emocional com a família, principalmente com os filhos, e pela primeira vez sentiu uma saudade genuína da mãe. É comovente notar que dez meses depois, tomado por um espírito que poderíamos denominar paradoxalmente como de uma melancolia-alegre, organizou uma viagem com toda a família para a Polônia, lugar onde nunca havia voltado a pisar.

Bases conceituais subjacentes ao trabalho clínico e à hipótese inicial proposta

Pensamos a interpretação nesta perspectiva como um ato de apreensão metafórica do processo de constituição das experiências emocionais, no momento mesmo de sua ocorrência, e, portanto, indicador do processo pelo qual os significados são construídos. A interpretação, neste contexto, não é centralmente uma desvelação; é, sobretudo, ato que propicia a criação de significados, tanto para o paciente quanto para o analista, embora de qualidade diferente, ampliando o universo da emoção, ao abrir redes de vivências emocionais até então impermeáveis. A metáfora apreendida pela interpretação não se limita a revelar isomorfismos. Ela associa conjuntos de experiências mediante processos comparativos, abrindo-as uma para as outras e tornando-as atuais. Nesse contexto, o trabalho do analista não se assemelha ao do detetive, como sugeriu Freud inicialmente, pois a interpretação não revela uma descoberta de algo que estava encoberto ou escondido em algum lugar do inconsciente. A interpretação, neste caso, é concebida como uma maneira de propiciar a abertura de novas redes afetivas que favorecem o convívio entre sentimentos, emoções e afetos antes segregados em diferentes partes do *self*, levando-o a produzir novas vivências, confrontando a mente com um problema novo. O espaço analítico transforma-se, nessas condições, numa incubadora de símbolos (HARTKE, 2005), lugar onde as palavras se apresentam, ainda segundo Hartke (tomando emprestada uma expressão empregada por Sócrates), como *logós spermatikós* (sementes que transformam emoção em logos, e este, em emoções). Esse é um ponto nodal de nossa discussão: como se daria a transformação propiciada pela palavra-semente da emoção em logos e vice-versa?

Sendo assim, dentro da perspectiva de Meltzer, que aqui adotamos, a interpretação não é o resultado de um trabalho de detetive que descobre escondido no inconsciente as razões causais do estado de espírito do paciente, no caso a depressão. Não é, portanto, o fato de o paciente entender as causas de sua depressão que vai modificá-lo. As interpretações, no caso, vão abrindo novas redes afetivas e representacionais, colocando o paciente em contato com experiências emocionais que antes não tinham sido vividas e, em consequência, não conviviam no mesmo espaço. Esse contato entre redes afetivas que levam experiências emocionais a conviver promove uma integração das cisões e cria as condições necessárias para o paciente pensar suas experiências vitais. O inconsciente não é, então, simplesmente um depósito de materiais reprimidos, mas um espaço interno vivo em que se dá a metabolização das experiências emocionais. As reflexões de Cassirer (1972), de profundas implicações para a psicanálise, indicam que o símbolo não pode ser reduzido à sua condição de envelope transmissor de significados (limitado unicamente à função representativa), por ser também um veículo (órgão) essencial do pensamento. Com o termo "veículo" (no original, "órgão"), estamos enfatizando seu aspecto funcional, operativo, sustentáculo de outras funções mentais, constituído por formas simbólicas, profundamente inserido no aparelho psíquico e no inconsciente. Podemos dizer que fantasiamos com símbolos e por meio deles. Incorporamos também as transformações de nossas fantasias inconscientes, de nossas experiências emocionais, por intermédio de modificações operadas nos símbolos. São as fantasias inconscientes em suas múltiplas formas e suas transformações que organizam e dão sentido às nossas vidas afetivas. O símbolo não se limita a comunicar um conteúdo de pensamento; ele em si mesmo é o instrumento mediante o qual este conteúdo toma forma (CASSIRER, 1953, 1972).

Essas hipóteses, se verdadeiras, abrem uma polêmica muito atual com a problemática referente ao quanto, a quando e ao que interpretar para o paciente. Uma questão é o momento oportuno para a interpretação; a avaliação se naquele momento existe ou não um espaço interno para o paciente recebê-la, isto é, se podemos identificar uma parte do ego disposta a nos escutar. Outra questão muito diferente é tomar a interpretação como uma violência exercida contra a capacidade do paciente de elaborar ele mesmo sua compreensão e *insight*. Se, de um lado, é verdade que devemos evitar as saturações, de outro, é preciso não confundir a necessidade de evitá-las com simplesmente não interpretar. Em muitos momentos, o espaço interno é criado com a própria interpretação, e precisamos estar vigilantes também contra a possibilidade de saturarmos o paciente com a impossibilidade de compreender o que se passa com ele. Para definirmos o momento oportuno, necessitamos encontrar o ponto a partir do qual as vivências expressivas da emoção presentes de forma pregnante no símbolo estejam disponíveis. Dito de outra forma: a interpretação, sem ser poesia, tem de conter os elementos expressivos da *poiesis* para poder captar os ritmos das experiências vitais, da atenção e das emoções.

Acreditamos que o paciente, até certo ponto independente da interpretação do analista, tem acesso a algumas compreensões de caráter analógico, embora, a nosso ver, estas não deem conta da natureza das projeções envolvidas. Acreditamos que esses processos defensivos, que implicam uma transação constante de fantasias tanto no mundo interno como no externo, escapam inteiramente ao paciente. Sem captar a natureza e a função dos processos projetivos, a possibilidade de ampliar um diálogo íntimo fica comprometida.

Pensamos que os obstáculos a uma investigação mais profunda dos sonhos e das fantasias inconscientes pelo paciente sozinho são de duas naturezas distintas: de um lado, existem resistências psicodinâmicas a enfrentar a dor psíquica que um *insight* profundo produziria, assim como o ataques das forças pulsionais destrutivas; de outro, acreditamos que existam fatores associados à natureza da linguagem imagética/figurativa dos sonhos, a qual limita o acesso ao conhecimento que dela possa ser derivado, conforme estamos mostrando. A figurabilidade tem seus limites no que tange à comunicação da experiência, assim como a discursividade também o tem.

Como o sonho é constituído basicamente de imagens, que são formas simbólicas, várias questões se colocam diante do que seja interpretá-las: Essas imagens já contêm um significado? Ele é completo ou incipiente? A simples conexão entre o significado de uma e de outra já constitui a interpretação do sonho?

Pensamos que o significado não está implícito nas imagens que o sonhador vê no sonho, mas a significação está esboçada no trabalho onírico de transformação de conteúdos emocionais que levou à constituição dessas imagens. Esta nos parece ser uma distinção essencial para o trabalho psicanalítico de interpretação. Ao se constituírem, estas figurações são uma tentativa de representação de uma realidade emocional captada no mundo interno do sonhador. Por essa razão, acreditamos que o sonho reclama uma intervenção do analista, que não está sujeito aos mesmos constrangimentos impeditivos que o paciente e, sobretudo, dispõe do recurso à sua imaginação clínica. Sem esta, o contato com o processo de constituição do significado presente no trabalho onírico não se dá, e o contato com os núcleos significativos das experiências emocionais, que precisam ser colocados na forma de símbolos verbais próprios para ser pensados com mais amplitude, por melhor conservar nuances e sutilezas, pode não ocorrer.

"O sonhante reclama a intervenção do analista para transformar a linguagem descritiva da evocação em linguagem verbal da explicitação do significado, como um primeiro passo antes da abstração e sofisticação" (Meltzer, 1978). Nessa passagem, sua intuição é brilhante. Quando Meltzer diz que o sonhante "reclama a intervenção", enfatiza sua crença numa exigência originária já presente no sonho como uma estrutura fundante. O sonho não se limita a descrever processos ou a testemunhá-los, mas já está engajado num processo de transformação que demanda a relação com o outro para ser expressivo e dar oportunidade à forma simbólica discursiva para operar mais eficazmente nos processos de alteração de significado.

Tal afirmação se baseia na firme crença de Meltzer de que o trabalho onírico descrito por Freud não se limita ao processo que transforma os pensamentos latentes em conteúdos do sonho manifesto pelo uso de condensação, de deslocamento e da migração em busca da figurabilidade. Também compreende um processo por meio do qual o significado é apreendido, construído e transformado num nível expressivo não discursivo, baseado na representação por meio de imagens pictórico-figurativas e parte do processo de pensamento inconsciente. Nesse processo, criam-se e/ou expandem-se novos símbolos, que ampliam a capacidade pessoal de pensar a respeito dos significados das próprias experiências emocionais. Sonhar, para Meltzer e Bion, é uma forma de pensamento inconsciente. Do ponto de vista psicanalítico, propomo-nos a buscar, e em alguns momentos encontramos, a relação entre a experiência emocional e sua forma simbólica apresentativa e aquilo que Green (1999) chama de núcleo significativo da experiência (*kernel of meaning*). Esses núcleos atuam como polos imantadores de significados.

O Mundo do Sonho, como tem sido enfatizado cada vez mais por vários autores, é considerado como o local em que a mente se empenha numa tentativa inicial de lidar com conflitos, dando representação pictórica apresentativa e expressiva às emoções envolvidas num conflito: um primeiro passo em direção à pensabilidade que, no seu grau máximo de eficiência, adquire uma forma discursiva quando consciente.

Considerações

Pretendemos discutir neste trabalho a hipótese de que o próprio processo de construção do símbolo, nos seus diversos aspectos, é central para a psicanálise contemporânea e tem implicações importantes para a montagem da interpretação, com vistas a esta ter um papel importante no desencadeamento do trabalho de perlaboração. Para que o paciente possa aprender com sua experiência emocional, é preciso que exista uma (experiência emocional) e, para tanto, é necessário que todos os aspectos orgânicos constitutivos das formas simbólicas sejam levados em consideração, como ilustramos por meio de um caso clínico. Implícita está a ideia de que os ataques pulsionais não são dirigidos apenas às conexões entre pensamentos e vivências emocionais ou aos objetos internos, mas abrangem também ataques às percepções, ou seja, às representações mentais em sua estrutura orgânica, no seu processo de constituição em formas simbólicas. Há situações em que esses ataques até impedem a sua constituição/representação (BOTELLA & BOTELLA, 2005); em outras, limitam sua eficácia e deformam a experiência emocional que lhes é afeita. Os autores partem de uma afirmação de Meltzer: "Mas se aceitarmos que o significado ultrapassa a percepção das gestalts e que a vida mental vai mais longe do que possamos imaginar e não se confunde com qualidades de computadores, temos de considerar seriamente que este conceito implica a possibilidade de que a mentalização não seja sensorial no seu início, que se refira a objetos para os quais é preciso inventar ou tomar emprestadas formas da realidade externa, que tenha na emoção seu fenômeno central e tendo por leis não as da lógica ou da matemática, mas, sim, as da 'progressão' em qualidades formais (LANGER, 1953) e as que regem a 'transformação'" (BION, 1962).

Esta relação entre processos simbólicos descritos por uma filósofa, associada ao conceito de "transformações" de Bion, sempre intrigou os autores e pareceu ser a chave para entendermos algo mais profundo sobre o modo de operação das formas simbólicas em si mesmas numa perspectiva psicanalítica e a sua relação com suas transformações nos processos do trabalho psíquico. Os diversos passos da reflexão foram ilustrados por um caso clínico. Esta reflexão teve início na observação de um grupo de pacientes que tinham algum contato afetivo com suas emoções e, embora em graus variados, aderiam ao processo analítico, sonhavam com certa abundância de símbolos, mas não tinham capacidade de reconhecer a experiência emocional que as formas simbólicas utilizadas nos sonhos pareciam transmitir.

Referências

BARROS, E. R. Affect and Picotographic Image: the constitution of meaning in mental life. *International Journal of Psychology*, 2000.

_____. Afeto e imagem pictográfica: o processo de construção de significado na vida mental. In: AVZARADEL, J. R. (Ed.). *Linguagem e constituição do pensamento*. São Paulo: Casa do Psicólogo, 2006.

BION, W. Group Dynamics: a re-view. *International Journal of Psychology*, v. 32, 1952.

_____. On hallucinations. *International Journal of Psychology*, v. 39, 1958.

_____. A theory of thinking. *International Journal of Psychology*, v. 43, 1962a.

_____. *Learning from experience*. London: William Heineman Medical Books, 1962b.

_____. *Cogitations*. London: Karnac Books, 1992.

BOLOGNINI, S. *O abraço de Peleu*: Sobrevivência, continência e convencimento na experiência analítica com patologias graves. Conferência na SBP de São Paulo, 2008.

BORGES, J. L. Prólogo à primeira edição. In: *História universal da Infâmia*. 5. ed. São Paulo: Editora Globo, 2000.

BOTELLA, C.; BOTELLA, S. *The work of psychic figurability*. Brunner and Routledge, 2005.

BRITTON, R. *Belief and imagination*. London and New York: Routledge, 1998.

CAPER, R. *Tendo mente própria*. Rio de Janeiro: Imago, 2002.

CASSIRER, E. *La Philosophie des Formes Symboliques*. Les Editions de Minuit, 1972.

CAVEL, M. *The psychoanalytic mind*. From Freud to Philosophy. Cambridge, Massachusetts and London: Harvard University Press, 1996.

COLLINGWOD, R. G. *The principle of Art*. Oxford: Oxford Univesity Press, 1938.

64   Sobre a Linguagem e o Pensar

CORTINAS, L. P. de. *The aesthetic dimension of the mind*. London: Karnac, 2009.

CROCE, B. *The aesthetic as science of expression and of Linguistic in general*. Cambridge, New York: Cambridge University Press, 2002.

FÉDIDA, P. *Nome, figura e memória*. São Paulo: Escuta, 1992.

FERRO, A. *A técnica da Psicanálise Infantil*. Rio de Janeiro: Imago, 1995.

FREUD, S. The interpretation of dreams. In: _____. *The Standard Edition of the Complete Psychological Works of Sigmund Freud*. v. 4-5.

GABBARD, G. Countertransference: the common ground. *International Journal of Psychology*, v. 31, p. 81-84, 1995.

GREEN. A. On discriminating and not discriminating between affect and representation. *International Journal of Psychoanalysis*, v. 80, p. 277, 1999.

HARRIS-WILLIAMS, M. *The aesthetic development*. London: Karnac, 2010.

HARTKE, R. (2005). *Repetir, simbolizar e recordar*. Report to the Panel "El Psicoanalysis cura aun mediante la rememoración? Present at the 45ª Conference of International Psychoanalytical Association, Berlin, Alemanha, 2007.

INNIS, R. E. *Susanne Langer in focus*. The symbolic mind. Bloomington: Indiana University Press, 2009.

JOSEPH, B. O paciente de difícil acesso. In: _____. *Equilíbrio Psíquico e Mudança Psíquica*. Rio de Janeiro: Imago Editora, 1992. (Este artigo foi publicado originalmente em P. L. Giovacchini [Ed.]. Tactics and Techniques in Psychoanalytic Therapy. vol 2, Countertransference. New York: Janson Aronson.)

_____. O vício pela quase morte. In: _____. *Equilíbrio Psíquico e Mudança Psíquica*. Rio de Janeiro: Imago Editora, 1992. (Originalmente publicado em 1982 no International Journal of Psychoanalysis, v. 63, p. 449-456.)

_____. Transference: the total situation. *International Journal of Psychology*, v. 66, p. 447-454, 1985.

KLEIN, M. *Inveja e gratidão e outros ensaios*. Rio de janeiro: Imago, 1996.

_____. *Amor, culpa e reparação*. Rio de Janeiro: Imago, 1996.

O SÍMBOLO E A VIDA EMOCIONAL

LANGER, S. K. *The practice of Philosophy*. New York: Holt, 1930.

_____. *Philosophy in a new key*. Cambridge: Harvard University Press, 1942. (Em português: Filosofia Em Nova chave. São Paulo: Perspectiva, sem data).

_____. *Sentimento e forma*. São Paulo: Perspectiva, 1953.

_____. *Feeling and form*. London and Henley: Routledge and Kegan Paul Limited, 1953.

LAPLANCHE, J. *Le Barquet*. La transcendence du Transfert. Paris: Presses Universitaire de France, 1984. (A tradução brasileira foi publicada pela Editora Escuta, em 1993).

MELTZER, D. *The Kleinian Experience*. v. III Bion. Perthshire: Clunie Press, 1978.

_____. *Dream-Life*. Strachclyde. Perthshire: Clunie Press, 1984.

OGDEN, T. *The matrix of the mind*. London: Karnak, 1992.

_____. Reverie and metaphor. *International Journal of Psychology*, v. 78, p. 719-731, 1997.

_____. This art of Psychoanalysis: dreaming undreament dreams and interrupted cries. *International Journal of Psychology*, v. 85, p. 857-877, 2004.

_____. Reading Harold Searles. *International Journal of Psychoanalysis*, 2007.

ROSE, J. *Symbolization*. Representation and communication. London: Karnac, 2007.

ROSENFELD, H. On the psychopathology of narcissism: a clinical approach. *International Journal of Psychoanalysis*, v. 45, p. 332-347, 1964.

SALOMONSSON, B. (2007). Talk to me Baby, tell me what's the matter now. Semiotic and developmental perspectives on communication in psychoanalytic infant treatment. *International Journal of Psychoanalysis*, v. 88, p. 127-146, 2007.

_____. Semiotic transformations in psychoanalysis with infant and adults. *International Journal of Psychoanalysis*, v. 88, p. 1201-1221, 2007.

SEGAL, H. Notes on symbol formation. *The International Journal of Psychoanalysis*, v. 38, p. 127-145, 1957. (Também in E.B. Spillious (Ed.). Melanie Klein Today, v. 1. London: Routledge, 1957).

TABBIA, C. *El concepto de intimidad en el pensamiento de Meltzer*. 2008. Lecture presented during the encounter "Remembering D. Meltzer" in São Paulo, Brazil, August 2009.

WITTGENSTEIN, L. *Philosophical investigation*. Blackwell Oxford, New York: Macmillan, 1958.

CRIANDO VÍNCULOS – UM DIÁLOGO ENTRE A FILOSOFIA SOCIAL E A TEORIA DAS RELAÇÕES DE OBJETO[1]

EMILIA STEUERMAN[2]

Este texto procura estabelecer um diálogo entre psicanálise e filosofia, mais precisamente entre a teoria kleiniana de relações de objeto e a filosofia social e política de Habermas. A teoria kleiniana mostra como nossas identidades se formam a partir de projeções e introjeções nas nossas relações com os outros, marcadas pelo amor e pelo ódio, pela culpa e pelo desejo de reparação. A teoria do discurso habermasiana, por sua vez, mostra como a comunicação antecipa um ideal ético que obriga o reconhecimento do outro como um parceiro em situação de igualdade. O diálogo entre essas duas correntes aponta para a possibilidade de uma reflexão ou interpretação (a "terceira posição", de Ronatd Brítton, ou a crítica da linguagem privada, de Wittgenstein) que não é nem objetivista nem subjetivista.

Quando eu comecei a lecionar filosofia na Universidade Católica, no Brasil, costumava iniciar minhas aulas com uma história de J. L. Borges, que é, para mim, uma ilustração clássica da questão central da filosofia no século XX. Usei essa história na Introdução de meu livro sobre Habermas e Melanie Klein, e espero que não se importem se a usar novamente esta noite. Um rei (provavelmente um rei

---

[1] Este trabalho foi originalmente publicado na *Revista de Psicanálise*, v. X, 1, abril 2003.

[2] Emilia Steuermam é doutora em filosofia pela Universidade de Londres, com pós-doutorado em Balliol College, da University of Oxford.

filósofo, dentro da tradição da filosofia ocidental) pediu ao cartógrafo real que desenhasse um mapa completo de seus domínios, mas exigiu uma réplica precisa da realidade. O cartógrafo ficou extremamente ansioso, pois rapidamente percebeu que, embora o rei tivesse lhe concedido fundos ilimitados, não poderia realizar a tarefa ainda que houvesse "mundo e tempo suficientes". Na verdade, deu-se conta de que não poderia desenhar um mapa que representasse ele mesmo desenhando esse mapa. De fato, no momento em que tentasse incluir--se como parte do mapa (ou seja, ele mesmo como um objeto na realidade), não poderia mais se representar como autor do mapa (o que chamamos em filosofia de "sujeito do discurso"). Essa dualidade da natureza humana como objeto empírico no mundo da natureza e como sujeito no domínio humano não pode ser reproduzida em um "mapa" objetivo. Se estou bem lembrada, ao enfrentar tal dilema, o cartógrafo percebeu, com intenso horror, que, na verdade, ele já fazia parte do mapa, uma figura desenhada tentando desenhar um mapa.

Este é o desafio da filosofia contemporânea, ou seja, o reconhecimento de que a ideia de conhecimento como correspondência ou descrição da realidade é possível apenas a partir do ponto de vista do sujeito. Em outras palavras, não há uma posição privilegiada, seja ela científica ou não, a partir da qual podemos olhar a realidade sem imprimir nela nossa própria perspectiva. Portanto, o sonho cartesiano de descobrir, como Arquimedes, um ponto sobre o qual poderíamos construir o edifício do conhecimento e da certeza, foi destruído pela nossa compreensão do papel do autor do mapa e das distorções necessariamente causadas por sua perspectiva. Contudo, a história da filosofia, assim como a história de Borges, não termina aqui.

Na verdade, a ideia mais importante da filosofia do século XX – poder-se-ia até mesmo chamá-la da revolução dentro da filosofia – surgiu com a compreensão de que estamos "desde sempre" no mundo (ou no mapa), figuras desenhadas tentando sair desse mundo e criar conhecimento (ou desenhar um mapa) delas mesmas nessa situação. Aqueles entre vocês que estão mais familiarizados com o jargão filosófico certamente reconheceram as famosas palavras de

Heidegger, a expressão "desde sempre". A contribuição fundamental dele para a filosofia foi sua ênfase neste horizonte de experiência vivida, o Lebenswelt, que necessariamente precede o mundo do conhecimento. Segundo ele, para que os sujeitos produzam conhecimento ou desenhem mapas do mundo, é necessário um já estar no mundo. Nós estamos desde sempre dentro de uma rede de relações humanas, e esses frágeis laços que nos unem, temporariamente, uns aos outros, geram, naturalmente, profundos sentimentos de ansiedade e pavor que nos oprimem, mas que procuramos compreender. O conhecimento ou a representação desse mundo é uma maneira possível de se lidar com esse pavor, na medida em que visa ao controle e ao domínio do meio ambiente. Contudo, tal atividade é somente uma das soluções possíveis, e ela depende do *background* anterior de experiências compartilhadas que nunca serão completamente exauridas por este tipo de investigação científica. Assim, a ideia da ciência como o único caminho para a verdade e a da filosofia como sendo a disciplina que fornece a base e os critérios seguros para o conhecimento científico foi questionada, dando origem a um novo tipo de filosofia hermenêutica da ciência, a qual revela a constelação de crenças, valores e técnicas compartilhadas por uma comunidade científica, necessária para a produção de conhecimento científico.

Essa crítica do conhecimento e da filosofia pode parecer muito radical ou muito francesa ou alemã para alguns de vocês, e certamente ela tem uma forte presença nos departamentos de filosofia de certos países. No entanto, esta "revolução" à qual me refiro, ou seja, esta mudança de ênfase, do conhecimento e da necessidade de bases e critérios seguros para o conhecimento, para o mundo de experiências vividas significativas que não necessita de fundamento ou de base, foi chamada pelo filósofo americano Richard Rorty de "virada linguística" na filosofia. Seu expoente mais notável foi Ludwig Wittgenstein, que se mudou para Cambridge depois da I Guerra Mundial e teve um profundo impacto na filosofia de língua inglesa.

Wittgenstein (1974) mostrou que a linguagem não é meramente um meio para o conhecimento, um instrumento que usamos para classificar, descrever e representar a realidade. Segundo ele, até mesmo a descrição ou o relato de como as coisas são é, para usar sua terminologia, um "jogo de linguagem" possível, ou seja, uma interação significativa que envolve mais do que as palavras e as coisas (linguagem e realidade), na medida em que se enraíza nas maneiras como convivemos e como lidamos com as coisas, o que Wittgenstein chamou de "formas de vida", ou seja, um mundo complexo de práticas, costumes, usos e instituições linguísticos. A linguagem, portanto, não é apenas a representação da realidade; a linguagem revela a experiência muito mais rica e profunda da intersubjetividade, as maneiras nas quais e por meio das quais estamos ligados uns aos outros. A virada linguística é o reconhecimento desta inter-relação fundamental entre sujeitos comunicativos que se envolvem com outros e, nesse processo, criam suas identidades e vários tipos de conhecimentos e de habilidades.

Essa abordagem anuncia, portanto, o fim do sujeito como fundamento do discurso, a morte do filósofo cartesiano, que se isolava em um cômodo para obter conhecimento e certeza. Para Wittgenstein, não há linguagem privada e, portanto, não há um sujeito isolado; existem relações e práticas complexas que criam ideias, tais como a de um Robinson Crusoé da linguagem. Mesmo sozinhos, ainda estamos em relação com os outros e com nós mesmos, como leitores e plateias potenciais, e não abandonamos jamais nosso passado, nossa tradição e nossa cultura. "Fechar a porta para o mundo" é uma artimanha possível na linguagem, um movimento que tem um significado num mundo linguístico.

Para Wittgenstein, a linguagem sempre envolve, no mínimo, dois sujeitos: o locutor e o interlocutor, de modo que há sempre uma comunicação e, portanto, uma relação com um outro. Na verdade, seu argumento revela como essa relação implica também a existência de um mundo que ultrapassa o contexto imediato do falante e do ouvinte. Assim, o significado sempre está aberto a uma nova interpretação. Podemos repensar o que estamos dizendo e fazendo a partir de uma perspectiva diferente. A linguagem é falada dentro de um mundo e o reconhecimento deste implica que nossa interação pode ser analisada a partir de uma posição diferente da do falante-ouvinte.

Pretendo aqui estabelecer alguns paralelos entre essa virada linguística na filosofia e o que considero como uma "virada" similar na psicanálise, produzida pela ênfase concedida à teoria das relações de objeto nas nossas relações com os outros. Para mim, a relevância desse paralelo consiste no fato de que ele nos obriga a examinar questões éticas em termos filosóficos e psicanalíticos. Como sabemos, as questões éticas, em nossas sociedades tecnológicas modernas, têm sido geralmente ofuscadas por questões de eficiência e produtividade, com consequências danosas para nossa compreensão dessas disciplinas. Em nosso mundo de recursos escassos e competição econômica, vemo-nos, às vezes, tentados a provar que somos a mais "científica" ou a mais "eficiente" das disciplinas. Ao fazer isso, reduzimos a riqueza da textura dos significados e das interpretações que tanto a filosofia quanto a psicanálise podem produzir a um sistema de operações quantificáveis. Essa redução empobrece o mundo da vida e de nossas experiências como seres humanos. Retorno, então, ao paralelo entre a virada linguística na filosofia e a teoria das relações do objeto para desenvolver esta ideia da primazia do mundo ético.

Houve, na psicanálise, uma "virada" similar, que abandonou a ideia do indivíduo e desenvolveu uma compreensão de nossas relações com os outros e de como elas criam nossas identidades e as dos outros. Houve uma passagem de uma teoria das pulsões, essencialmente econômica e que, em certo sentido, ainda privilegiava a ideia de um indivíduo isolado, encarando o duplo desafio do prazer e da realidade, para uma teoria que enfatiza os objetos dessas pulsões. O segundo modelo da mente de Freud transferiu a ênfase do aspecto biológico da pulsão para as representações mentais ou fantasias que criam objetos para sua satisfação. Isso favoreceu a criação de um modelo mais dinâmico no qual o ego, para citar Laplanche e Pontalis (1980), era "[...] uma formação interna que tem a sua origem em certas percepções privilegiadas que provêm não do mundo externo em geral, mas especificamente do mundo interhumano".

Além disso, seus últimos escritos sugerem que o conflito inerente da condição humana deve ser entendido em termos de uma batalha entre vida e morte, em vez da simples oposição entre prazer e realidade. Essa compreensão do dilema humano está muito mais próxima dos questionamentos filosóficos do que das medições científicas. Embora isso tenha sido, para alguns, uma perda, para outros essa passagem permitiu o destaque do significado e das interpretações da vida mental. Inevitavelmente, essa mudança alterou a definição do que uma ciência da mente deveria ser, abrindo, assim, as portas para a superação da abordagem cientificista do projeto inicial de Freud, baseada em uma ideia bastante forte de indivíduo.

Contudo, foi o trabalho de Melanie Klein e de seus seguidores que demarcou um momento crucial na literatura, devido ao relevo que deu à relacionalidade da vida mental desde seus primórdios, a partir do bebê no seio e, na verdade, como foi demonstrado recentemente, até mesmo na vida intrauterina (PIONTELLI, 1992). Sua compreensão de formas "(...) primitivas de comunicação (os mecanismos de projeção e identificação), assim como os desenvolvimentos da técnica em termos de análise da contratransferência, enfatizam a inter-relação fundamental da vida mental, até mesmo (ou especialmente) nos recônditos mais íntimos de nossas defesas mentais". De fato, os kleinianos e pós-kleinianos são famosos pela extensão da ideia de análise e de interpretação ao que previamente era considerado como fora de seu alcance: a criança e a psicose. Em ambos os casos, a ideia anterior centrava-se em que, com crianças e psicóticos, a comunicação não era realmente significativa, não só devido ao fato de bebês e crianças pequenas não possuírem ainda maturidade suficiente de seu aparato mental para lidar com interpretações, mas também porque os psicóticos possuíam algum dano orgânico que afetava sua capacidade de comunicação com significado. Klein e seus seguidores discordaram dessa abordagem, ao reafirmar que a vida mental é, fundamentalmente, um relacionamento e, consequentemente, possui um significado, até mesmo nas suas formas mais primitivas e patológicas.

CRIANDO VÍNCULOS – UM DIÁLOGO ENTRE A FILOSOFIA SOCIAL E A TEORIA DAS RELAÇÕES DE OBJETO 73

Para Klein, o bebê no seio é um ser que se comunica e interage com os outros, ou com partes dos outros, e essa interação tem um significado. Essa visão a levou a uma compreensão do complexo de Édipo como situado, de forma primitiva, em uma data anterior àquela estabelecida por Freud. As crianças debatem-se com superegos extremamente cruéis e poderosos e, portanto, o mundo delas (e o do bebê) é moral, embora primitivo. A teoria freudiana de um narcisismo primário, que pressupõe, de certa forma, uma ideia forte de indivíduo como ponto de partida, foi, assim, questionada. Ao admitirmos que, desde o início da vida, estamos em relação com outros, reconhecemos que estas relações implicam uma dimensão intrinsecamente moral, já que admitimos a existência de nossa inter-relação fundamental, e, portanto, que compartilhamos valores e experimentamos sentimentos morais. Essa passagem, de um sentido de individualidade para o mundo das interações que criam tais identidades, pode então ser comparada à virada linguística na filosofia.

O reconhecimento de nossa dimensão linguística ou hermenêutica produziu, na filosofia, uma crítica feroz ao cientificismo. Por cientificismo, entendo uma redução do significado aos processos tecnológico-científicos que visam a objetivar a realidade com o propósito de dominar e controlar. A ênfase na comunicação e no diálogo ressalta o significado e a interpretação e desperta um renascimento do interesse pelo mundo da ética. Essa preocupação com a ética reconhece a importância do mundo dos valores compartilhados por parceiros em diálogo, assim como abre a reflexão para os deveres e direitos implícitos em tal situação comunicativa. Contudo, essa "virada ética" produziu um novo conjunto de problemas.

Inspirado por Wittgenstein, Peter Winch (1970) escreveu um famoso artigo que captou, de forma marcante, essa crítica ao cientificismo, criando assim o espaço para uma reflexão que reconhece as diferenças de outras culturas. Em vez de usar categorias científicas como se estas fossem padrões neutros, Winch reconheceu que sempre abordamos uma outra cultura a partir dos valores e preconceitos da nossa. No caso das sociedades ocidentais desenvolvidas, esses preconceitos constituem uma visão de mundo científica que desvaloriza outras culturas como "primitivas" ou "mágicas", reforçando, assim, a visão que temos de nós mesmos como sendo uma cultura superior e "melhor". Winch propôs, então, uma abordagem diferente. Em vez de procurar padrões neutros de julgamento (científicos ou não), ele reconheceu o *background* inevitável de preconceitos a partir dos quais falamos e que possibilitam um diálogo com o outro parceiro, que é portador de concepções culturais diferentes. Portanto, em vez de nos distanciarmos do que desconhecemos como culturalmente inferior (caso, por exemplo, da prática aborígene de carregar um bastão como se ele personificasse uma alma), seria melhor lembrar a maneira como os namorados, em nossa cultura, carregam uma fotografia ou uma mecha de cabelo de seus amados e como sofrem quando perdem essas lembranças. Essa abordagem promove um melhor entendimento da prática aborígine e, ao mesmo tempo, sugere um novo olhar sobre nossas concepções e rituais no que diz respeito aos fatos universais do amor, da vida e da morte. Contrariamente ao modelo da filosofia tradicional, no qual o momento da verdade era representado pelo experimento científico em um ambiente controlado, a virada linguística propõe, como momento de verdade, a conversação e o diálogo entre parceiros, ou seja, a abertura para diferentes *backgrounds* e horizontes, o que produz uma transformação de nós mesmos e do outro.

O problema dessa abordagem, contudo, é que, ao enfatizar as diferentes interpretações possíveis de nossas práticas linguísticas, não podemos mais justificar uma interpretação como sendo melhor que outra. Em certo sentido, por meio da multiplicação das possíveis interpretações e do reconhecimento da diversidade de formas de vida, enfraquecemos e dificultamos a defesa das ideias de verdade, justiça e liberdade – as ideias centrais do projeto filosófico da modernidade –, já que podemos demonstrar o quanto elas significam coisas diferentes para pessoas diferentes. Essa crítica do projeto filosófico da modernidade se tornou conhecida como pós-modernismo, um movimento que alega que todas as histórias são apenas histórias possíveis e que não possuímos uma base válida para decidir entre teorias e histórias concorrentes. No entanto, quando tudo não passa de mais uma história, todas as histórias se tornam a mesma, e acabamos negando a heterogeneidade que queríamos defender. Além disso, se todas as histórias são uma só, acabamos tendo de procurar determinações na natureza (genes ou QIs, por exemplo) como critérios para escolha. Este é um retorno a uma visão extremamente conservadora que exclui da natureza o domínio humano, negando o papel da cultura e aceitando a supremacia de uma visão de mundo tecnológica, que valoriza somente o domínio e o controle de processos objetivados. Voltamos, mais uma vez, a um mundo onde o que conta é o que "funciona", ou seja, o que é financeiramente lucrativo e capaz de ser traduzido em termos de um conhecimento quantificável.

Uma das soluções para esse impasse procura fundamentar as interpretações na vida global da comunidade, mostrando que, embora a multiplicação de visões seja uma possibilidade, deve haver uma consistência e continuidade na vida como um todo da comunidade que a interpretação tem de seguir. Contudo, quem gostaria de defender o Holocausto com base em sua conformidade com os valores dos nazistas? Na verdade, gostaríamos que o pensamento e a reflexão filosófica desenvolvessem uma capacidade crítica e uma compreensão que não fossem necessariamente um reflexo da comunidade à qual pertencem. A tolerância previamente vislumbrada por intermédio da ideia de conversação pode tornar-se uma falta de visão crítica perigosa. Parece, de certa forma, absurdo que o reconhecimento de nossa intersubjetividade conduza, por fim, a uma negação da possibilidade de criar uma compreensão do mundo ético ou uma defesa dos valores de justiça e liberdade. O reconhecimento dos diferentes *backgrounds* culturais e da heterogeneidade dos jogos linguísticos exige uma posição moral universalista que respeite essas diferenças e decida entre questões morais contraditórias. Sem isso, desaparece a ideia de um mundo onde as diferenças são aceitas.

Alguns filósofos, dentre eles Habermas (1992), tentaram reavivar o projeto de modernidade em nome da crítica. A ideia de crítica, central para o projeto de modernidade, pertence à tradição do Iluminismo. Inspira-se na filosofia kantiana e procura encontrar na razão, e somente nela, a ideia de justiça e do que é moralmente correto. Essa abordagem propõe um ideal de razão independente dos interesses, valores ou conceitos particulares. Portanto, em vez de procurar justificar uma escolha particular com base em valores e objetivos de determinada comunidade, essa abordagem procura justificar a escolha em termos universais e racionais. Em outras palavras, o que torna uma escolha moral válida é sua universalidade, garantida pelo uso de procedimentos formais e racionais. O objetivo aqui consiste precisamente em abandonar qualquer concepção particular do bem – já que elas estariam comprometidas com os interesses de uma comunidade, grupo ou indivíduo – e procurar estabelecer uma noção mais universal de justiça, o que é certo para todos, independentemente de interesses individuais. O imperativo categórico kantiano é a exigência de fundamentar normas morais em uma ideia universal e não em necessidades individuais.

Contudo, o problema da filosofia kantiana é justamente o grau de abstração de sua teoria, ou seja, sua recusa em situar o sujeito em um mundo de valores e necessidades o qual dá origem aos problemas morais. Para evitar esse problema, Habermas propôs retomar o projeto kantiano por meio da reinterpretação do sujeito da teoria moral em termos linguísticos intersubjetivos. E é justamente na linguagem – expressão da intersubjetividade – que Habermas procura as normas para a crítica. Ao lembrar que todos falamos, Habermas argumenta que todos compartilhamos um ideal de comunicação como uma comunicação verdadeira de determinado conteúdo, seguindo as normas sociais apropriadas e procurando nos fazer entender. Isso não significa que, sempre que falamos, estejamos dizendo a verdade de maneira correta e verdadeira. Contudo, Habermas argumenta que, já que falamos, compartilhamos também, independentemente de nossas culturas específicas, um ideal de verdade, correção moral e veracidade, ancorado em nosso desejo de comunicar e sermos entendidos. Esse ideal é contrafactual, ou seja, nunca é uma realidade empírica.

Ainda assim, enquanto ideal, cria a possibilidade de recorrermos a razões para alcançar um consenso. Essa abertura da linguagem para o discurso, considerado como uma forma de argumentação racional entre parceiros, oferece, para Habermas, um critério para a defesa da verdade, justiça e liberdade como ideias universais.

A maioria dos projetos éticos racionalistas erra ao tomar como ponto de partida o sujeito isolado, generalizando, a seguir, para todos os outros sujeitos. Habermas oferece uma alternativa, ao mostrar que, enquanto parceiros na comunicação, estamos cientes de que as normas morais exigem o reconhecimento de todos os participantes, já que elas aspiram à condição de normas morais. Esse reconhecimento tem de ser produzido em uma situação de comunicação entre parceiros que buscam um consenso. Não se trata mais da universalização de um sujeito isolado procurando prescrever para todos em nome de todos; temos agora um teste de discurso entre parceiros na comunicação, para decidir o que poderia ser aceito por todos como sendo uma norma moral. Para atingir tal consenso, temos de utilizar um ideal de comunicação que pressupõe uma simetria de papéis e oportunidades iguais para todos os parceiros possíveis.

O projeto de Habermas é, a meu ver, o mais interessante na teoria social contemporânea, porque consegue resgatar a universalidade das ideias de verdade e liberdade, ao mesmo tempo que reconhece que são parte de um mundo de valores e experiências vividas. Mas, ao defender o ideal de discurso como uma argumentação racional que segue um ideal de igualdade e simetria, Habermas acaba fracassando. Ao promover o ideal de comunicação como uma situação de igualdade, Habermas, mais uma vez, priva os participantes da riqueza real de sentimentos, emoções e necessidades conflitantes, desiguais e diversos, que criam os problemas responsáveis por escolhas e deveres morais. Esse ideal de simetria e igualdade pertence ao modelo tradicional da teoria moral e da social. Ele ressalta a dimensão moral de justiça e direitos em sociedade, mas não aborda a outra dimensão, também fundamentalmente moral, de responsabilidade e cuidado (*care*) para com os outros. Esse ponto foi levantado por feministas, tais como Seyla Benhabib (1992), que mostrou como, tradicionalmente, o discurso da teoria moral privilegia um sujeito generalizado e despersonificado, excluindo efetivamente do domínio moral as questões universais de laços familiares, amor, sexo e morte, consideradas femininas, dependentes de uma decisão pessoal. As narrativas pessoais das inter-relações, assim como os sentimentos de empatia e compaixão associados a experiências pessoais concretas ficam relegadas ao domínio feminino doméstico. Se considerarmos a ideia de justiça e igualdade nesses termos, veremos que as teorias sociais tradicionais, independentemente de seus matizes políticos, promovem uma ideia de igualdade que é fundamentalmente desigual, já que exclui o "feminino", ou seja, exclui o que é personificado e concreto, ao propor um "eu" generalizado. No caso de Habermas, esse ideal de igualdade impede que ele imagine um parceiro de comunicação diferente dele mesmo. Em vez de desenvolver a ideia radical de diálogo e conversação, que reconhece a diferença do outro parceiro, Habermas permanece preso aos confins da racionalidade monológica kantiana, que vê no outro um reflexo de si mesmo.

A psicanálise tem importantes contribuições para o desenvolvimento de uma teoria moral racional. A mais importante delas, a meu ver, é a relevância que concede a um modelo radicalmente diferente de comunicação, simbolizado pelo bebê no seio. Esse modelo enfatiza a assimetria e a desigualdade dos parceiros na comunicação, assim como os sentimentos conflitantes que evoca. Aqui, o que se procura não é uma igualdade na verdade impossível, mas o reconhecimento de diferenças para finalmente se alcançar autonomia. Contudo, essa autonomia, já que surge do reconhecimento de nossos laços de dependência dos outros, não pode ser dissociada da responsabilidade e do cuidado em relação ao mundo dos outros ao qual pertencemos.

De acordo com Klein, existem dois modos, ou duas posições, por meio das quais vivemos essas relações. Na posição paranoide-esquizoide, odiamos o que nos frustra, dividimos as partes do eu ligadas ao objeto odiado e as projetamos para fora de nós mesmos. Tememos, então, a retaliação do objeto atacado, gerando novas divisões e

CRIANDO VÍNCULOS – UM DIÁLOGO ENTRE A FILOSOFIA SOCIAL E A TEORIA DAS RELAÇÕES DE OBJETO 79

projeções. Não somos capazes de ver o objeto que amamos como um objeto independente de nós. Amamos aquilo que nos faz sentir bem e queremos absorver e incorporar aquilo que cria os bons sentimentos. Nessa forma de amor, não há afeição ou reconhecimento do outro.

Essa forma de perceber nossos objetos não é uma posição que está fora do domínio moral. Fred Alford (1989) mostrou o quanto nosso mundo é fundamentalmente moral, governado por uma lei de retaliação extremamente rigorosa, que exige "olho por olho e dente por dente". Nesse mundo, não há reconhecimento do que foi feito e, portanto, não há possibilidade de reparação. Em outras palavras, não existe a possibilidade de recorrer a uma comunicação em que um reconheceria o outro e se sentiria culpado pelo que teria feito; há somente punição e temores crescentes.

Na posição depressiva, há um movimento em direção ao reconhecimento do outro e a nossos ataques e desejos de destruir o que nos frustra. O amor aqui se torna, nas palavras de Alford, "Caritas", um termo que possui maior riqueza de conotações do que "Eros", já que ressalta "o valor do objeto amado em vez da intensidade do desejo". Nesse sentido, amor é mais do que desejo; é também uma vontade de cuidar e amar, um reconhecimento do outro como sendo mais do que um objeto que queremos possuir e incorporar. Nessa posição, somos capazes de vivenciar a culpa pelo que fizemos e sentimos, então, a depressão e a ansiedade que surgem do reconhecimento de nossa limitação e finitude. O importante, nesse mundo moral, é a necessidade de reparar e restaurar, e a reparação depressiva difere da reparação maníaca precisamente pela nossa capacidade de reconhecer o dano causado e ver o outro como uma pessoa inteira, diferente de nós. A vontade de reduzir o outro a mim revela minha dificuldade de reconhecer os vínculos que me unem aos outros, já que eles expõem minha dependência e finitude.

Vemos aqui a diferença do modelo habermasiano. Em vez de dois sujeitos iguais, autônomos e maduros que concordam sobre que valores morais ou ações são racionalmente aceitáveis, consideramos uma relação profundamente desigual de dependência, a qual gera sentimentos extremamente fortes de amor e raiva no bebê (e na mãe). A luta aqui não é tanto pela igualdade que seria, nesse caso, interpretada como um disfarce para o narcisismo ou como uma negação da realidade. A dificuldade é como reconhecer as diferenças, dados os sentimentos de raiva e de frustração. Para os kleinianos, esse é um passo fundamental para a eventual constituição de nossas identidades enquanto parceiros de comunicação independentes, autônomos e iguais. Contudo, não é (somente) o ideal de igualdade que produz essa autonomia. A autonomia provém de nossa capacidade de reconhecermos nossa fragilidade e nossa dependência dos outros, distintos de nós.

Para Habermas, o domínio moral abrange os indivíduos morais capazes de produzir justificações, fortalecendo, assim, uma visão moral isenta de emoções "infantis" ou "femininas". No entanto, a psicanálise mostra como estamos sempre nos relacionando com os outros, desde o início de nossa existência; como essas maneiras morais primitivas de funcionamento fazem parte de nosso mundo mental e como nunca as abandonamos de todo. Nossa compreensão desses mecanismos e nossa capacidade de entender e integrar esses sentimentos são condições de possibilidade dos sujeitos autônomos, que visam à justiça e à igualdade. O reconhecimento dos outros como indivíduos em si mesmos permite que venhamos a ser indivíduos responsáveis, capazes de reconhecer nossos deveres e nossas responsabilidades para com outrem. Assim, podemos então considerar a possibilidade de que a constituição de nossas identidades tenha sido, na verdade, feita em detrimento dos outros. O reconhecimento de nossos laços mútuos permite-nos considerar o quanto somos responsáveis pelos outros, mais (ou menos) vulneráveis do que nós mesmos, e como, na verdade, também somos responsáveis pelo que em nós mesmos também é vulnerável e difícil de entender. Assim, temos de reconhecer que a autonomia não é possível sem solidariedade, nem a justiça e igualdade sem o reconhecimento do outro. As teorias morais e políticas devem considerar o que, em nós mesmos e nos outros, ainda não alcançou (e talvez nunca alcance) autonomia e responsabilidade.

CRIANDO VÍNCULOS – UM DIÁLOGO ENTRE A FILOSOFIA SOCIAL E A TEORIA DAS RELAÇÕES DE OBJETO

O problema aqui é como pensar essas relações, permanecendo, ao mesmo tempo, dentro do diálogo. Em outras palavras, a reflexão não deve levar-nos para fora do mundo ou para fora do diálogo; pensar é uma forma de relacionamento, mas a partir de uma posição diferente, que ainda é uma posição situada no mundo. Não devemos confundir a reflexão com um distanciamento do mundo, que pode ser feito de duas maneiras.

A primeira é o erro objetivista ou cientificista, que reduz o conhecimento a uma observação da realidade a partir de um ponto de vista externo. Tal abordagem é bastante bem-sucedida, quando queremos produzir explicações de processos objetivados, para alcançar o controle e o domínio desses processos. Contudo, não é tão bem-sucedida, quando procuramos produzir uma compreensão de significado e interpretação, já que somente como parceiros em um diálogo podemos obter esse entendimento. A ênfase filosófica no horizonte fundamental das experiências vividas, no qual se enraíza o entendimento, é um antídoto poderoso contra o reducionismo cientificista. Mas há uma segunda maneira de nos afastarmos do mundo das interações, desta vez enfatizando a dimensão subjetivista do pensar. Aqui, a vontade de entender o significado das relações humanas ressalta a dimensão moral, criando, assim, um tipo de correção moral que distancia o sujeito pensante do mundo ao qual ele pertence. O conhecimento ou entendimento funcionam como um escudo poderoso contra o entendimento que buscávamos.

Nesse sentido, o modelo psicanalítico pode ser bastante enganoso, se não tomarmos cuidado, pois a ideia da mãe e do bebê como parceiros no discurso fornece a tentação e possui todos os bons objetos e o pensamento crítico correto: a mãe que alimenta, o analista ou o filósofo moral, e o outro que não os tem, que é frágil e imaturo (o bebê, o paciente ou o "outro" em nome de quem o filósofo fala).

Michael Rustin (1991) elaborou uma reflexão detalhada sobre esses processos em seu trabalho sobre psicanálise e racismo, mas gostaria de encerrar minha apresentação com outro texto, o artigo de Jane Milton, "Psychoanalysis and the moral high ground" (2000).

Nesse artigo, Milton ressalta a relevância das questões morais e mostra como a busca não somente da verdade, mas também do que é justo, é uma necessidade humana básica e fundamental. Na verdade, seu artigo é um belo exemplo de como a procura da verdade é inseparável de um contexto de relacionamento moralmente correto e justo. Além disso, mostra claramente como essa busca da verdade e do que é moralmente correto pode ser transformada em uma correção moral, um estado em que a ideia de justiça ou igualdade nos escapa, perdida sob a aparência de sua busca. Seu artigo enfatiza a primazia do mundo moral, onde se enraíza o conhecimento psicanalítico, mas, sobretudo, mostra como podemos utilizar esse conhecimento como uma forma de nos sentir moralmente superiores, negando, assim, a verdade que pode ser obtida a partir do *insight* psicanalítico.

Particularmente interessante em sua apresentação é a maneira de descrever os dois lados da comunicação, ou seja, não somente a dificuldade do paciente em reconhecer sua fragilidade e sua dependência, mas como o próprio analista – o parceiro mais maduro, aquele que provê – pode recorrer a uma atitude moralizante para evitar olhar para suas próprias falhas. O reconhecimento dessas dificuldades não significa que não haja conhecimento psicanalítico ou uma interpretação correta. Na verdade, o artigo de Jane Milton é uma afirmação do conhecimento psicanalítico justamente porque ela é capaz de posicionar-se dentro, e não fora, desse diálogo moral. A apresentação de seu material clínico mostra como somos tentados a usar categorias morais para sair da interação analítica, tão marcada por necessidades e por valores morais. O fascinante é que, assim que Jane Milton se dá conta de que ela está do lado "de fora", ou seja, tornou-se crítica e moralmente superior, ela percebe que perdeu sua força analítica e que fala como se fosse uma terapeuta cognitiva ou educacional: aquela que "sabe" o que é certo e o que é errado, em vez daquela que se relaciona com o outro com necessidades morais e mesmo assim, ou por isso mesmo, é capaz de refletir sobre essas relações. Seu artigo é, na verdade, um exemplo de como enfrentar essas dificuldades e, ao fazê-lo, ela reafirma a existência do conhecimento analítico, quando não nos

CRIANDO VÍNCULOS – UM DIÁLOGO ENTRE A FILOSOFIA SOCIAL E A TEORIA DAS RELAÇÕES DE OBJETO   83

distanciamos do mundo moral das necessidades humanas e dos sentimentos emocionais. Esse conhecimento surge do reconhecimento de que somos parceiros na comunicação, parceiros que pertencem a um mundo moral, e não cientistas que observam o mundo de um ponto de vista externo.

O modelo psicanalítico é o reconhecimento do diálogo enquanto modelo assimétrico, mas essa assimetria não é uma divisão paranoide entre o bem e o mal ou o maduro e o imaturo; pelo contrário, ela chama nossa atenção para o que não está nem claro nem maduro em nós mesmos e nos outros, para nossa dificuldade de enfrentar diferenças e para os vários recursos que usamos a fim romper os vínculos que nos unem aos outros. A reflexão é mais uma forma de se relacionar com os outros no mundo e não uma forma de sair do mundo. Para refletir, temos de nos engajar num diálogo com outra pessoa ou com nossa cultura e tradição. O conhecimento ou o pensamento não são, apesar do sucesso das ciências naturais, uma forma de sair do mundo. São uma nova maneira de olhar para o diálogo, a partir de uma nova posição; mas esta ainda é uma maneira de nos relacionarmos com os outros e com nós mesmos, só que, desta vez, não somos nem o sujeito nem o objeto do diálogo. A reflexão ou o pensamento é uma maneira de nos engajarmos em um diálogo que reconhece que pertencemos a um mundo onde há outros.

Esta é a crítica radical de Wittgenstein à linguagem privada, assim como é a ideia da terceira posição de Ronald Britton. Segundo Britton (1989), a resolução do complexo de Édipo surge com o reconhecimento de uma "terceira posição", ou seja, a capacidade da criança de reconhecer que sua relação com a mãe e sua relação com o pai não incluem uma outra relação fundamental, a do pai com a mãe, que, na verdade, exclui a criança. Esse reconhecimento é extremamente penoso para ela, mas, ao mesmo tempo, ele cria o espaço para que ela pense a respeito de si mesma a partir de uma perspectiva diferente, que Britton chama de "terceira posição". Essa é uma reflexão que reconhece a existência do mundo e não é mais a tentativa de situar-se fora dele.

O diálogo produtivo que pode ser estabelecido entre a filosofia e a psicanálise desenvolve, a meu ver, esse reconhecimento do mundo das relações humanas ao qual pertencemos, criando espaço para a reflexão e o pensamento. Estamos tão acostumados a pensar sobre a reflexão como um distanciamento, que esquecemos que o distanciamento, citando o famoso antropólogo Clifford Geertz (2001), "[...] não surge de uma incapacidade de cuidar (*care*), mas de um tipo de cuidado suficientemente resistente face à enorme tensão entre reação moral e observação científica."

Considerações

Este texto procurou estabelecer um diálogo entre psicanálise e filosofia, mais precisamente entre a teoria kleiniana das relações de objeto e a filosofia social e política de Habermas. A teoria kleiniana mostra como nossas identidades se forma partir de projeções e introjeções nas nossas relações com os outros, marcadas pelo amor e pelo ódio, pela culpa e pelo desejo de reparação. A teoria do discurso habermasiana mostra como a comunicação antecipa um ideal ético que obriga o reconhecimento do outro como um partícipe da situação em igualdade. No diálogo entre esses dois comentários, assinala a possibilidade de uma reflexão ou uma interpretação (a "terceira posição", de Ronald Britton, ou a crítica da linguajem privada, de Wittgenstein), que não é nem objetivista nem subjetivista.

Referências

BENHABIB, S. *The generalize and the concrete*. Other in Situating the Self. Cambridge: Polity Press, 1992.

BRITTON, R. et al. *The Oedipus Complex today*. London: Karnac, 1989.

HABERMAS, J. *Moral consciousness and communicative action*. Oxford: Blackwell, 1992.

LAPLANCHE, J.; PONTALIS, J.B. *The language of Psychoanalysis*. London: The Hogarth Press, 1980.

PIONTELLI, A. *From foetus to child*: An observational and psychoanalytical study. London: Routledge, 1992.

RUSTIN, M. *The good society and the inner world*. London: Verso, 1991.

STEUERMAN, E. *The bounds of reason* – Habermas, Lyotard and Melaine Klein on rationality. London: Routledge, 2001.

WINCH, P. Understanding a primitive society. In: WILSON, B. *Rationality*. Oxford: Blackwell, 1970.

WITTGENSTEIN, L. *Philosophical investigations*. Oxford: Blackwell, 1974.

O SILÊNCIO E O RUÍDO, O FUNDO E A FIGURA NO ESPAÇO ANALÍTICO: VARIAÇÕES SOBRE TEMAS DE BION, CAGE E MALIÉVITCH

RAUL HARTKE[1]

Introdução: "..."

Na apresentação oral deste trabalho[2], foi mantido um silêncio inicial com duração de quatro minutos e trinta e três segundos, simultâneos à projeção de uma reprodução da tela *Quadrado negro sobre fundo branco*, de Maliévitch.

(in NERET, 2003)

---

[1] Raul Hartke é membro efetivo e analista didata da Sociedade Psicanalítica de Porto Alegre.
[2] Este capítulo é uma versão ampliada e atualizada de um trabalho apresentado no Simpósio "O espaço e o vazio na arte e na psicanálise", desenvolvido durante a 5ª Bienal do Mercosul, em Porto Alegre, no dia 14 de outubro de 2005.

O espaço musical e o tema silencioso de John Cage

Em 1952, John Cage (CAGE, 1990; SILVERMAN, 2010) compôs a peça musical intitulada *4'33"*, justamente o tempo durante o qual estive em silêncio. Foi executada pela primeira vez por David Tudor. O intérprete entrou no palco, sentou-se ao piano, abriu o tampo, eventualmente mexeu na partitura – como fiz com essas minhas folhas –, mas persistiu em total silêncio, sem nada tocar, por quatro minutos e 33 segundos. Após isso, levantou-se, agradeceu como de costume e saiu do palco. Controlou o tempo com um cronômetro, como também procedi.

Cage sempre a considerou sua composição favorita. A inspiração partiu de uma visita realizada à câmara à prova de som da Universidade de Harvard e das chamadas *White paintings,* de Robert Rauschenberg. Na câmara à prova de som, planejada justamente para eliminar todo e qualquer ruído ou som, Cage ficou maravilhado ao ser surpreendido com a audição de dois sons: um agudo, correspondente ao funcionamento de seu sistema nervoso, e outro grave, relativo à circulação do sangue. Ambos evidentemente vibravam sem qualquer intenção por parte de Cage. A partir de então, a exploração dos ruídos e dos sons aleatórios dentro do silêncio tornou-se a base de sua filosofia da música, bem como de suas composições, compreensivelmente também inspiradas pelo Zen Budismo e, principalmente, pelo pensamento de Nagarjuna. Cage o considerava o Maliévitch da filosofia budista: Kazimir Maliévitch, o autor da tela que esteve projetada enquanto me mantive em silêncio e sobre a qual falarei adiante.

Com o objetivo de trazer *4'33"* para o âmbito de meu objetivo presente, diria apenas que a obra promove o que chamaria de um *duplo descentramento*, ou *duplo deslocamento*. Primeiro, desloca a origem dos sons do palco e do artista para a plateia, a sala e mesmo para fora dela e, em última instância, para dentro de cada um dos presentes. Seria interessante, aliás, que, durante nosso debate, alguns de vocês pudessem relatar-nos essa sua música privada imposta ou mesmo

O SILÊNCIO E O RUÍDO, O FUNDO E A FIGURA NO ESPAÇO ANALÍTICO

"composta" durante meu prolongado silêncio. Segundo, e isso não em ordem de importância, descentra a audição dos sons organizados que constituem uma música para os ruídos e misturas sonoras que, na verdade, são o ponto de partida, a origem da música. Conforme nos lembra Wisnik (1989), o mundo está sempre produzindo ruídos, pulsações e raros silêncios – se é que estes chegam a realmente ocorrer. Fazer música consiste inicialmente em, por um lado, "sublimar" *ruídos* (isto é, frequências sonoras irregulares, inconstantes e instáveis) para transformá-los em *sons* (ou seja, frequências sonoras regulares, constantes e estáveis) e, por outro, "recalcá-los", convertendo-os em silêncio. Depois, implica colocá-los em articulação uns com os outros, os sons entre si, os sons com os ruídos, ambos com o silêncio e com as pulsações, ou seja, o ritmo (que nada mais é que essas mesmas frequências sonoras vibrando numa frequência abaixo de aproximadamente quinze ciclos por segundo). Assim, Schoenberg conceituava a música como

> [...] o resultado da combinação e sucessão de sons simultâneos, de tal forma organizada que a impressão causada sobre o ouvido seja agradável e a impressão sobre a inteligência seja compreensível e que estas impressões tenham o poder de influenciar os recantos ocultos de nossas almas e de nossas esferas sentimentais e que esta influência transporte-nos para uma terra de sonho, de desejos satisfeitos, ou para um pesadelo infernal de... etc... etc... (SCHOENBERG apud LEIBOWITZ, 1981, p. 14)

A música erudita contemporânea, da qual Cage é um importante representante, é, para Wisnik, "[...] aquela que se defronta com a admissão de todos os materiais sonoros possíveis: som/ruído e silêncio, pulso e não-pulso [...]" (1989, p. 28). Poderíamos, destarte, falar de uma tentativa de desfazimento do recalque e das sublimações dos ruídos?

O espaço pictórico e o quadrado negro de Maliévitch

Voltemos-nos agora para o pintor Kazimir Maliévitch, cuja tela conhecida como *Quadrado negro sobre fundo branco*, realizada em 1915, está reproduzida no início deste capítulo. O título original é, na verdade, *Quadrângulo*, porque o quadro não é geométrico. Os ângulos não são retos, e os lados, nem paralelos nem iguais.

Gooding (2001) diz tratar-se provavelmente da primeira pintura totalmente abstrata, sem nenhum referente exterior a ela mesma.

Essa obra, em verdade, nasceu não como um quadro, mas sim como elemento padronizado da tela de fundo e dos figurinos de uma ópera chamada *Vitória sobre o sol*, criada em conjunto com o compositor Matiuchin e o poeta Krutchenikh. Naquele contexto original, seria a imagem de um eclipse. Saliento essa origem porque, a meu ver, ela própria instiga e orienta algumas conjecturas psicanalíticas sobre o nascimento das representações mentais. É preciso aqui salientar que representação, para a psicanálise, não significa uma réplica mental do mundo externo. Trata-se, isto sim, do produto final de um complexo trabalho psíquico cujo objetivo é dotar de características apreensíveis à consciência as percepções acerca do que provém de fora ou de dentro do sujeito. Ela contém algo do que foi percebido, mas agora inscrito em um sistema dinâmico de recordações distribuído em diferentes estratos e contextos associativos. Além disso, Freud postula a existência de representações inconscientes, o que se afasta ainda mais da concepção clássica desse termo, isto é, "[...] o que está presente ao espírito: o que alguém 'se representa'" (LALANDE, 1990). No sentido psicanalítico, as representações estão na origem de todo o pensar, na medida em que pensar consiste na construção de relações entre representações (FREUD, 1976).

Parece-me sugestivo que a pintura considerada como o marco inicial da arte abstrata tenha surgido num contexto em que a imagem representava um eclipse. No eclipse solar, a Lua o esconde de nós e, nesse sentido, vence-o, como diz o título da ópera. Assim,

O SILÊNCIO E O RUÍDO, O FUNDO E A FIGURA NO ESPAÇO ANALÍTICO

a primeira obra abstrata, que não se refere a nada além de si própria, como afirma Gooding (2001), que é um produto exclusivo da mente, parece implicar que, para o nascimento de uma representação intrapsíquica inicial, é preciso não sermos dominados por um excesso perceptivo, ou mesmo recusarmos essa imposição perceptiva do mundo externo. E essa recusa ativa do percebido para que possa então existir uma representação, ou pelo menos para que ela possa distinguir-se da percepção, está, a meu ver, duplamente indicada na tela de Maliévitch. Assim, enquanto o Sol é luz, clarão, o quadrado, em oposição, é preto. Além disso, contrariamente à forma circular do Sol (como o vemos), a imagem negra na tela é quadrada. Ademais, a linha e o ângulo reto não existem na natureza, como sempre enfatiza Oscar Niemeyer (1992). O psíquico não estaria aqui afirmando seu próprio espaço em relação ao real? Em ainda outras palavras: para que a subjetividade e mesmo o sujeito em si possam instituir-se e afirmar-se em relação ao mundo externo e aos outros, necessitam, inicialmente, impor-se de modo onipotente, como se só o subjetivo existisse ou, pelo menos, como se possuísse um completo domínio. E isso por sentir-se e realmente ser frágil diante da força do que provém de fora.

Essas considerações nos fazem também recordar a gênese mitológica que os gregos atribuíam à representação, ao pensamento e à filosofia, conforme expõem Platão, Aristóteles e, bem mais tarde, Heidegger (1957). Frente ao impacto provocado pela visão do deus Espanto (*Thaumázein*), o olho (a Íris Veloz, filha de Espanto e Eletra) fecha-se, e o ser humano começa, então, a representar o mundo em sua mente e, portanto, a pensar. Assim, o Espanto para Maliévitch seria o Sol, com tudo o que ele significa para nossa percepção. O quadrado negro constituiria a figura nascida dentro da mente frente ao eclipse gerado por Íris, que se fecha ao espanto.

Penso que essas ideias estão muito próximas das formulações sobre as relações entre representação e percepção propostas pelos psicanalistas César e Sara Botella (2001) e epitomadas em sua fórmula de que a representação psíquica está "Somente dentro – também fora" (BOTELLA; BOTELLA, 2002, p. 46). O ponto de partida é a observação de Freud (1925) de que "O não real, que é somente representado, subjetivo, está dentro; o outro real existe também fora". Assim, em consonância com alguns *insights* gregos e, a meu juízo, com a origem do quadrado negro de Maliévitch, os Botella (2005) dizem que a destruição psíquica do objeto percebido, mediante a onipotência do pensamento animista, constitui a única forma possível de podermos preservar a capacidade de representar e pensar, isto é, a subjetividade. E isso é crucial para que o ser humano não se sinta absoluta e traumaticamente sozinho e desamparado quando do desaparecimento do outro externo. "Todo ato de pensar" – dizem eles – "é secundariamente culpado do assassinato do objeto" (BOTELLA; BOTELLA, 2001, p. 45). É nesse ponto que ganha relevância a noção de "alucinação negativa", proposta por Freud e desenvolvida por Green (1977). Consiste basicamente na não representação psíquica daquilo que é percebido, na recusa em aceitá-lo. Trata-se, portanto, de uma espécie de equivalente da função que o recalque desempenha para o mundo interno.

Tudo isso não estaria também relacionado com a necessidade do Homem de Cro-Magnon de arrastar-se perigosamente para o fundo de cavernas totalmente escuras e lá, completamente isolado do mundo externo, da claridade solar e da natureza, desenhar e pintar nas paredes o que carregava dentro de sua mente?

Voltemos, no entanto, para o pintor russo e seu quadrado negro. É como se ele estivesse a se e nos dizer: "O que vem de fora, o percebido, ameaça impor-se com seu clarão, cegar-me e me anular. Então, sem negar a sua existência, eu fecho meus olhos, eclipso seu clarão ofuscante e crio dentro de mim, em minha mente, um quadrado negro, minha criação, algo que nada tem a ver com o mundo lá fora. Eis minha vitória sobre o Sol!" Afinal, como diz Susanne Langer (1956), o processo de representação simbólica é o início da mentalidade humana, da mente *strictu sensu*. E, podemos acrescentar, é também o passo inicial para a criação artística, atividade estritamente humana. Como disse Leonardo da Vinci, "*La pittura è*

O SILÊNCIO E O RUÍDO, O FUNDO E A FIGURA NO ESPAÇO ANALÍTICO

una cosa mentale". Penso que tudo isso não deixa de ser expresso pelo próprio Maliévitch em seu manifesto "Do cubismo ao futurismo ao suprematismo: o novo realismo na pintura":

> Eu me transformei no zero da forma e me puxei para fora do lodaçal sem valor da arte acadêmica. Eu destruí o círculo do horizonte que aprisionou o artista e as formas da natureza. O quadrado não é uma forma subconsciente. É a criação da razão intuitiva. O rosto da nova arte. O quadrado é o infante real, vivo. É o primeiro passo da criação pura em arte. (MALIÉVITCH apud GOODING, 2002, p. 15).

Continuando a me valer de Gooding (2001) para transitar um pouco mais por esse domínio no qual não sou especialista, mas que me parece extremamente útil para correlações mutuamente iluminadoras de minha área, considero importante as suas considerações sobre as condições requeridas do espectador para a fruição de uma obra como o quadrado negro. Ela, diz-nos o referido autor, é essencialmente "confrontacional" (GOODING, 2001, p. 13), no sentido de exigir uma resposta ativa, e não uma recepção passiva. Essa resposta ativa consiste no uso da imaginação criativa por parte do espectador, que sempre atribuirá um ou outro significado ao quadro. Envolve tanto "a suspensão voluntária da descrença" (COLERIDGE apud GOODING, 2001, p. 17) como o despojamento de ideias preconcebidas. Ao mesmo tempo, porém, supõe certo conhecimento do lugar que ela ocupa no discurso vivo da história da pintura. Mais uma vez, da mesma forma que no caso da obra *4'33",* de John Cage, constatamos, segundo penso, um *duplo descentramento* ou *deslocamento* importante de ser destacado para o objetivo desta minha exposição. Primeiro, da representação de formas da realidade para outras que nada têm a ver com ela, ou seja, da representação dominada pela percepção do externo para a representação psíquica o mais autônoma possível, a ponto de alguns preferirem chamá-las de "apresentações". Segundo, do predomínio mais impositivo do pintor para a também imprescindível participação ativa do espectador.

Cage e Maliévitch conduzem-nos, dessa forma, às bases fundantes de suas respectivas artes, ao húmus de onde surgem os sons esteticamente articulados que constituem a música ou as formas figurativas da pintura. Impõe-se a nós algo que é anterior ou, no mínimo, simultâneo a esses sons e imagens e que persiste embutido ou em interação com eles, sendo, inclusive, a condição de possibilidade de suas existências.

Meu próximo passo é demonstrar como a psicanálise vem experimentando um tipo de evolução com muitos pontos de correspondência com aquilo ocorrido nas artes plásticas e na música. Com isso, penso, como já disse, que as descobertas e novos problemas encontrados por cada uma delas poderão iluminar os das outras, o que não significa fornecer-lhes respostas. Julgo, ademais, que esses desenvolvimentos paralelos indicam uma mudança no horizonte epistemológico subjacente a todas as áreas do conhecimento humano.

Tanto Cage quanto Maliévitch continuaram necessitando de alguma forma de limite gerador de um espaço-tempo dentro do qual suas criações podiam ganhar significância. Cage limita o silêncio em quatro minutos e 33 segundos; Maliévitch tem a moldura do quadro. Além disso, faz-se mister um fundo – seja ele o silêncio ou o fundo da tela – para que possa haver percepção, que sempre depende do destaque de uma figura sobre um fundo. Segundo Ferreira Gullar (1993), quando nada pintamos no quadro, é ele próprio que se torna a figura em um fundo constituído, por exemplo, pela parede da sala, ou mesmo pela sala como um todo ou pelo espaço do museu, como no caso das chamadas "instalações". Pois bem: na psicanálise, conforme abordarei em seguida, também necessitamos de limites para que possa, então, instalar-se um espaço muito peculiar, o chamado *espaço analítico*, dentro do qual se desenvolverá o que conhecemos como "processo analítico". Além disso, abordarei também como, da mesma forma que nas artes, nossa percepção e nosso uso do que ocorre dentro desse espaço e ao longo desse processo mudaram, ou, no mínimo, ampliaram-se e aprofundaram-se substancialmente nos últimos anos. Antecipo que aqui também nos defrontaremos com um descentramento.

O espaço analítico e o não representado

O espaço analítico foi inventado por Sigmund Freud. Inventado porque consiste na "instauração" (LAPLANCHE, 1987) de uma situação, de uma relação, diferente de qualquer outra existente em nosso dia a dia. A delimitação desse espaço, de sua moldura e de seu pano de fundo é constituída por um conjunto peculiar de combinações, do tipo de discurso solicitado e de recusas por parte do analista. As combinações consistem na fixação de dias, horários e duração dos encontros – a rotina das sessões analíticas –, honorários, férias e no uso do divã psicanalítico. Formam, em sentido estrito, o chamado *setting* analítico. O discurso solicitado e conhecido como "regra fundamental" é a "associação livre": o analisando compromete-se a falar – e apenas falar – tudo o que lhe vier à mente durante as sessões, independentemente de considerar suas falas absurdas, imorais, desconexas, etc. Finalmente, as recusas do analista compreendem a renúncia a relações reais com o analisando e a restrição do seu discurso essencialmente à interpretação do que o analisando desconhece em si mesmo. Instituem o que é conhecido como "neutralidade" analítica.

Essas combinações, regras e recusas objetivam conseguir o máximo possível de "negativização" das percepções e das ações motoras do analisando, comparável à câmara à prova de som ou ao silêncio de *4'33''*, de Cage, bem como ao eclipse ou ao fundo branco do quadro de Maliévitch. Sua finalidade é facilitar e fomentar ao máximo a emergência da vida psíquica interna, das figuras, dos sons e ruídos procedentes de dentro da mente. Em outras palavras, desestimulam as percepções e facilitam bem como estimulam o domínio das representações (GREEN, 2000). Também incentivam e direcionam a transferência de desejos e de emoções para imagens, para as palavras e para o outro presente, isto é, para o analista. Originam, no espaço analítico, um funcionamento mental com características muito próximas daquelas responsáveis pelo sonho noturno.

Eis, assim, a moldura e o pano de fundo da análise, a sala de concerto e o silêncio dentro dos quais poderá desenvolver-se o processo analítico.

Durante muito tempo, Freud deteve-se na análise do discurso verbal – constituído por palavras – que o analisando desenvolvia nesse espaço na forma de associações livres, procurando inferir, a partir dele, as motivações inconscientes subjacentes. Ao mesmo tempo, desde o início, deu-se conta de que um certo tipo de imagens – as imagens dos sonhos – eram particularmente reveladoras desse universo mental inconsciente (FREUD, 1984). Ele as caracterizou, inclusive, como a "via régia do inconsciente". Para conseguir captar e compreender as manifestações desse inconsciente e transformá-las então em palavras – as interpretações verbais –, o analista deveria abandonar-se ao que chamou de "atenção uniformemente flutuante" (FREUD, 1980), isto é, que não privilegia *a priori* nenhuma ideia ou imagem – ou seja, nenhuma representação – do material à sua disposição. Em suas teorizações, Freud (1979a) fazia uma distinção entre o que denominava representações de coisa (essencialmente, mas não apenas visuais) e representações de palavra. No inconsciente, haveria apenas representações de coisa, as quais precisariam associar-se à palavra para que se pudessem tornar conscientes. Como quer que seja, estamos até aqui sempre no âmbito das representações, das imagens e das palavras, isto é, para traçarmos algumas possíveis correlações com a música e a pintura, nos domínios dos sons e das figuras. Nesse sentido, a teoria de Freud é essencialmente uma teoria das representações.

Em contrapartida, já em Freud, quando do seu interesse pelas chamadas "neuroses traumáticas", mas, sobretudo, posteriormente a ele, os psicanalistas passaram a se defrontar com analisandos que apresentavam verdadeiros esgarçamentos ou mesmo "buracos" na trama de representações psíquicas acima referidas. No lugar delas, nesses vazios representacionais, encontravam-se percepções, emoções e impulsos como que *in natura*, soltos, desarticulados. Ou seja, prosseguindo com as analogias, apareciam ruídos ou sons externos e

O SILÊNCIO E O RUÍDO, O FUNDO E A FIGURA NO ESPAÇO ANALÍTICO

manchas coloridas ou imagens provenientes de fora, todos eles sem articulações entre si e muito menos com qualquer articulação própria do analisando. Ao mesmo tempo, manifestavam frequentemente sintomas psicossomáticos, comportamentos impulsivos, impensados, ou mesmo alucinações.

Tornou-se, assim, necessário desenvolver formulações teóricas e instrumentos de trabalho psicanalíticos que abrangessem também essas áreas do funcionamento mental, as quais estão fora do âmbito restrito das representações em imagens e palavras.

Passou a ser particularmente importante investigar e compreender como se constitui a mente *strictu sensu*, isto é, como percepções e emoções brutas são transformadas em experiências psíquicas pessoais e intransferíveis; como essas emoções e percepções *in natura* são convertidas em representações idiossincráticas, em formas simbólicas, capazes de ser incluídas (e também excluídas por recalcamento) na rede de representações que constitui o tecido mental específico de cada ser humano.

Wilfred Bion, psicanalista inglês, foi o primeiro a atentar e investigar mais profundamente esse novo campo.

Na verdade, estamos ainda tateando nessa misteriosa região da mente. Baseando-se no tipo de desafios e de trabalho mental exigido dos analistas no atendimento de pacientes com essas características, Bion (1962) propõe que a função mental responsável por tais transformações é inicialmente realizada para a criança pela sua mãe e, posteriormente, internalizada por ela – criança–, que passa então a poder realizá-la por si mesma nas situações normais. Ele a denomina "função alfa", um conceito vazio, uma incógnita, esperando que, após essa circunscrição do problema, cada analista investigue por si mesmo, em seu trabalho diário com seus analisandos, os fatores que a constituem. Como quer que seja, parece ter muita semelhança com o tipo de trabalho mental que origina os nossos sonhos noturnos. Por isso mesmo, Bion acredita que um dos fatores dessa função materna é o que ele chama de *reverie,* que também é exigida do analista em sessão.

Algumas pessoas não desenvolvem adequadamente ou destroem em si mesmas a função alfa. É assim que surgem os "buracos" acima referidos. Como consequência, diz Bion (1970), o indivíduo fica numa situação comparável à de um geômetra antes da descoberta das coordenadas cartesianas: simplesmente não tem como situar e pensar suas vivências emocionais. Em muitos casos, essas efrações são tamponadas com representações que nada têm a ver com as percepções ou emoções presentes, como uma defesa contra o que Bion chama "terror sem nome".

Há também situações nas quais a função alfa tem sua atividade revertida. Nesse último caso, reaparecerão na mente percepções e emoções brutas, mas agora com restos de vida psíquica atrelada a elas, constituindo o que Bion chama de "objetos bizarros". Assim, ao ouvir uma música em um aparelho de som, um paciente psicótico poderá desenvolver a convicção de que esse equipamento fala, ouve e mesmo enxerga. Em outras palavras, o aparelho torna-se um amálgama de algo realmente percebido com as funções mentais do próprio paciente.

Em todas essas situações de déficit, destruição ou reversão da função geradora de representações, o espaço analítico converte-se naquilo que eu denominaria de uma "incubadora de símbolos". Ao falar em símbolos, refiro-me a uma estrutura continente idiossincrática que abriga, acolhe e mantém vivo o significado de uma vivência humana. Símbolos que, segundo Donald Meltzer (1983, 1995), podem ser então usados para recordar (e não apenas reter dados), pensar (distinto da mera manipulação lógica de elementos) e para comunicar significados. Símbolos, portanto, distintos de *sinais*, que servem apenas para transmitir informações. E, ainda mais precisamente, "símbolos autóctones", como continua dizendo Meltzer (1997, p. 239), diferentes daqueles meramente recebidos da cultura ou dos pais e utilizados mecanicamente na vida cotidiana. Nesse sentido, as simbolizações, em última instância, "[...] as palavras ajudam a transformar aquilo que foi vivenciado como objetos ou forças físicas num sistema de pensamentos e sentimentos que são

O SILÊNCIO E O RUÍDO, O FUNDO E A FIGURA NO ESPAÇO ANALÍTICO

vivenciados como criações pessoais que mantêm uma relação particular entre si" (OGDEN, 1994, p. 180). Essa formulação psicanalítica é praticamente superponível à de Ferreira Gullar (1993) de que a arte, como o sonho, transforma um sistema de coisas sem sentido, isto é, o mundo material, em um sistema de significações, ou seja, em uma linguagem estética. Consegue, dessa maneira, "[...] transcender a condição intranscendente de coisas que nada dizem (ou dizem a sua banalidade)" (GULLAR, 1993, p. 32).

Em um primeiro momento, no trabalho analítico com analisandos com déficit ou distribuição da função alfa, a atividade geradora de símbolos ficará a cargo do analista, que necessita, de certo modo, emprestar sua própria mente simbolizadora ao analisando. Ademais, para conseguir captar aquilo que no analisando não está podendo ser representado, o analista necessita ele próprio deixar-se momentaneamente levar por uma regressão mental que o conduza para fora do âmbito das representações. Bion (1970) propõe que o analista se exercite ativamente para colocar-se num estado mental sem memória, sem desejo e sem compreensão, semelhante àquele de certas experiências místicas. Ele também o relaciona àquilo que Keats denominava *negative capability*, ou seja, "[...] quando um homem é capaz de montar-se em incertezas, mistérios, dúvidas, sem nenhuma impaciente procura do fato e da razão" (KEATS apud RAMOS, 1987, p. 30). Botella e Botella (2001) pensam que isso ocorre devido a uma espécie de falha bem-vinda do pensamento, um estado momentâneo de regrediência que suscita uma figuralidade psíquica. Como quer que seja, em ambas as situações, colocamo-nos no limite do psíquico, na iminência de um estado máximo de desamparo constituído pela ausência total de representações, vivenciada como uma morte psíquica. Ao mesmo tempo, entretanto, nos situamos o mais próximo possível do início da vida psíquica, do "silêncio primordial", como diz Kovadloff (1993). Frente a isso, os místicos, como observam Botella e Botella (2001), aderem a uma saída alucinatória, vivenciada como uma união sem fronteiras com algo imaterial idealizado, que chamarão "Deus" ou "Universo". Transformam, assim, em êxtase o terror à proximidade da ameaça da morte psíquica. Maliévitch parece referir-se a uma experiência desse tipo quando diz:

> A superfície plana suspensa da cor pictórica sobre o pano da tela branca dá imediatamente à nossa consciência a forte sensação do espaço. Sinto-me transportado para um deserto abissal onde se sentem os pontos criadores do universo à nossa volta [...] Aqui (sobre as superfícies planas), consegue-se obter a corrente do próprio movimento como pelo contato de um fio elétrico [...]. (MALIÉVITCH apud NÉRET, 2003, p. 56).

O gênio, por outro lado, suporta e enfrenta essa "inquietante estranheza" (FREUD, 1979b; BOTELLA; BOTELLA, 2001) e procura captar tudo o que possa dar alguma figuração e sentido a tal estado mental, distorcendo-o e negando-o o mínimo necessário, já que ele jamais será diretamente representável. Valendo-se do poeta John Keats, Bion (1970) refere-se nesse ponto a "Linguage of Achievement". Penso que Maliévitch consegue algo nesse sentido com seu quadrado negro.

O trabalho mental que, como analista, precisamos realizar com e para esses pacientes com déficit ou destruição da "função alfa", essa *rêverie* descrita por Bion, sugere-me a existência de uma espécie de "alucinância primordial" na origem da mente. É assim que eu chamaria esse trabalho original de figuração. Digo "alucinância" porque consiste em representar com imagens do mundo externo algo interno – as emoções – que, como bem nos recorda Bion (1970), não tem na verdade cor, forma, cheiro. Trata-se, portanto, de revestir com características sensoriais algo que não é sensorial. Como diz Meltzer (1992, p. 62-63), "[...] a imaginação toma emprestado as formas do mundo externo. Esse tomar emprestado as formas tem uma consequência reflexiva para nossa imagem do significado do mundo externo do qual essas formas foram tomadas". De minha parte, considero que, inicialmente, nos primeiros passos desse processo, essa alucinância é sinestésica (relacionada a movimentos), cenestésica (sensações), auditiva e olfativa, em vez de visual. Essa é minha

O SILÊNCIO E O RUÍDO, O FUNDO E A FIGURA NO ESPAÇO ANALÍTICO

concepção sobre os fenômenos que antecedem as representações visuais e auditivas, ou seja, a "música" e a "pintura figurativa" em nossas mentes, para voltar às analogias que tenho procurado traçar nessa exposição. Parece-me que algumas obras de Jackson Pollock, como a *Número 1, 1949*, assim como composições de Luigi Nono (*La lontananza nostalgica utopica futura*, por exemplo), aproximam-se e expressam esse nível inicial da vida psíquica. Nesse sentido, não é por acaso que outros compositores modernos, e apenas para citar alguns, intitulem suas obras de *Tabula Rasa* (Arvo Pärt), *Formazioni* (Luciano Berio), *Deserts* (Varèse). Tenho também a impressão de que os últimos quartetos de Beethoven e alguns dos últimos desenhos de Leonardo da Vinci (os *Dilúvios*), constituídos por torvelinhos sem forma, já caminhavam para essa mesma direção com muita antecedência aos compositores e artistas plásticos contemporâneos. Bion não utiliza o termo "representação" para se referir aos primeiros produtos da função alfa. Fala em "elementos alfa", novamente um conceito vazio. É possível que assim tenha procedido com o fito de evitar qualquer confusão como o significado usual desse termo, envolvendo uma réplica mental do real.

Após a formação inicial das representações, é ainda importante considerar – como o fez Bion (1962) – a existência de diferentes níveis de abstração e distintos possíveis usos para elas. Assim, o grau de abstração característica de um sonho ou de um mito é distinto daquele presente em um conceito científico ou, ainda mais, em um sistema teórico, embora todos procurem representar algo da realidade interna ou externa. Por outro lado, em qualquer desses níveis, as representações podem ser empregadas tanto para a ampliação e o aprofundamento do conhecimento de si próprio, dos outros e do mundo, como para construir mentiras, descarregar emoções e despertá-las ou mesmo inoculá-las e implantá-las nos demais. As diferentes intersecções entre esses níveis e usos podem ser sintetizadas no seguinte diagrama, que constitui uma adaptação da "grade" proposta por Bion e segue diretrizes sugeridas por ele:

símbolos propriamente ditos = vida psíquica *strictu sensu*

evasão da experiência emocional ◄──┼──► aprender da experiência emocional

formações "bizarras"

No ponto *o* (cruzamento dos dois eixos), situam-se "fatos" não processados mentalmente, não constituindo, portanto, fenômenos psíquicos *strictu sensu*.

No polo superior da linha vertical, teremos símbolos no sentido acima referido, ou seja, "fatos", "coisas em si", digeridos pela função alfa, e, no extremo inferior, fenômenos gerados por desmentalizações, pela reversão da função alfa, próprios de condições psicóticas. Na linha horizontal, na extremidade esquerda, o objetivo é tão somente evadir-se de conteúdos internos geradores de angústias, para evitar pensar sobre eles. No polo direito, a finalidade é a expansão da mente, que implica conhecer e compartilhar com outros para aprofundar esse conhecimento. No espaço analítico, podemos encontrar conteúdos mentais enquadráveis em todas as quatro áreas do esquema. Mas o objetivo é sempre transportá-los para o espaço superior direito.

Não sei o quanto tais formulações poderiam ser utilizadas na música ou na pintura. Desde um ponto de vista psicanalítico, as artes estariam incluídas na área superior direita. A propaganda, em contrapartida, pertenceria ao lado esquerdo, na medida em que objetiva induzir um desejo nas pessoas, sem que elas se questionem sobre isso (MELTZER, 1973). Donald Winnicott (1971) descreve o espaço da arte, que é também o espaço do brincar e do viver criativo, como um "espaço potencial". Nele, os objetos não são nem apenas criados internamente nem somente descobertos no mundo. É uma área intermediária, de experimentação, na qual o que é subjetiva-mente concebido e, portanto, sob o controle onipotente do sujeito, está e precisa permanecer em uma contínua tensão dialética com o que é objetivamente percebido, ou seja, fora daquele controle onipotente. Em outras palavras, trata-se novamente das relações entre percepções e representações. Entretanto, também Winnicott destaca o risco de

O SILÊNCIO E O RUÍDO, O FUNDO E A FIGURA NO ESPAÇO ANALÍTICO

um desvio excessivo para um desses extremos. Alguns indivíduos vivenciam o mundo como um fenômeno basicamente subjetivo e são chamados de "loucos". Em contrapartida, nas palavras de Winnicott, "[...] pode-se afirmar que existem pessoas tão firmemente ancoradas na realidade objetivamente percebida que estão doentes no sentido oposto, dada a sua perda de contato com o mundo subjetivo e com a abordagem criativa dos fatos" (1971, p. 97).

Conforme é possível observar após todas essas considerações, também na psicanálise têm ocorrido preocupação e ênfase maiores quanto aos fenômenos que antecedem, estão na base e sempre acompanham as formações psíquicas mais organizadas, comparadas aqui à música clássica tradicional e à arte figurativa. Além disso, passamos a considerar e utilizar nas sessões o funcionamento mental regressivo do analista, aceitando que não apenas pode atrapalhar o processo analítico, como, pelo contrário, ser um instrumento imprescindível a fim de gerar para o paciente as representações psíquicas que lhe estão sendo impossíveis. No próprio analisando, nosso foco de trabalho tem sido cada vez auxiliá-lo a ampliar sua capacidade de simbolizar, em vez de simplesmente levá-lo a compreender e a elaborar o significado inconsciente do que já foi representado psiquicamente. Por isso, deixamos de efetuar apenas as chamadas "interpretações de conteúdo", ou "saturadas", desveladoras desses significados latentes, e passamos a valorizar as ditas interpretações "não saturadas" ou "narrativas" (FERRO, 1995). Essas últimas, mais abertas, objetivam despertar a curiosidade do analisando sobre seu funcionamento mental e oferecem-lhe apenas o que eu chamo de uma "treliça" a partir da qual ou sobre a qual ele poderá desenvolver sua própria capacidade de pensar.

Em outras palavras, também na psicanálise estamos deparando com o duplo descentramento a que me refiri quanto à obra *4'33"*, de Cage, e ao quadrado negro de Maliévitch.

Para finalizar, e retornando à criação artística, transcrevo um poema e um capítulo de livro que, a meu juízo, podem ser colocados em ressonância com toda a temática acima discutida. O primeiro deles é uma poesia de Ferreira Gullar que me parece tocar, com toda a sensibilidade e a expressividade de um poeta, nas regiões misteriosas sobre as quais as artes e a psicanálise têm se debruçado atualmente. Chama-se "Infinito silêncio", mas, a meu ver, sugestivamente, faz parte de um livro intitulado *Muitas vozes* (1999). Ou seja, antes das vozes...

> houve
>   (há)
> um enorme silêncio
> anterior ao nascimento das estrelas
>   antes da luz
>   a matéria da matéria
> de onde tudo vem incessante e onde
>   tudo se apaga
>   eternamente
> esse silêncio
>   grita sob nossa vida
>   e de ponta a ponta
>   a atravessa
>   estridente

O capítulo de livro vai, nesse caso, ainda além do poema porque procura expressar as emoções entre dois seres humanos – um homem e uma mulher –, valendo-se tão somente de sinais de pontuação, que, segundo Cunha e Cintra (2001), servem para reconstituir, aproximadamente, na língua escrita, o movimento vivo, os recursos rítmicos e melódicos da fala. A vírgula, o ponto e o ponto e vírgula destinam-se, sobretudo, a marcar pausas. Dois-pontos, ponto de interrogação, ponto de exclamação, reticências, aspas, parênteses, colchetes e travessão marcam mais a melodia.

Trata-se do capítulo LV de *Memórias póstumas de Brás Cubas*, do nosso inestimável Machado de Assis, intitulado sugestivamente "O velho diálogo de Adão e Eva".

O SILÊNCIO E O RUÍDO, O FUNDO E A FIGURA NO ESPAÇO ANALÍTICO

No final do capítulo anterior, Brás Cubas diz algo que nos prepara para aquele que será transcrito abaixo, tudo isso em uma noite insone, no dia em que havia trocado um beijo com Virgília. Anteriormente, suas insônias eram acompanhadas de pensamentos sobre a morte.

> De certo tempo em diante não ouvi cousa nenhuma, porque o meu pensamento, ardiloso e traquinas, saltou pela janela fora e bateu as asas na direção da casa de Virgília. Aí achou ao peitoril de uma janela o pensamento de Virgília, saudaram-se e ficaram de palestra. Nós a rolarmos na cama, talvez com frio, necessitados de repouso, e os dous vadios ali postos, a repetirem o velho diálogo de Adão e Eva (ASSIS, 1984, p. 95).

Em consonância com a tentativa desenvolvida ao longo do trabalho, vou, dessa forma, encerrá-lo sem palavras, ou melhor, com algo que está aquém e além das palavras, e que, afora os significados contextuais, não deixa também de aludir às nossas origens míticas (Adão e Eva).

BRÁS CUBAS

. . . . . ?

VIRGÍLIA

. . . .

BRÁS CUBAS

. . . .

. . . . . .

VIRGÍLIA

. . . . . !

BRÁS CUBAS

. . . . . .

VIRGÍLIA

. . . .

. . . . . . ? . . . . . .

. . . .

Brás Cubas

. . . .

Virgília

. . . .

Brás Cubas

. . . .

. . . .

. . . . ! . .

. . . ! . . . .

. . . . !

Virgília

. . . . ?

Brás Cubas

. . . . . . !

Virgília

. . . . . . !

(MACHADO DE ASSIS, 1984, "O velho diálogo de Adão e Eva")

Referências

BION, W. R. Learning from experience. In: _____. *Seven servants*. New York: Jason Aronson, 1977.

_____. Attention and interpretation. In: _____. *Seven servants*. New York: Jason Aronson, 1977.

BOTELLA, C.; BOTELLA, S. *La figurabilidad psíquica*. Buenos Aires: Amorrortu, 2001.

_____.; _____. *Irrepresentável*: mais além da representação. Porto Alegre: Criação Humana, 2002.

CAGE, J. *An autobiographical statement*. Disponível em: <http://www.newalbion.com/artists/cagej/autobiog.html>. Acesso em: 1º de Outubro de 2005.

FERRO, A. *A técnica na análise infantil*. Rio de Janeiro: Imago, 1995.

FREUD, S. La interpretación de los sueños. In: _____. *Obras completas*. Buenos Aires: Amorrortu. 1984, v. 4-5.

_____. Formulaciones sobre los dos princípios del acaecer psíquico. In: _____. *Obras completas*. Buenos Aires: Amorrortu, 1976. v. 12, p. 217-231.

_____. Consejos al médico sobre el tratamiento psicoanalítico. In: _____. *Obras completas*. Buenos Aires: Amorrortu, 1980. v.12, p. 107-119.

_____. Lo inconsciente. In: _____. *Obras completas*. Buenos Aires: Amorrortu, 1979a. v.14, p. 153-213.

_____. Lo ominoso. In: _____. *Obras completas*. Buenos Aires: Amorrortu, 1979b. v. 17, p. 215-251.

GOODING, M. *Arte abstrata*. São Paulo: Cosac Naify, 2002.

GREEN, A. La alucinación negativa. In: _____. *El trabajo de lo negativo*. Buenos Aires: Amorrortu, 1997. p. 379-385.

_____. *El tiempo fragmentado*. Buenos Aires: Amorrortu, 2001.

GULLAR, F. *Argumentação contra a morte da arte*. Rio de Janeiro: Revan, 1993.

_____. Infinito silêncio. In: BOSI, A. *Seleção de poemas de Ferreira Gullar*. São Paulo: Global, 2004. p 258.

HEIDEGGER, M. Que é isto – a filosofia? In: _____. *Os Pensadores:* Sartre e Heidegger. São Paulo: Abril Cultural, 1973. p. 207-222.

KOVADLOFF, E. S. *O silêncio primordial.* Rio de Janeiro: José Olímpio, 2003.

LALANDE, A. *Vocabulário técnico e crítico da filosofia.* São Paulo: Martins Fontes, 1990.

LANGER, S. *Filosofia em nova chave.* São Paulo: Perspectiva, 1989.

LAPLANCHE, J. *A tina:* a transcendência da transferência. São Paulo: Martins Fontes, 1993.

LEIBOWITZ, R. *Schoenberg.* São Paulo: Perspectiva, 1981.

MACHADO DE ASSIS. *Memórias póstumas de Brás Cubas.* São Paulo: Círculo do Livro, 1984.

MELTZER, D. *Estados sexuais da mente.* Rio de Janeiro: Imago, 1979.

_____. *Dream-Life:* a re-examination of the psychoanalytical theory and technique. Pertshire: Clunie, 1983.

_____. *A apreensão do belo:* o papel do conflito estético no desenvolvimento, na violência e na arte. Rio de Janeiro: Imago, 1995.

_____. *Claustrum:* una investigación sobre los fenômenos claustrofóbicos. Buenos Aires: Spatia, 1994.

_____. Seminário temático: implicações da obra de Bion na prática clínica. In: FRANÇA, M. O.; MARRA, E. S. (Org.). *Meltzer em São Paulo.* São Paulo: Casa do Psicólogo, 1997.

NÉRET, G. *Malevitch.* Köln: Taschen, 2003.

NIEMEYER, O. *Meu sósia e eu.* Rio de Janeiro: Revan, 1992.

OGDEN, T. H. *Os sujeitos da psicanálise.* São Paulo: Casa do Psicólogo, 1996.

RAMOS, P. E. S. *Poemas de John Keats.* São Paulo: Arts, 1987.

SILVERMAN, K. *Begin again:* A biography of John Cage. New York: Knopf, 2010.

WINNICOTT, D. W. *O brincar e a realidade.* Rio de Janeiro: Imago, 1975.

WISNIK, J. M. *O som e o sentido.* São Paulo: Schwarcz, 1989.

Para além da linguagem: performativos implícitos e atos indiretos

DANILO MARCONDES[1]

"Mas sabemos como as sentenças funcionam, porque nada está oculto."

Ludwig Wittgenstein

O performativo segundo Austin

Pode dizer-se que a Teoria dos Atos de Fala foi apenas esboçada em *How to do things with words* e em alguns outros artigos que Austin escreveu sobre esse tema. Austin faleceu em 1960, e este livro, contendo essencialmente as notas para as Conferências William James, feitas em Harvard em 1955, baseadas, por sua vez, em notas de conferências feitas anteriormente em Oxford, foi publicado postumamente em 1962, sem ter passado por uma revisão definitiva pelo autor. Mesmo assim, pode ser considerada como uma das mais originais correntes da filosofia da linguagem contemporânea.

Fica claro, desde o início, que o objetivo primordial de Austin nessa obra não consistia na apresentação de uma concepção teórica sobre a natureza e a função da linguagem. Não pretendia descrever

---

[1] Danilo Souza Filho é doutor em filosofia pela Universidade de Saint Andrews, professor titular do Departamento de Filosofia da Pontifícia Universidade Católica do Rio de Janeiro (PUC-Rio) e associado ao Departamento de Filosofia da Universidade Federal Fluminense (UFF).

a natureza da linguagem, mas, ao contrário, propor um método de análise de problemas filosóficos por meio do exame do uso da linguagem entendido como forma de ação, isto é, como modo de se realizarem atos por meio de palavras. Na última conferência (12ª.), Austin afirma que: "O ato de fala total na situação de fala total é o único fenômeno real que, em última análise, pretendemos elucidar" (p.147). Isso revela que, para ele, a tarefa da filosofia da linguagem consistia na elucidação das diferentes formas de uso da linguagem, uma característica de sua proposta que se perdeu em grande parte em seus desenvolvimentos posteriores. Em suas observações finais, Austin também enfatiza a necessidade de aplicar a teoria a problemas filosóficos.

A concepção básica de Austin consiste em manter que os constituintes elementares do uso e da compreensão da linguagem natural são atos de fala tendo condições de sucesso e de felicidade para sua realização, e não proposições possuindo condições de verdade, tal como mantido pelas teorias do significado da vertente lógica da filosofia da linguagem do início do século XX, representada, por exemplo, por Frege, Russell e pelo Wittgenstein do *Tractatus*. Com a concepção performativa, a dimensão representacional é abandonada em favor da ação que a linguagem realiza, e o signo, tomado em si mesmo, passa a ser apenas mais um elemento de um conjunto de fatores que constituem a realização do ato e vão desde a linguagem verbal até características do contexto, como um tribunal, uma sala de aula, um palco de teatro. Quando a linguagem é usada em um sentido performativo, não descrevemos simplesmente o real, mas o constituímos não apenas como algo que fazemos, mas como um processo interativo em que nos engajamos pela linguagem.

Seu ponto de partida (AUSTIN, 1962, 1ª. Conferência) é a, hoje famosa, distinção entre constatativos e performativos, isto é, entre o uso de sentenças para descrever fatos e eventos e sentenças que são usadas para realizar (*to perform*) algo e não para descrever ou relatar.

Que nome daríamos a uma sentença ou a um proferimento desse tipo? Proponho denominá-la sentença performativa ou proferimento

Para além da linguagem

performativo, ou, de forma abreviada, "um performativo". O termo "performativo" será usado em uma variedade de formas e construções cognatas, assim como se dá com o termo "imperativo". Evidentemente que performativo é derivado do verbo inglês *to perform*, verbo correlato do substantivo "ação", e indica que, ao se emitir o proferimento, realiza-se uma ação, não sendo, consequentemente, considerado um mero equivalente a dizer algo.

> Muitos outros termos podem ser sugeridos, cada um cobrindo uma ou outra classe mais ou menos ampla de performativos. Por exemplo, muitos performativos são "contratuais" ("Aposto"), ou "declaratórios" ("Declaro guerra"). Mas nenhum termo de uso corrente que eu conheça é suficiente para cobrir todos os casos. O termo técnico que mais se aproxima do que necessitamos seria talvez "operativo", na acepção em que é usado pelos advogados ingleses ao se referirem àquelas cláusulas de um instrumento legal que servem para efetuar a transação (isto é, a transmissão de propriedade, ou o que quer que seja), que constitui sua principal finalidade, ao passo que o resto do documento simplesmente "relata" as circunstâncias em que se deve efetuar a transação. Mas "operativo" tem outros significados [...] preferi assim um neologismo ao qual não atribuiremos tão prontamente algum significado preconcebido, embora sua etimologia não seja irrelevante. (AUSTIN)

Austin pretende, com este neologismo, enfatizar esta característica da linguagem: a realização de atos, indicando ainda que esses atos, dos quais a promessa é de certa forma o paradigma, consistem em uma forma de contrato entre falante e ouvinte; assim, o falante, ao proferir a sentença linguística, compromete-se legitimamente a fazer algo, e o ouvinte forma expectativas com base no compromisso do falante e age subsequentemente com base nessas expectativas. Segundo essa concepção, quando usamos a linguagem, "damos a nossa palavra", o que pode ser entendido como sinônimo de "prometemos". A linguagem é assim não só ação, mas, sobretudo, interação. Vamos, desse modo, além da concepção de que, para entender o signo, é necessário levar em conta o contexto em que é empregado, porque na realidade o que está sendo dito é que o uso da linguagem modifica o próprio contexto, cria novos contextos, intervém no real. É precisamente o que ocorre com performativos tais como nomear, destituir, votar, revogar, eleger, permitir, proibir, apostar, batizar, entre outros desse tipo.

Um exemplo de constatativo típico é "Maria está brincando na praça", e, de performativo, "Prometo que lhe pagarei amanhã". Enquanto constatativos podem ser verdadeiros ou falsos em relação aos fatos que descrevem, um performativo não é realmente nem verdadeiro nem falso, uma vez que não descreve um fato, mas deve ser considerado como bem ou malsucedido, feliz ou infeliz, diz Austin, dependendo das circunstâncias e das consequências da realização do ato. Austin logo percebeu que tal dicotomia era inadequada, uma vez que o constatativo tem também uma dimensão performativa, isto é, descrever é também um ato que realizamos e que pode ser bem ou malsucedido, assim como os performativos têm uma dimensão constatativa, já que mantêm uma relação com um fato; tomando-se o exemplo acima, o fato de eu lhe ter ou não pago no dia seguinte. Austin propõe, portanto, que sua concepção do uso de palavras como uma forma de agir seja estendida para toda a linguagem.

Austin caracteriza em seguida as condições pressupostas para a realização desses atos, as quais consistem em uma combinação de intenções do falante e convenções sociais com diferentes graus de formalidade. A satisfação dessas condições é o critério do sucesso ou do fracasso da tentativa de realização do ato. As intenções são consideradas como psicológicas e, portanto, subjetivas, embora em última análise se originem de práticas sociais. Wittgenstein dizia que não se poderia ter a intenção de jogar xadrez se o xadrez não existisse (1975, §§ 205, 337).

Nessa tentativa de desenvolvimento da teoria, uma das primeiras questões discutidas consistiu no exame das condições que deveriam ser satisfeitas para a realização "feliz" ou bem-sucedida do ato de fala. Segundo a formulação inicial de Austin, essas condições deveriam combinar elementos intencionais e convencionais. De modo geral, as convenções deveriam ser adequadas ao ato pretendido, e o falante deveria agir de acordo com essas convenções e ter as intenções correspondentes. O ponto importante dessa discussão diz respeito à consideração do peso de cada um desses elementos, intenções e convenções, ou seja, elementos de ordem mais subjetiva e elementos de caráter social, na constituição da força ilocucionária dos atos de fala e na determinação de seu sucesso. Além do peso desses dois tipos de elemento, a relação entre ambos é também um fator de fundamental importância para esta discussão. Qual o elemento determinante, convenções ou intenções? Como se relacionam, ou se articulam, por sua vez, convenções e intenções, já que possuem naturezas distintas?

As convenções são de natureza social e podem ser mais formais, por exemplo, no caso de um tribunal, ou informais, no caso de um grupo de amigos discutindo o resultado da final do campeonato de futebol. Mas em ambos os casos estão presentes e os falantes estão seguindo regras, normas, procedimentos habituais, com variados graus de formalidade, porém constitutivos de suas formas de conduta, enquanto elementos básicos do contexto de realização dos atos. Com frequência, especialmente em circunstâncias informais, essas regras são implícitas, mas estão sendo aplicadas, e isso se torna evidente quando são violadas. A doutrina das infelicidades (*doctrine of infelicities*) proposta por Austin (1962, 2ª. Conferência) é precisamente uma maneira de lidar com esse aspecto dos atos de fala. Uma vez que o mapeamento ou a explicitação completa das regras pode ser uma tarefa inexequível, a análise dos motivos pelos quais alguns atos falham, ou são infelizes, ou malsucedidos, é reveladora das regras que foram rompidas nesses casos e, portanto, pode ser a melhor, ou mesmo a única forma de torná-las evidentes. Um dos aspectos mais relevantes dessa análise é precisamente a relação entre o ato pretendido e o efetivamente realizado.

O ato de fala passa a ser tomado como a unidade básica de significação, sendo, por sua vez, constituído por três dimensões integradas ou articuladas: respectivamente os atos locucionário, ilocucionário e perlocucionário. O ato locucionário consiste na dimensão linguística propriamente dita, isto é, nas palavras e nas sentenças empregadas de acordo com as regras gramaticais aplicáveis, bem como dotadas de sentido e referência. O ato ilocucionário, que é o núcleo do ato de fala, tem como aspecto fundamental a força ilocucionária, a qual consiste no performativo propriamente dito, constituindo o tipo de ato realizado. Quando digo "Prometo que lhe pagarei amanhã", meu proferimento do verbo "prometer" constitui o próprio ato de prometer; não se trata de uma descrição de minhas intenções ou de meu estado mental. Ao proferir a sentença, eu realizo a promessa. A força do meu ato é a da promessa. Portanto, "prometer" é um verbo performativo, e os verbos performativos geralmente descrevem as forças ilocucionárias dos atos realizados. É claro que eu posso fazer uma promessa sem usar explicitamente o verbo "prometer", dizendo, por exemplo, "Eu lhe pagarei amanhã", e isso contaria como uma promessa dadas as circunstâncias adequadas, ou, por outro lado, poderia contar também como uma ameaça em circunstâncias diferentes. Isso revela que atos ilocucionários podem ser realizados com verbos performativos implícitos e ainda assim ter a força que pretendem ter. Por isso, pode dizer-se que a realização de um ato de fala com uma determinada força vai além de seus elementos linguísticos propriamente ditos, ou seja, das palavras proferidas. E, na linguagem ordinária, este é um fenômeno bastante comum. Um dos objetivos principais da análise dos atos de fala consiste precisamente em tornar explícita a força do ato realizado.

O ato perlocucionário, que tem recebido menos atenção dos especialistas, foi caracterizado por Austin (1962, p. 101) como pelas "consequências do ato em relação aos sentimentos, pensamentos e ações da audiência, ou do falante, ou de outras pessoas, e pode ter sido realizado com o objetivo, intenção ou propósito de gerar essas consequências". Contudo, a necessidade da análise dos efeitos e das consequências é uma das características centrais da teoria.

Algumas aparentes limitações da teoria têm sido bastante discutidas. Em primeiro lugar, há a crítica de que falta uma visão dialógica, uma vez que a noção de ato de fala é excessivamente centrada no falante individual, o que poderia apontar para uma ausência de consideração do contexto de uso, do jogo de linguagem, para usarmos a terminologia de Wittgenstein (1975, §7), e do ato de fala como um processo de interação. Atos de fala são com frequência examinados isoladamente do contexto mais amplo da troca linguística e de seu papel no discurso. Isso parece contraditório com a caracterização inicial dos atos de fala como essencialmente comunicacionais, ou seja, como parte de um processo de interação.

Contudo, já em suas versões iniciais, as definições do ato de fala indicam a necessidade de levar em conta os aspectos interacionais de sua realização, como a natureza contratual desses atos, enfatizada quando mostra que proferir um ato de fala nas circunstâncias adequadas equivale a assumir um compromisso com o ouvinte: "Minha palavra é meu compromisso" (My word is my bond) (AUSTIN, 1962, p. 10). Os atos de fala devem, portanto, ser considerados basicamente como dialógicos, e não apenas como atos de um falante. Porém, parece ter havido pouca preocupação por parte da teoria com a análise, por exemplo, da recepção do ato, ou seja, das respostas do ouvinte ao ato do falante, ou das expectativas levantadas pelo falante em relação ao ouvinte e, reciprocamente, das reações do ouvinte a essas expectativas. É preciso que a teoria leve em conta como a antecipação da resposta do ouvinte, ao assumir, por sua vez, o papel de falante, pode ser determinante do ato de seu interlocutor. A tomada de turnos na conversação (*conversation turn taking*), que é um fenômeno especificamente pragmático, com regras próprias e de importância crucial na comunicação, não tem recebido a devida atenção na teoria. Mas é perfeitamente possível desenvolver a Teoria dos Atos de Fala nessa direção, e isso tem sido feito mais recentemente por autores como Vanderveken (1999) e Jacques (1979; 1985).

Na última conferência (12ª.) de *How to do things with words,* Austin formula cinco tipos gerais das forças ilocucionárias dos proferimentos: a) veredictivos; b) exercitivos; c) compromissivos ou comissivos; d) comportamentais; e) expositivos. Essa classificação é proposta como provisória, e Austin procura tornar a definição de cada classe mais clara por meio de exemplos. Seu objetivo com isso parece ser a identificação do tipo de ato realizado, uma vez que nem sempre um performativo explícito é empregado, e a análise dependeria, assim, da identificação do ato para a reconstrução das regras que tornam possível a sua realização. Isso revela que, já na formulação inicial de Austin, a preocupação com um método de explicitação de elementos implícitos é um dos objetivos centrais da teoria e uma das principais características de sua visão pragmática, isto é, da linguagem como ação.

Uma questão fundamental para o desenvolvimento da teoria emergiu do reconhecimento da importância da classificação dos atos ilocucionários proposta por Austin na última conferência de *How to do things with words*. O primeiro a tentar reelaborar essa classificação foi Searle, em *Speech acts* (1969), desenvolvendo sua própria classificação alternativa em um texto intitulado "A taxonomy of illocutionary acts" (1979). Searle propõe cinco tipos: assertivo, compromissivo, diretivo, declarativo e assertivo, em substituição aos cinco propostos inicialmente por Austin. Além disso, Searle aponta também sete componentes da força ilocucionária os quais funcionam como critérios para definir os tipos propostos, o que, segundo ele, faltara na classificação de Austin:

a) objetivo ilocucionário (*illocutionary point*): define o propósito do ato.

b) grau de força do objetivo ilocucionário: define a força com que o ato é realizado, ou seja, o que distingue, por exemplo, um pedido de uma ordem.

c) modo de realização: em que condições e de que forma o ato se realiza.

d) condição do conteúdo proposicional: diz respeito ao conteúdo da proposição utilizada no proferimento, a suas condições de inteligibilidade e de verdade e falsidade.

e) condição preparatória: consiste nos pressupostos do ato, por exemplo, o requisito de autoridade para quem dá uma ordem.

f) condição de sinceridade: refere-se ao compromisso do falante e à sua atitude condizente com o ato proferido, por exemplo, um pedido de desculpas requer uma atitude coerente com isso.

g) grau de força da condição de sinceridade: a noção de grau aplica-se ao sexto item (letra f).

A formulação desses componentes resulta do desenvolvimento da ideia inicial de Searle (1969) de que o ato de fala é o resultado da combinação de uma proposição "p" dotada de um conteúdo semântico determinado que estabelece sua relação com os fatos no mundo, podendo ser, portanto, verdadeira ou falsa, e da força ilocucionária "f" que se acrescenta à proposição, levando à realização do ato de fala. Esta relação é representada formalmente pela fórmula f(p). Temos assim o exemplo da asserção "A porta está aberta", que possui o mesmo conteúdo proposicional que o imperativo "Abra a porta!", a interrogação "A porta está aberta?", o condicional "Se a porta estivesse aberta ...", sendo que esses proferimentos possuem diferentes forças ilocucionárias acrescentadas ao mesmo conteúdo.

A proposta de Searle (1979) de caracterização desses componentes da força ilocucionária visa dar conta, de forma mais elaborada, dos elementos intencionais e convencionais constitutivos do ato de fala segundo Austin. O papel de cada um desses componentes na constituição da força permite uma caracterização mais precisa e uma identificação mais clara de cada força como pertencendo a um dos cinco tipos propostos. A proposta da análise do ato de fala em termos desses sete componentes visa superar a simples dicotomia entre elementos intencionais e elementos convencionais, já que alguns dos componentes combinam aspectos que poderíamos considerar intencionais e convencionais, como (a) objetivo ilocucionário, (b) grau do objetivo ilocucionário e (c) modo de realização. Componentes como (d) parecem ser mais estritamente linguísticos, enquanto que outros, como (f) e (g), são mais nitidamente intencionais, ou subjetivos, e (e) parece ser quase sempre convencional. Contudo essa caracterização não é rígida.

A questão crucial, entretanto, parece ser: qual o papel da classificação ou da taxonomia das forças ilocucionárias para o desenvolvimento da Teoria dos Atos de Fala e para a metodologia da análise da linguagem? Certamente, a classificação é um ponto de partida para a análise e não uma camisa de força para o enquadramento dos atos realizados. Seu propósito deve ser elucidar e reconstruir os atos realizados em um determinado contexto, e não simplesmente projetar essa tipologia sobre o uso da linguagem de modo rígido. Mesmo porque devemos reconhecer, como Austin indica (12ª Conferência), que não há tipos puros e que, com frequência, em um uso discursivo da linguagem, vários atos com diferentes forças são realizados ao mesmo tempo.

Performativos implícitos e atos de fala indiretos

Há ainda um ponto central de grande importância a ser considerado em relação aos desenvolvimentos recentes da Teoria dos Atos de Fala. Tem sido frequentemente apontado pelos críticos que essa teoria, em conflito com sua própria concepção da linguagem em uso e da análise da linguagem como forma de ação, tem se concentrado em casos que estão muito distantes do uso concreto e dos fenômenos linguísticos reais. O uso efetivo da linguagem na vida cotidiana é muito menos estruturado, muito mais fragmentado do que se observa nos casos e exemplos considerados pela teoria. Esse uso é muito mais indireto, oblíquo e fragmentado do que tem sido reconhecido, equivalendo a dizer que, em larga escala, a Teoria dos Atos de Fala estaria formulando uma concepção idealizada de linguagem. No uso concreto, elementos implícitos têm um papel muito maior do que se admite. Além disso, a Teoria dos Atos de Fala, enquanto propondo um método de análise da linguagem, parece restringir-se a características manifestas dos atos de fala; parece ater-se à descrição dessas

PARA ALÉM DA LINGUAGEM   119

características. No entanto, seria necessário dispor de ferramentas para uma análise mais profunda, levando em conta elementos implícitos, incluindo, como vimos anteriormente, o caráter indireto de certos atos e de certos modos de influenciar a ação do interlocutor, a manipulação, o preconceito e outras características oblíquas e não declaradas que, apesar disso, são determinantes da força ilocucionária desses atos, assim como de seus efeitos e de suas consequências.

Um dos principais desafios da análise da linguagem nessa perspectiva consiste em como desenvolver um método adequado para analisar atos de fala indiretos. O fenômeno da "indiretividade", ainda que seja uma das características mais centrais da linguagem em uso, tem recebido relativamente pouca atenção de linguistas e filósofos da linguagem. A linguagem, tal como usada comumente, é em grande parte indireta. O surpreendente é que isso não invalida, nem inviabiliza a comunicação. Mas como analisar tal tipo de ato? Como determinar que tipo de ato está sendo realizado, se não podemos recorrer ao verbo performativo, que usualmente na análise descreve a força ilocucionária? Atos de fala indiretos estariam tipicamente sujeitos à ambivalência ou à ambiguidade quanto à interpretação de sua força ilocucionária.

No artigo "Atos de fala indiretos", Searle dá a seguinte definição:

> Nos atos de fala indiretos o falante comunica ao ouvinte mais do que efetivamente diz recorrendo a informações pertencentes ao contexto compartilhado por ambos, tanto linguístico quanto não linguístico, e à capacidade de raciocínio e de inferência por parte do ouvinte (SEARLE, 1979, p. 31-32).

Quando Austin fez sua proposta provisória de classificação de forças ilocucionárias (1962, p.149), parece claro que a tipologia deveria servir para a identificação da força ilocucionária do proferimento, nos casos em que o performativo não é explícito, bem como nos casos em que o verbo performativo e a força ilocucionária não coincidem exatamente, isto é, quando o performativo não descreve adequadamente a força ilocucionária do ato. Por exemplo, "Declaro aberta a sessão" é o proferimento de um performativo explícito, "declarar", no sentido institucional, em que o ato realizado tem a força ilocucionária da declaração e a sessão encontra-se aberta a partir desse proferimento. Contudo, quando o presidente da sessão profere "Está aberta a sessão", mesmo sem utilizar o verbo "declarar", o performativo foi realizado. E isso é diferente do proferimento de alguém da audiência que comenta com o vizinho que "Está aberta a sessão", chamando a atenção dele para o ocorrido. No primeiro caso, do presidente da sessão, trata-se de um exercitivo; no outro caso, temos apenas um expositivo. A análise dessas diferenças depende não só de uma consideração da sentença proferida e do significado dos termos e das expressões utilizados, mas da identificação de elementos contextuais, como o papel do falante no contexto, a existência de normas e procedimentos e de instituições que estabelecem essas normas e procedimentos, além das intenções ou dos objetivos dos falantes e dos ouvintes. Intenções e elementos subjetivos só podem ser identificados, por sua vez, com base no que é proferido explicitamente e no que é indicado ainda que indiretamente por meio do contexto. Esses elementos contextuais, muitas vezes, permanecem implícitos ou são apenas pressupostos.

Mas como é possível que aquilo que não se encontra explicitamente formulado ou que não é diretamente proferido possa ser constitutivo da força dos atos de fala realizados? Como pode nossa análise dos atos de fala dar conta desses elementos implícitos que, não obstante, reconhecemos não só que estão presentes, mas que são determinantes da ação realizada e de seus efeitos e consequências?

Como pode a linguagem significar mais do que é dito explicitamente por meio dos signos linguísticos? Isso nos leva à dissolução da distinção tradicional entre o literal e o não literal e ao abandono da visão do metafórico como derivado. Torna-se necessária, agora, uma análise de elementos contextuais, de pressupostos e dos efeitos e das consequências deste uso para a determinação, ou melhor, para a reconstrução do significado. O método de análise envolve, então, a necessidade de explicitação dos elementos implícitos no uso, mas que, embora implícitos ou indiretos, são constitutivos do significado. A análise nos deve levar ao que está subjacente aos proferimentos explícitos; ao que se encontra por detrás e para além da linguagem.

Um dos principais desafios contemporâneos na filosofia da linguagem consiste precisamente no desenvolvimento de métodos de análise que possibilitem trazer à tona esses elementos implícitos ou subjacentes, permitindo passar do que poderíamos chamar de um significado e de uma força ilocucionária de superfície ou aparente para um significado e uma força profundos, recuperando uma rede de relações semânticas e pragmáticas a qual se constitui nesse uso e nas múltiplas funções que os signos linguísticos exercem, por vezes ao mesmo tempo, num processo de hipersignificação, ou seja, de formulação de significados múltiplos em várias dimensões, podendo ocorrer assim, simultaneamente, vários atos de fala. É claro que não se supõe que haja uma análise única, ou um resultado único dessa análise, mas, sim, diferentes possibilidades, sempre dando conta do fenômeno linguístico de modo parcial.

Trata-se assim, segundo essa análise dos atos de fala, de determinar as condições, ou melhor, as pressuposições da realização do ato de fala. Mas, se isso diz respeito às condições de possibilidade do ato, o que o torna possível, é necessário igualmente considerar o que decorre de sua realização. A análise do ato de fala do ponto de vista de seus efeitos e de suas consequências leva em consideração o sucesso ou fracasso do ato que se pretende realizar. Se uma análise de pressuposições aponta para aspectos formais e semânticos, uma análise de efeitos e consequências aponta para aspectos pragmáticos. Essa análise depende muito mais da consideração de elementos contextuais, de aspectos perlocucionários, da comparação entre objetivo declarado e realização efetiva, do que da consideração de aspectos estritamente linguísticos. E certamente esse tipo de análise pragmática tem recebido uma atenção menor do que deveria nos desenvolvimentos recentes da Teoria dos Atos de Fala.

A noção de atos de fala indiretos (Searle, 1979) indica que os atos de fala são na maior parte indiretos ou implícitos, e isso ocorre simplesmente porque não é necessário que sejam explícitos. O exemplo dado é o de um colega que diz para o outro: "Há um bom filme no cinema da esquina", ao que o outro responde: "Tenho prova de matemática amanhã". É óbvio que, no caso do primeiro proferimento (explicitamente um constatativo, ou declarativo, segundo a classificação posterior), temos implicitamente um convite, que é como o colega de fato interpreta o ato, respondendo, por sua vez, também por meio de um constatativo, ou declarativo explícito, de modo a recusar o convite. Contudo, os performativos explícitos – "Eu o convido..." e "Eu recuso o seu convite..." – em nenhum momento foram proferidos, e na verdade isso sequer precisaria ocorrer.

Como então podem ser entendidos como possuindo a força ilocucionária respectivamente do convite e da recusa? Funcionam basicamente por meio de elementos contextuais e de pressupostos compartilhados por falante e ouvinte enquanto participantes do mesmo jogo de linguagem e, desse modo, familiarizados com as crenças, os hábitos e as práticas um do outro. Uma análise de casos deste tipo deve, portanto, necessariamente levar em conta o caráter dialógico da troca linguística realizada, assim como os elementos contextuais compartilhados, o que vai além daquilo que é proferido explicitamente, isto é, além dos elementos estritamente linguísticos. Um dos principais desafios da Teoria dos Atos de Fala, ao analisar o ato de fala total, como propõe Austin, consiste precisamente em como delimitar as fronteiras desse ato de fala total, demarcar o que deve ser incluído no contexto e dentre os pressupostos compartilhados. O ato total pode projetar-se no futuro, se considerarmos seus efeitos e consequências, por exemplo, contratos, assim como pode depender de fatores do passado remoto, se levarmos em conta seus pressupostos, como um testamento. A solução para se evitar esse caráter indeterminado do ato de fala total consiste em reconhecer que toda análise é provisória e que, no fundo, a delimitação dos atos depende muito mais das questões que servem de ponto de partida para a análise e do escopo dessa análise do que da possibilidade de delimitação precisa do ato. Nenhuma análise pode jamais pretender esgotar o ato em toda a sua complexidade, e o alcance da análise depende do enfoque adotado e da indagação inicial.

Há, contudo, uma dificuldade adicional a ser considerada. O exemplo dado por Searle consiste em um caso em que os atos foram realizados de forma indireta, mas que podem, se necessário, ser explicitados, ou seja, podem realizar-se de forma direta. Caso não haja entendimento, um colega pode sempre pedir ao outro que seja mais explícito, e o outro provavelmente não terá maiores dificuldades em fazê-lo. Porém, há muitos atos de fala indiretos que são realizados de modo indireto porque, por diversas razões, devem permanecer indiretos, na medida em que não podem ter sua força ilocucionária explicitada, caso contrário fracassariam ou seriam malsucedidos. A ironia e a insinuação são exemplos disso, assim como a barganha. Como tornar explícitos esses atos que resistem à explicitação é um dos principais desafios que o método deve enfrentar.

Podemos dar algumas indicações de como isso pode ser feito, recorrendo à Teoria das Implicaturas Conversacionais, de H. P. Grice (1990), a qual fornece elementos sobre como analisar os pressupostos compartilhados por falante e ouvinte. Mais do que uma forma de tratamento da questão sobre a relação entre intenções e convenções, como inicialmente se considerou, a teoria de Grice permite que se desenvolva um método de análise que reconstrua os elementos implícitos na realização dos atos de fala, sobretudo dos atos indiretos. As máximas conversacionais de Grice (1990) tornam possível uma análise das expectativas do falante e do ouvinte em sua interação, mostrando como o entendimento mútuo pode resultar desse tipo de troca linguística.

Segundo Grice (1990), a comunicação é governada por uma máxima ou princípio geral de cooperação, ou seja, falante e ouvinte interagem com base num objetivo comum a ser alcançado, do qual a comunicação faz parte. Mesmo em jogos de linguagem que envolvem o conflito e a disputa, desde o debate político até o litígio judicial, deve haver um conjunto de pressupostos de cooperação que definam as regras do jogo por meio das quais o objetivo será alcançado. O oposto da cooperação não são o conflito e a disputa, mas a ausência de comunicação, o desinteresse em se comunicar, a não participação no jogo, pelos motivos mais diversos, da censura à afasia. Grice desdobra essa máxima geral em quatro submáximas:

a) Quantidade: seja informativo. Não forneça nem mais nem menos informação do que o necessário.
b) Qualidade: seja verdadeiro. Só diga aquilo que você tem razões para acreditar que é verdadeiro.
c) Relação: seja relevante. Proferimentos informativos e verdadeiros devem ser relevantes para a situação de comunicação determinada.
d) Modo: seja claro. Evite obscuridade.

As submáximas são gerais, e os critérios de sua aplicação (o que conta como claro, relevante, etc.) dependem de situações específicas, de características do contexto e do tipo de discurso. Por outro lado, elas governam as expectativas do ouvinte em relação ao falante e, portanto, as escolhas do falante ao fazer um proferimento. Constituem, assim, as características mais gerais dos pressupostos compartilhados, as *background assumptions* mencionadas por Searle.

A hipótese central de Grice, contudo, consiste em mostrar que, em situações concretas de comunicação, essas máximas são sistematicamente violadas pelos falantes e que, quando isso ocorre, o falante interpreta o proferimento do ouvinte como indicando algo além do que ele disse explicitamente. As implicaturas conversacionais são exatamente, em sua terminologia, essas inferências geradas pelas violações das máximas. Por exemplo, se estou sendo obscuro e redundante, portanto violando as submáximas (a) e (d), meu interlocutor interpretará isso como indicando alguma intenção minha em ser obscuro e redundante: posso estar tentando ocultar alguma coisa,

Para além da linguagem

evitando deliberadamente que meu interlocutor perceba o que estou dizendo, ou ainda tendo alguma dificuldade, ou inibição, ao fazê-lo. Como isso ocorre com grande frequência, falante e ouvinte, ou seja, os participantes do jogo de linguagem, estão sempre formulando hipóteses interpretativas que visam reconstruir as intenções e os propósitos de seus interlocutores, e é precisamente dessa forma que os atos de fala indiretos funcionam.

Proposta de método de análise

Para desenvolvermos uma proposta de análise desses verbos, talvez seja útil partirmos de uma distinção preliminar (que pode evidentemente ser depois refinada) entre três tipos de atos indiretos. Proponho assim, tentativamente, a seguinte distinção:

a) Atos elípticos: são aqueles em que o verbo performativo se encontra omitido, ou elíptico, sobretudo por um princípio de economia, ou seja, porque é desnecessário explicitá-lo. Por exemplo, "[ordeno-lhe que] abra a porta!" O performativo pode ser omitido sem prejuízo por ser óbvio, dadas as circunstâncias de uso. A análise consiste em explicitar o performativo, o que pode ser feito, simplesmente, prefixando-o ao proferimento. Assim, se o falante é hierarquicamente superior ao ouvinte, se sua entonação é firme, se o proferimento determina a conduta do ouvinte sem hesitação, etc., podemos efetivamente entendê-lo como uma ordem.

Este talvez seja o caso mais simples de ato indireto.

b) Atos implícitos: nesses casos, temos uma simplificação do proferimento por razões de informalidade ou porque o contexto compartilhado e o entendimento mútuo entre falante e ouvinte permitem que não se precise dizer tudo explicitamente; o próprio verbo performativo pode estar ausente do proferimento, sem que isso invalide o efeito pretendido.

Desse modo, segundo o exemplo de Searle citado anteriormente, o falante A diz para o ouvinte B: "Há um bom filme no cinema da esquina". B responde a A: "Tenho prova de matemática amanhã". Temos aí duas asserções, dois proferimentos de caráter descritivo, os quais, contudo, podem ser entendidos no caso de A para B como um convite, e no caso da resposta de B para A como a recusa de um convite. Podemos interpretar essa troca linguística dessa maneira se sabemos que A e B são cinéfilos e têm o hábito de ir ao cinema juntos, e se A sabe que B considera as provas de matemática como particularmente difíceis, precisando de mais tempo para estudar. Mas, certamente, outras interpretações são possíveis, dependendo dos mesmos fatores. Podemos entender o proferimento de B como a aceitação do convite, se considera que já estudou o suficiente e que seria bom espairecer e estar mais descansado para o dia seguinte. Podemos ainda entender o proferimento de A como uma provocação, e assim por diante.

Não se trata aqui diferentemente de (a) apenas um verbo performativo omitido, porque a reconstrução não pode ser feita simplesmente da mesma maneira pela explicitação do verbo. Não basta, por exemplo, acrescentar "Eu convido" ao início do proferimento de A e, do mesmo modo, "Eu recuso" ao proferimento de B, de acordo com a primeira interpretação. É necessário, de fato, para que a explicitação funcione, uma reconstrução do proferimento, ou seja, uma reformulação da sentença proferida, por exemplo, "Eu o convido para irmos ao cinema da esquina" e "Eu recuso o convite por ter prova de matemática no dia seguinte".

c) Atos oblíquos: são aqueles que, ao contrário dos anteriores, só podem ser proferidos de forma indireta e com a omissão do performativo, sob pena de sua força ilocucionária e, sobretudo, do efeito pretendido não se realizarem no caso de sua explicitação.

Os exemplos mais comuns são a insinuação e a ironia. Com efeito, "Eu insinuo" e "Eu ironizo" não são, nem talvez possam ser, perfomativos, porque o seu simples proferimento anularia os efeitos de uma insinuação ou do uso irônico de uma expressão. Pode ser que isso ocorra pelas características desses atos, que funcionam exatamente por ser indiretos, permitindo que algo considerado agressivo, por exemplo, uma ofensa, possa ser feito de modo oblíquo, permanecendo, assim, uma ambiguidade quanto aos objetivos do falante. Isso possibilita, portanto, o falante recuar desses objetivos se interpelado pelo ouvinte. Os atos oblíquos, como insinuações e ironias, permitem a reversibilidade e funcionam em uma zona cinza entre uma interpretação mais literal, menos ofensiva, e uma interpretação irônica ou envolvendo insinuação.

De um ponto de vista metodológico, a questão central consiste agora em como analisar esses atos, especificamente o caso mais complexo (c), os oblíquos? Seguindo a linha proposta por Searle (1975) na discussão dos atos de fala indiretos e de H.P. Grice (1990) na análise das implicaturas conversacionais, trata-se exatamente nesses casos de formular um método capaz de explicitar elementos implícitos e de reconstruir a força do ato realizado. É necessário, portanto responder à questão: como pode o que não está dito explicitamente produzir significado e força ilocucionária? Isso equivale a considerar a constituição do significado e da força ilocucionária como indo além do nível estritamente linguístico, ou seja, da sentença proferida, o nível locucionário na terminologia de Austin.

Proponho, assim, que a Teoria dos Atos de Fala, considerando as questões examinadas acima, seja desenvolvida levando em conta que:

a) A noção de ação deve prevalecer sobre a de contexto, sendo que a principal razão disso é que o ato de fala pode modificar os contextos, como ocorre, por exemplo, com diretivos e exercitivos, o que Wittgenstein já mostrara em seus jogos de linguagem.

b) Os atos de fala devem ser considerados como sempre ao menos potencialmente dialógicos.

c) Esses atos consistem em sua maioria em performativos implícitos, ou em atos realizados com a força ilocucionária implícita, e, portanto, caracterizando-se como atos de fala indiretos.

d) A metodologia de análise deve dar conta do caráter fragmentário, indireto, implícito e variável da linguagem, desenvolvendo uma visão que permita explicitar os elementos implícitos quando a análise assim exigir e identificar as forças ilocucionárias dos atos indiretos. Para isso, a classificação de forças ilocucionárias e de seus critérios deve ser considerada em um sentido pragmático, na medida em que ambos possam ser entendidos não como descrevendo a natureza ou a essência da linguagem, mas apenas como um instrumento para analisar seu funcionamento.

e) Um método interpretativo que torne possível a explicitação desses elementos implícitos e a identificação da força ilocucionária dos atos de fala indiretos deve combinar a aplicação das máximas conversacionais de Grice e a taxonomia proposta por Searle, de modo a tornar possível a reconstrução do tipo de ato que está sendo realizado de acordo com a identificação dos elementos básicos constitutivos da força ilocucionária desses atos.

Referências

AUSTIN, J. L. *How to do things with words*. Oxford: Oxford University Press, 1990. Tradução para o português: Quando dizer é fazer. Porto Alegre: Artes Médicas, 1990.

_____. *Philosophical papers*. Oxford: Oxford University Press, 1970.

_____. Performatif-constatatif. In : _____. *La philosophie analytique*. Cahiers de Royaumont. Paris : Minuit, 1963.

GOODWIN, C. *Conversational organization*: interaction between hearers and speakers. New York: Academic Press, 1981.

GRICE, H. P. *Studies in the way of words*. Boston: Harvard University Press, 1990.

JACQUES, F. *Dialogiques*. Paris: PUF, 1979.

_____. *L'espace logique de l'interlocution*. Paris : PUF, 1985.

SEARLE, J. R. *Expression and meaning*. Cambridge: Cambridge University Press, 1979.

SEARLE, J. R.; VANDERVEKEN, D. *Foundations of illocutionary logic*. Cambridge: Cambridge University Press, 1985.

SEARLE, J. R. et al. *(On) Searle on conversation*. Amsterdam/Philadelphia: John Benjamins, 1992.

VANDERVEKEN, D. *Meaning and speech acts*. Cambridge: Cambridge University Press, 1990.

_____. Illocutionary logic and discourse typology. *Cahiers d'epistemologie, Université de Québec à Montreal*, n. 263, 1999.

VANDERVEKEN, D.; KUBO, S. (Orgs.). *Essays in speech act theory*. Amsterdam/Philadelphia: John Benjamins, 2001.

WITTGENSTEIN, L. *Investigações filosóficas*. Os pensadores. São Paulo: Abril, 1975.

ORALIDADE, ESCRITA E PENSAMENTO: O CASO DA INTERPRETAÇÃO

ELIANA YUNES[1]

Não nascemos homens, de alguma forma atesta Aristóteles, quando se refere ao homem como animal; muda apenas o adjetivo, segundo as circunstâncias que aponta: racional, social, político...

O que, então, nos torna homens? De um ponto de vista antropológico, como o de Levi-Strauss (1962), a cultura nos tira da natureza *in bruto*, fazendo-nos passar do cru ao cozido, do incesto às regras de acasalamento,do pensamento selvagem às narrativas históricas. Contudo, a nossos olhos, até mesmo a natureza chega interpretada, vale dizer, o Sol e a Lua são deuses; os ciclos são sinais. Tudo que é simples se faz complexo, etimologicamente falando. Nossas sociedades são complexas, mas também poderíamos dizer algo semelhante das formigas, das abelhas, dos símios, dos felinos. Eles também estão organizados, conforme nos demonstram zoólogos, segundo práticas, comportamentos e regras definidas já em seus genes. Há como um sistema de comunicação herdado pela espécie.

Nossa linguagem, ao contrário, é uma construção, uma montagem resultante de um esforço milenar por domar o sistema biológico da respiração e fazê-lo capaz de emitir sons resgatáveis para si e pelo outro, e assim sistematizar uma quantidade de fonemas que

---

[1] Eliana Yunes é Professora associada à Pontifícia Universidade Católica do Rio de Janeiro (PUC-Rio), Cátedra UNESCO de Leitura.

enunciamos sem grandes custos atualmente, quase sem ter consciência dessa prática fundadora de nossa humanidade.

Essa adaptação conforma o aparelho fônico de tal maneira que os falantes que aprendem à perfeição uma língua estrangeira, não conseguem impedir que pequenos efeitos da pronúncia em língua materna contaminem a fonética da segunda língua, desvelando certo sotaque de origem. O aparelho fonador não é capaz de desvencilhar-se de sutis vibrações ordinárias que conformam diferenças linguísticas. Isso sem falar de como o recorte antropocultural do mundo enreda na língua uma visão de realidade particular.

Nossa linguagem não é, pois, "natural" como a dos outros animais, mas resulta de um cultivo sofisticado e interminável de sons e sentidos, o qual também desenvolve a inteligência das coisas, o que vale dizer, o entendimento do mundo sob uma perspectiva cultural.

O que nos faz, portanto, humanos, é uma linguagem complexa, sofisticada e muito econômica, que permite à espécie, com muito poucos fonemas – os tais sons discretos e repetíveis, reutilizáveis *ad infinitum* –, comunicarmo-nos sobre quase tudo que conhecemos, sobre o que apenas intuímos, e até mesmo sobre nosso próprio desconhecimento, como indica Bakhtin (1983).

Criamos um sistema com normas e usos muito particulares às vezes, de acordo com tempos, espaços e convivência cujas diferenças podem até mesmo depender do estilo do falante. Mas esta linguagem permitiu de tal modo nos associar e com ela organizar-nos, e também as nossas ações segundo desafios, necessidades, desejos e objetivos comuns, que nela inventamos o humano e suas decorrências: das línguas nasceram as nações, valores, ideologias de que o relato bíblico da torre de Babel é testemunho. Dessa linguagem se desdobram todas as demais: as das artes e das matemáticas, a da cultura e dos rituais. Possivelmente o esforço de gerá-la se deveu aos limites dos gestos, dos sons e das inscrições com restrições impostas pelos espaços. A escrita que decorre da fala muito tardiamente é o esforço de superar o tempo.

Estamos, na verdade, tão mergulhados na linguagem como no ar. Fora dela, nada há que nos possa ajudar a pensar, entender, organizar e promover o mundo natural, o mundo que recebemos criado. Tudo que sentimos, vemos, pensamos tem nome, e sem nome nada há que possamos chamar e trazer à consciência e à comunicação. Que realidade é possível apontar sem linguagem? Muito pouca em verdade; apenas a que está ao alcance comum da vista e do dedo indicador, e ainda assim é da linguagem de gestos que dependemos. Por exemplo, podemos abraçar, numa expressão corporal da linguagem dos afetos, mas, quando o desejo de abraçar se faz pensamento a distância, sem a palavra, nem um nem outro se manifestam fora da linguagem verbal. E esta, por sua vez, pode carecer de expressão gráfica.

Vemos que a articulação do sujeito interior com o social é dependente da linguagem (ou linguagens) e, mesmo quando ela falha, recalca ou silencia, deixa marcas, pegadas, ou seja, sinais de sua existência. O que somos é na linguagem que se representa. Claro está que o conceito de representação já não corresponde ao que se tinha nos primórdios da era moderna, quando a noção de ideologia não aparecia tão univocamente associada ao desenho do mundo, conforme demonstra Foucault (2007).

Aqui estamos: a linguagem é uma representação, ambígua, imprecisa, multívoca do homem e do mundo que ele vê, mas indispensável como aproximação ao Real, instância do mundo que não alcançamos sem mediações. Se o real fosse diretamente acessível, as representações, as linguagens não seriam necessárias, uma vez que tudo nos seria transparente – evidente – e estaríamos de acordo *a priori* sobre todas as coisas. Isso não é verdade, e por isso mesmo não sabemos o que é a verdade. Todos a desejamos, desde o ser mais profundo, e, depois de séculos de estudos, seguimos brigando por ela.

Tinha, assim, razão o filósofo Wittgenstein (2005) quando disse que o tamanho do mundo corresponde ao tamanho de nossa linguagem, o que significa que conhecemos o que cabe em nossa linguagem. Se a linguagem, nossos recursos de expressão e comunicação, por razões diversas é pobre, não podemos apropriar-nos de muita coisa, além do automatismo cotidiano que nos parece "natural".

Ampliar, desse modo, nossa visão de mundo, nossa concepção do "si mesmo" e do outro está diretamente relacionado a nosso "dicionário", mas isso ainda será pouco ou quase nada se a disponibilidade léxica não corresponder a um acervo de vida, a repertórios pessoais de experiências, a uma narrativa pessoal ou compartilhada (coletiva) das vivências.

Portanto, a partir de uma linguagem compartilhada com outros, o sujeito vai desenhando suas ideias, pensamentos, elegendo palavras para expressar sentimento, desejos e valores, mas também juízos, análises, ou seja, opções e decisões. Durante esse processo, está em marcha nossa formação enquanto pessoas e, mais do que *personas* (máscaras por meio das quais soam as vozes no teatro de arena), como sujeitos de um pensar e agir, conforme, inclusive, sem muita filosofia, nos ensinam as gramáticas. Não como seres submetidos à linguagem (discurso) alheia, mas como os que "praticam a ação". As gramáticas são filosóficas, e nunca nos contam isso na escola quando nos são apresentadas. Seria muito interessante ensinar e aprender o jogo das línguas!

Fazer-se sujeito, homem, pois, tem a ver com o domínio do verbo. Na civilização ocidental, em bases gregas que se cristianizou, o Verbo de Deus (João,1-1-10) é a forma mais nobre de referência ao Enviado. Se pensarmos entre os antigos pagãos, Hermes, que traz as mensagens do Olimpo, é tomado como o criador da linguagem (e, por consequência, mediador), ferramenta que "traduz" o inalcançável, e utilizam os humanos para representar as coisas e transmiti-las a outros – não sem dissensões.

Porém, mais que isso, Hermes está associado a uma função de alteração: transformar tudo o que ultrapassa a percepção humana em algo que o entendimento logre compreender. Com isso, chegamos à formulação de filósofos como Heidegger (2006), que conclui ser a linguagem humana já uma interpretação do mundo. Línguas com raízes distintas surpreendem-nos pelos significados que atribuem a coisas que entendemos diversas.

O(s) sentido(s) do mundo é (são) uma construção da linguagem humana, e todo nosso esforço é tornar compreensível tanto o mundo quanto nós mesmos, função própria de Hermes, o mensageiro. Ao falar – escrever, pintar, musicar, desenhar, fotografar, "cinemar" –, representamos coisas e nos representamos frente a elas. Dizê-las é dizer-nos – em parte, ao menos.

Enquanto construímos sentidos, atribuímos significados, o que buscamos é a verdade, tão inacessível quanto os deuses e, em face à ausência de Hermes, necessitamos de mediações. A forma inicial grega *herme* é bem próxima de *sermo* (aparece em sermão para nós), que em latim é raiz de dizer ou representar verbalmente, ou "tornar compreensível". Como Hermes, todos nós sonhamos em ser mensageiros, como ele o é dos deuses olímpicos: de quê? De quem? Em algum momento queremos tomar a palavra, proclamar algo que trazemos desde longe, há muito, desde nossa intimidade pessoal, mas que acabamos de descobrir e não é possível calar.

Assim, o ato simples de dizer, afirmar, proclamar é um ato de interpretação que expressa algo e, mais que um conteúdo, tem uma forma em si mesma, um modo particular de expressão, o que equivale a uma "performance". Vejamos: usamos sem dificuldade a palavra interpretação quando nos referimos ao modo como um artista apresenta uma canção, um conto, uma cena, ou o maestro, uma sinfonia. Nesse sentido, o que eles fazem é dizer algo com os gestos que arrebatam sons aos instrumentos, com entonações, ênfases e pausas nos sons silábicos, no ritmo das palavras. Assim a recitação oral é também uma interpretação, como já os gregos diziam da declamação de Homero. Homens como ele, justamente, eram considerados mediadores entre os homens e os deuses.

Platão (1992, 2006), retomando a discussão sobre os poetas, põe na boca de Sócrates que eles são mensageiros de algo apenas entrevisto, de algo que não foi inteiramente percebido e que, assim mesmo, deve ser comunicado aos demais. Mas este mesmo traço de turbação do ver fez com que os poetas parecessem perigosos à República platônica, quer porque veem demasiado longe (sem telescópios siderais), quer porque, vendo demasiado perto (sem lupas e microscópios), percebem dimensões que não temos a nosso alcance. No mínimo, os poetas percebem mundos paralelos que não vislumbramos ou mal intuímos.

Antes de Homero, já estavam as lendas e os mitos que a memória (HAVELOCK, 1996) reunira, ou o inconsciente coletivo, apontado por Jung (1995), produzira, mas Homero os pôs em palavras nunca antes ditas de tal forma. Assim se fez "intérprete" dos homens e "mensageiro" dos deuses.

Podemos, então, deduzir que o dizer e a recitação oral têm um nível que muitos tendem a desprezar ou a esquecer e que constituem, seguramente, a primeira manifestação interpretativa do mundo na história, a qual se dá pela palavra falada. Muito do poder da literatura deriva do poder da oralidade.

Desde tempos imemoriais, grandes obras da linguagem foram ditadas para ser oralizadas em voz alta e escutadas. Quando Shakespeare escrevia, suas obras, mais que em cópias ou em folhetos, chegavam às gentes em praças públicas, encenadas, como vimos, em filmes como *A viagem do Capitão Tornado*, de Ettore Scola. Sabemos que Cervantes teve de escrever seu segundo volume de *Dom Quixote* para não perdê-lo na boca de contadores que se haviam dele apropriado.

Os poderes da linguagem falada deveriam nos lembrar de algumas fraquezas da linguagem escrita. A esta falta a expressividade primordial da palavra falada. Sabemos todos que a passagem do oral ao escrito o fixa e o conserva, dando-lhe certa estabilidade preciosa à história e à própria literatura. No entanto, enfraquece a comunicação com uma demanda de interpretação que o texto tem para com a vida, com o mundo que nos toca. De algum modo, era o que estava na célebre frase de Paulo Freire, pois o mundo do texto só faz sentido se lhe aportamos algo do texto do mundo.

Em *Fedro*, torna Platão a enfatizar que toda linguagem grafada apela a uma reconversão a sua forma falada; apela a um poder perdido. O autodistanciamento da fala pela palavra escrita é uma espécie de alienação que os paratextos, prólogos, prefácios, orelhas, notas, quarta capa, tentam suprir.

As palavras orais parecem ter um poder mágico e, ao se tornarem visuais, perdem muito dele: *Ali Babá* ou *He-Man*, como Deus no Gênesis hebraico, ao criar forças capazes de mover o mundo, não escreveram as palavras em pedras, mas as pronunciaram – "palavras mágicas". Por essa razão, a leitura busca recursos mágicos no papel – rimas, pés, compassos, métrica, pausas, para emprestar o ritmo da oralidade e alcançar eficácia ou manter sua sedução, quando passa da audição à visualidade –, o mundo silencioso do espaço em que se dilui boa parte do poder expressivo e, por conseguinte, do significado.

Não se está propondo recuar para a transmissão apenas oral da literatura; entretanto, é fascinante escutar a oralização de um texto escrito ou a declamação de um texto poético. A leitura oral não é uma resposta passiva aos signos no papel, como se fosse um fonógrafo que lê um CD; a leitura é, antes, uma interpretação no estilo de um pianista que "interpreta" uma partitura musical. E, para fazê-lo, todo músico dirá que é necessário encontrar, construir e comunicar o sentido das frases numa expressão pessoal.

O mesmo ocorre com a leitura de um texto escrito que se faz obra, segundo Roland Barthes, quando colocamos o texto para funcionar. O conta-contos tem seu relato de memória, seja ele autoral ou da tradição popular oral e coletiva, mas, quando se põe a fazer a narração oral, agrega o que a narrativa não tem, nem mesmo como o teriam as marcações dramatúrgicas: as entonações de voz, as variações de ritmo, as ênfases, os ecos, os gestos, os movimentos de olhos e faciais que a tornam viva outra vez. Sem os ouvidos humanos, que dependem do que nos contam, perdemos para o inferno da desmemória, como indicam obras literárias ou cinematográficas, por exemplo, *Farenheit 451* (1966, Inglaterra, direção de François Truffaut). Uma vez mais, quem lê em voz alta ou pronuncia um relato oral tem de chegar a recriá-lo, dando-lhe um sentido, de forma que possa ser expresso.

Como se dá essa misteriosa apreensão do sentido? É um paradoxo efetivamente: para ler algo, é preciso compreender (apreender consigo) previamente o que foi dito, e, no entanto, essa compreensão vem da leitura, do encontro entre o eu (o sujeito) e o texto para lhe dar um sentido a ser proclamado.

A interpretação oral, ou seja, a leitura em voz alta, tem pelo menos duas vertentes: é necessário compreender algo para que o possamos expressar, não obstante, a própria compreensão nasce da expressão interpretativa. Ler de improviso um texto que se desconhece é uma tarefa de equilibrista, artística, que supõe agilidade de pensamento, de sentimento e de expressão. Mas ela tem, sim, suas bases na compreensão prévia de um contexto que nos permite "adivinhar" o que está por vir, o que pode vir, o que deve preencher o quanto ainda não lemos na sequência. O contexto permite que a locução não perca o rumo; não perca o "sentido".

Para os que amam a literatura e querem ensiná-la como quem partilha uma experiência transformadora, não há como recorrer apenas a teorias e a análises, à história dos movimentos e aos estilos, mas é preciso mediar o gosto pelo descobrimento do literário enquanto sequência criadora de mundos, "palavra mágica", e tem muito a ver com o fato de que a linguagem falada seja um ato interpretativo (PALMER, 1989) Eis aí, portanto, um dado metodológico desprezado nas salas de aula em que a dicção oral em língua portuguesa não é usada no ensino da literatura. Interessante é ver que isso, no entanto, não desaparece do ensino de língua e literatura estrangeiras.

Os velhos e experientes leitores, que muito depois de Agostinho praticam a leitura com os olhos e não com a boca, não se furtam a admitir que as palavras lhes soam aos ouvidos secretamente, enquanto leem. É como se tivessem uma audição interna: o sentido estaria estreitamente ligado às entoações auditivas que apuram no círculo de um contexto que está na obra e fora dela, no entorno pessoal do leitor. Quando "ouvimos", muitas vezes, voltamo-nos sobre o texto para relê-lo ou marcá-lo.

Verdade seja dita: o leitor oferece a expressão do texto segundo a compreensão que dele tem. A interpretação oral não tem apenas a ver com as técnicas que exprimam um sentido que se supõe registrado na língua, como advertiu Umberto Eco, insistindo na "intenção do texto". Ao lado desta, estão as presumíveis intenções do autor, mas, sobretudo, a intenção do leitor, que, mesmo lendo para si, carrega suas motivações que pinçam certos sentidos adormecidos em si mesmo, ao se colocar frente ao texto. Então, não colocamos intenções ao ler um texto e, com mais razão ainda, ao devolvê-lo ao seu estado "natural" de palavra viva?

E mais: se toda leitura silenciosa de um texto literário é uma forma disfarçada de interpretação oral não haveria uma performance imaginária para alcançar um nível interpretativo? Toda crítica literária é um esforço para compensar esta debilidade da escrita com relação ao sentido: ela tenta devolver a obra às dimensões do discurso oral – e não estaria a crítica em busca de substituir com outras palavras o que se perdeu dos sons da palavra (não) pronunciada?

A interpretação oral tem, pois, seus enlaces tanto com a oralidade quanto com a crítica literária. Ajuda esta a recordar a intenção secreta quando considera a obra não como essência atemporal, coisa estática, conceitual, fechada, reificada, mas como existência que realiza seu poder de existir enquanto acontecimento atual, retomado na voz de cada tempo.

Por outro caminho, como querem os teóricos pós-modernos, a palavra tem de deixar de ser palavra – um lexema no dicionário – para fazer-se evento que de fato acontece em sua performance oral, secreta ou pronunciada.

Santo Agostinho (1997) conta-nos que o custoso processo da semivocalização, que vemos nas crianças de hoje ao aprender a ler, era o modo de ler em seu tempo, e que enorme foi a descoberta por Santo Ambrósio de que se podia ler com os olhos. Ler com os olhos recolheu os sentimentos ao silêncio, embora não tenha aplacado o ritmo interior, a ponto de os laboratórios fonéticos da linguística moderna apontarem certa fonação invisível mesmo em leitores mentais.

Tanto Lutero quanto São Paulo afirmam que a Bíblia, como documento legal de cristãos e judeus, não aporta salvação por mais que lida seja, porque só proclamadas, como eventos, as palavras encontram o contexto dos que ouvem! Vieira, em seus sermões, assinala com insistência a força viva do Verbo, quando a palavra se faz carne no ouvido dos homens (*Sermão da Sexagésima*).

O acontecimento, todo ele, é histórico, e, a cada vez que o relatamos, ele encontra no intérprete, no seu tempo e em suas circunstâncias, uma forma viva de dialogar com os ouvintes por meio da expressão viva que atualiza o sentido. Pensemos em *Dom Quixote,* de Cervantes, no século XVII e logo nas encenações e nas versões dramatúrgicas no palco ou na tela, nos séculos subsequentes. Escolhemos frases, entonações, ênfases, modulações, olhares que dão vida própria atual ao relato que parecia não dizer então o que agora diz.

É certo que a leitura subsiste mais além do sagrado, do literário, do ficcional, porque ela também é fonte de informação. Escutando notícias através do rádio ou acompanhando os telejornais, os ouvidos atentos percebem como a aparente neutralidade dos cenários se choca com as entonações dos locutores: enquanto buscam convencer da "verdade" do que dizem, apelam para recursos orais que, mesmo não estando marcados no *teleprompt* que leem sob a câmera, tornam a "versão" que passam como a verdadeira. A informação quer ser mostrada como ciência que se pretende desideologizada. O tom nega a indiferença da letra, porque toda palavra pronunciada acompanha um "espírito".

A forma e a função primordiais da linguagem humana, por excelência, são sons detentores de um poder original da palavra significante que busca um dos múltiplos significados possíveis do discurso em cada intérprete. Às vezes, a leitura oral de um poema pode deslindar o que a forma escrita e vista do texto não permite entender, porque emergindo de um não ser ela é som e não signo.

Voltemos ao enlace da interpretação oral com a oralidade mesma. Ao falar, ainda sem termos disso consciência, interpretamos a nós mesmos e a vida que identificamos sob o sistema de linguagem convencionado por um grupo, do qual, da sintaxe aos pronomes, se revela uma visão de mundo. As línguas fazem uma tradução – que efetivamente é uma interpretação cultural – da experiência de mundo que uma comunidade linguística materializa em verbo.

Estranha a língua escrita literária que, muitas vezes, carece de "interpretação" de um ledor, para alcançar o coração do ouvinte/leitor e cativá-lo para uma comunicação direta com a palavra. Quando se acompanha uma oficina de ledores para cegos e para práticas leitoras, verifica-se que não são as técnicas de impostação ou de vocalização o foco do trabalho. Fica claro que a vocalização depende substantivamente do sentido que se quer imprimir à narrativa, operação semelhante à dos conta-contos, seja em praças públicas ou à beira da cama de crianças na hora de dormir.

Por isso, faz sentido pensar no contador de histórias como um mediador de leituras. O Programa Nacional de Incentivo à Leitura, em seus inícios na Biblioteca Nacional do Brasil, propôs que autores clássicos da literatura brasileira fossem oralizados por vozes distintas, como forma de aproximar não leitores do gozo e do gosto da palavra escrita. Lemos, por várias semanas, Machado de Assis, Adélia Prado, Lygia Bojunga, entre outros. Num fim de sessão, fomos surpreendidos por um eletricista terceirizado da casa o qual nos pedia uma cópia do conto que narrava uma passagem de sua vida; era um conto de Machado. Assim como Clarice Lispector contada pareceu ao público bastante "legível, bem diferente da autora difícil de que todos falam".

Portanto, a ideia do sentido de que se ocupam a oralidade, a escrita, o pensamento, carece da leitura como expressão que coloca o ser em face do som e transforma este em signo. Assim, interpretar nasce com o dizer, com o enunciar – Aristóteles, em seu *Tratado sobre a interpretação*, a define como enunciação – e estende-se ao explicar, uma vez que dizer algo sobre alguma coisa também é clareá-la segundo um juízo: se os oráculos "diziam" coisas, uma segunda camada de pensamento passava à necessidade de explicar o dito. Uma questão que aí se coloca sobre os textos escritos ou gráficos em geral diz respeito a que sua explicação pode explicitar certas relações presentes entre autor, texto e tempo, mas não resgata uma apropriação pelo leitor da hora, da vida que nele se guarda. A explicação não dá conta dos efeitos do texto que os teóricos alemães da história e teoria da literatura no século XX privilegiaram ao focar os estudos poéticos no leitor.

Esta compreensão ou leitura de Aristóteles em seu *Da interpretação* coloca a interpretação como anterior à lógica. A visão de um conjunto de dados é já uma interpretação, antes mesmo que uma fórmula matemática ou lógica o explique. Há uma passagem muito interessante de Stanley Fish (*Is there a text in this classroom?*), professor de teoria da literatura nos EUA, a qual assinala como a compreensão do que seja poema, por uma comunidade interpretativa, condiciona a análise do texto que se lerá. Assim, um objeto visto por outro método será, com certeza, outro objeto, com outros possíveis sentidos. Com Kermode (1979), é possível acompanhar uma leitura de textos bíblicos como se fossem textos literários, e o profeta vai dar lugar ao poeta nesse exemplo.

Se há uma interpretação fundante e primordial na enunciação das coisas pela linguagem, a oralidade precede a escrita na leitura de mundo. O registro grafado em pedra e cal depende antes da narrativa que se constrói no esforço de configurar a "mensagem" dos deuses/ do mundo dado, de formular uma leitura primeira da relação com o percebido.

O passo seguinte que explica o enunciado tem de referir a explicação a uma lógica que, por sua vez, encontra um lugar marcado, ou seja, a enunciação. O processo da explicação demanda uma contextualização que possibilita criar a compreensão. A análise é, pois, uma forma derivada de interpretação, como se pode deduzir; mais ainda: os eventos só têm sentido numa situação relacional, e não em si mesmos. A percepção dos sujeitos já integra o sentido, e a explicação não pode esquivar-se a admiti-lo.

Quando Iser (1999) falava em horizontes de expectativas do leitor e do próprio texto, na sua teorização da recepção e do efeito estético, referia-se a esta situação de pré-compreensão de um e outro que necessitam de fusão para que o sentido possa ser construído, em um contexto partilhado. Disso tratava Heidegger ao se referir ao "círculo hermenêutico" do qual podem emergir a significação e significados para um texto.

A locução entendida como uma interpretação no sentido acima proposto pode integrar-se a uma explicação, como ampliação do processo interpretativo e decorrente de uma compreensão prévia. Às vezes, lendo em voz alta um texto escrito, interrompemo-lo para dar nuances do significado a que aludimos. Em outras palavras, para ampliar o contexto de compreensão. Talvez seja esta mesma a função interpretativa da explicação: comentar alargando a contextualização do tema.

Consideremos onde estamos que a inflexão do sujeito sobre o objeto não se dá como uma operação entre corpos distantes, mas como aproximação na ordem do interesse e da percepção, a qual não é gerada de forma meramente reativa ou ainda meramente subjetiva, como se o campo do sentimento estivesse desterrado do conhecimento ou devesse ser expurgado de uma interpretação de segundo grau ou complexa (RICOEUR, 1994). Se uma interpretação supõe uma interação leitor/contexto, a leitura pressupõe uma informação prévia sem a qual nem com todas as janelas abertas do Google, em intertextos, o leitor poderá encontrar o que busca, seja o sentido, seja o significado, seja a resposta.

A ideia da tradução tangenciada acima deve ser retomada. O que Hermes faz, sob forma alegórica ou mítica, é uma tradução que dá ensejo a uma mediação entre um mundo e outro que, por suas diferenças, demanda comparações. O que se estabelece de pronto são interrogações e, menos que respostas, interessa o processo das aproximações e das distinções, mas, sobretudo, o como e o porquê que permitiriam – aí sim – uma interpretação em nível de correspondências e talvez de equivalências. O papel do intérprete é o de mediador para si mesmo e para outros, no caso do professor de literatura, que, em vez de dissecador de textos e de estilos, oferece uma ponte de compreensão que torna humanamente significativas as narrativas de ontem, hoje, ou as ressignifique no horizonte da vida urbana da contemporaneidade.

Quem poderia entender Homero ou Isaías fora de tal procedimento? E, no entanto, para a condição humana, esses pensadores e outros são, primeiramente, lições para o reconhecimento de si, razão primeira para educar-se, etimologicamente falando. Depois, a emersão da realidade subjacente dá a ver qual outra é a de nosso tempo. O choque entre os universos permite iluminar horizontes pessoais e sociais que estão à volta, mas na sombra.

Por isso, não lemos uma obra apenas, quando lemos uma: é o seu entorno histórico, sua sociedade e seus valores que assomam; lemos todo um seu conjunto, compreendemos um mundo estranho a nós, e é quase impossível não transferir o pensamento para nosso próprio tempo de leitor, comparar e ampliar os horizontes de entendimento. Como há dois mundos pelo menos, o exercício hermenêutico é uma exigência enquanto mediação, tal como Hermes ensinara. A leitura torna-se uma tarefa histórica, como indicou Jauss em *A história literária como provocação*, no fim dos anos 1960, em suas aulas de História da Literatura, em Konstanz.

O que a princípio, pela exegese bíblica, seria tarefa de iniciados segundo regras e procedimentos explícitos ou implícitos no universo da significação – a verdade era tarefa da filosofia, *ancilla theologiae*, passa já, a partir de Lutero, à prática pessoal de intercâmbio com a palavra divina. E, mesmo sob anátemas, a prática estendeu-se para o universo da presença cotidiana do homem no mundo. Reconhecer os limites de nossas operações cognitivas, para aclarar definitivamente o que seja o real, fez enveredar a questão para a percepção do homem quanto a si (*A interpretação dos sonhos*) e ao mundo (HUSSERL, 1984), filtro efetivo para o pensamento ancorar a compreensão da realidade "humana".

Descolada a questão da revelação que não se revelou antitética quando tomada em sua radicalidade – uma vez que o *Novo Testamento* transforma a voz do antigo profeta conclamando a conversão à verdade em voz dos sujeitos que fazem a experiência de Deus –, a partir daí, sem culpas da incapacidade de entender o que ultrapassa sua experiência, o sentido deixou de ser prisioneiro de regras ou de

Oralidade, escrita e pensamento

exegetas. A crítica da razão histórica de Dilthey, segundo Palmer, proposta como alternativa à crítica da razão pura de Kant para as ciências naturais, ganha consistência e formulação avançada com as reflexões de Heidegger em *O ser e o tempo*. Nessa obra, está a indicação de que a compreensão e a interpretação são modos fundantes da existência humana. A sequência epistemológica da questão é dada por Gadamer, em *Verdade e método*, que, além de uma história da hermenêutica a partir de Dilthey, estabelece um diálogo com a estética e a filosofia do conhecimento, com base no "texto", fortalecendo a reflexão do pensamento com a linguagem.

É com Ricoeur que a ideia antiga de sentido latente retorna, sem perder os ganhos de uma textualidade que se atualiza historicamente. Numa obra gigantesca e com apuro interdisciplinar ímpar, o filósofo francês mais profícuo do século XX retoma o percurso complexo da construção (composição) do sentido para a humanidade. Sem perder os ganhos trazidos pela psicanálise, ele refaz com o leitor o caminho: acompanha como Freud nos ensinou a desconfiar das aparências e das superfícies, gerando a suspeita como prática de questionamento, como fora a dúvida para Descartes; isso conduz a uma desmitificação da realidade, via, inclusive, uma crítica severa das representações que Foucault já delineara. Lê atentamente Nietzsche e Marx, que propuseram novos postulados para um sistema interpretativo de mundo.

Ricoeur também reconhece o esforço de Bultmamm (2004) na prática da desmitologização das superfícies textuais como abertura para sentidos profundos e duradouros, cuja atualização histórica se daria em termos de linguagem apenas.

Em face dessas vertentes aparentemente irreconciliáveis, ele costura reflexivamente uma compreensão da realidade que a linguagem vela, em seus mitos e símbolos, construindo versões que podem ser rastreadas na história pela filosofia centrada na linguagem.

O que está em jogo com relação à linguagem "prisioneira" de um texto é o debate sobre a possibilidade de um conhecimento histórico objetivo, por conta de um temor da relatividade em que se pode atolar uma visão histórica, a cada ato de compreensão atrelado ao presente. A discussão com raízes ambas em Aristóteles, confrontando a subjetividade com a objetividade, opõe a função do intérprete na atribuição do significado frente a uma já existente objetivação do espírito humano nos objetos, a qual o leitor/observador do texto precisa recuperar. A coerência interna resistiria às rearticulações de significado não incorporadas pelo autor. Os que defendem a validação e a objetividade se afastam dos que postulam o evento da compreensão com seu caráter histórico, que identifica o significado existencial das coisas por meio das vidas presente e futuro do leitor.

O périplo do sentido encaminha-se por aproximações e afastamentos que tanto relevam uma perspectiva de abordagem centrada no realismo a partir do texto e de seu autor, como outra com foco da fenomenologia, que toma a palavra no seu caráter de evento. Em ambos os casos, a interpretação é moldada pela questão a partir da qual o intérprete aborda seu tema. Isto é, a interpretação, para Palmer, hoje não é mais do que "tematizações das respostas às questões que diferentes intérpretes levantaram".

A palavra falada, com sua circunstância contextual, incluía o comentário em sua explicitação. Quanto mais se sofisticou a comunicação pelo texto escrito, que permitiu à lógica forçar a poética, mais o exercício sobre a proclamação do sentido demanda recursos complementares que correspondam à cena da locução: resgatada por olhos e ouvidos de outros tempos, a cena "muda" e instaura um debate que, em suas contraposições, guarda a mesma pergunta sobre o real.

Referências

ALTER, R. *O guia literário da Bíblia*. São Paulo: UNESP, 1998.

ARISTÓTELES. *Política*. São Paulo: Ícone, 2007.

_____. *Ética a Nicômaco*. Rio de Janeiro: Atlas, 2009.

BAKHTIN, M. *Marxismo e filosofia da linguagem*. São Paulo: Hucitec, 1979.

_____. *Estética da criação verbal*. São Paulo: Martins Fontes, 2010.

BRADBURY, R. *Fahrenheit 451*.

BULTMANN, R. K. *Teologia do Novo Testamento*. São Paulo: Teológica, 2004.

EVANGELHO DE SÃO JOÃO. *Bíblia sagrada*. Ed Loyola, 1986.

FOUCAULT, M. *As palavras e as coisas*. São Paulo: Martins, 2007.

HAVELOCK, E. *A revolução da escrita na Grécia Antiga e suas consequências culturais*. Rio de Janeiro: Paz e Terra, 1996.

HEIDEGGER, M. *Ser e o tempo*: Petrópolis: Vozes, 2006.

HUSSERL, Edmund. *A ideia da fenomenologia*. Lisboa: Edições 70, 1984.

_____. *Phenomenology and the crises of philosophy*. Nova York: Harper, 1965.

ISER, W. *Atos de leitura*. São Paulo: Ed. 34, 1999.

JAUSS, H. R. *História literária como provocação*. São Paulo: Ática, 1994.

JUNG, C. G. *Memórias, sonhos e reflexões*. Rio de Janeiro: Nova fronteira, 2000.

_____. *Psicologia do inconsciente*. v. VII. Petrópolis: Vozes, 1995.

KERMODE, F. *A guerra do segredo*: na interpretação da narrativa, 19-79 In: CEN Lectures.

LEVI-STRAUSS, C. *O pensamento selvagem*. São Paulo: Papirus, 2005.

_____. *Antropologia estrutural*. São Paulo: Cosac Naify, 2008.

PALMER, R. E. *Hermenêutica*. Lisboa: Edições 70, 1989.

Pe. VIEIRA, A. *Sermão da sexagésima*. Rio Grande do Sul: UFSM, 1996.

PLATÃO. *Íon*. USA: Harvard University Press, 1992.

_____. *A República*. São Paulo: Edipro, 2006.

_____. *Fedro*. Lisboa: Edições 70, 1998.

RICOEUR, P. *Tempo e narrativa*. São Paulo: Papirus, 1994.

SANTO AGOSTINHO. *Confissões*. São Paulo: Paulus, 1997.

SCOLA, E. *A volta do Capitão Tornado*.

WITTGENSHEIN, L. *Investigações filosóficas*. Petrópolis: Vozes, 2005.

O DELÍRIO DO JUIZ DANIEL PAUL SCHREBER: UMA MEMÓRIA DO FUTURO – ESTUDO SOBRE A CONSTRUÇÃO, DESTRUIÇÃO E RECONSTRUÇÃO DE UM MUNDO

NEY MARINHO[1]

Pretendemos oferecer como contribuição a este segundo volume de *Pensamento e linguagem*, atendendo ao gentil convite de José Renato Avzaradel, uma reflexão sobre o processo de construção, destruição e reconstrução de um mundo, a partir de um ponto de vista psicanalítico e filosófico. Para tanto, utilizaremos a história de vida de Daniel Paul Schreber, sua educação e desenvolvimento, seu enlouquecimento e suas internações, sua luta pela alta e pelo direito de levar uma vida autônoma, dentro de suas próprias concepções, seu envelhecimento e sua morte. Procuraremos, por meio da história de Schreber, acompanhar as vicissitudes que sofre a construção de um mundo, sua destruição e reconstrução. Nesta visita ao *Caso Schreber,* utilizaremos Freud como nosso guia e, esperamos, com a contribuição das novas pesquisas (Baumeyer, Niederland, Canetti e Santner), investigar e identificar elementos invariantes dos períodos pré e pós--catástrofico de Schreber. Para realizar tal exercício investigatório, utilizaremos a Teoria das Transformações (Bion, 1967) e as noções filosóficas de forma de vida e de certeza, segundo a nossa leitura de Ludwig Wittgenstein.

---

[1] Ney Marinho é psicanalista, doutor em Filosofia pela Pontifícia Universidade Católica do Rio de Janeiro (PUC-Rio) e pesquisador junto à Comunidade de Países de Língua Portuguesa (CPLP).

Acreditamos que este tipo de investigação tem uma dimensão prática, clínica e de crítica cultural, campos próprios da tradição psicanalítica que sempre se realimentaram. Temos a esperança de aguçar hipóteses antecipatórias que possam ser úteis na clínica e na compreensão da cultura. Pelo fato de o texto se originar de uma pesquisa[2] que não tem um *fim* predeterminado, oferecemos aos leitores informações que lhes permitam tirar suas próprias conclusões, ou levar adiante outras vias de investigação.

Esta introdução é, sobretudo, um convite a todos os interessados em acompanhar-nos neste trajeto para pensar a nossa condição humana e nossos tempos.

O Caso Schreber, segundo Freud

Para os nossos propósitos, julgamos que a melhor forma de introduzir o leitor na complexa trama do mundo de Schreber será por meio de Sigmund Freud. Assim, apresentamos um sumário do relato e da interpretação de Freud do livro autobiográfico *Memórias de um doente dos nervos*, de Daniel Paul Schreber.

Desde que surgiu, em 1903, o livro do juiz Schreber se tornou alvo de amplo debate entre psiquiatras, tendo a discussão atingido seu clímax com a publicação do texto freudiano (1911). A partir de então, uma vasta bibliografia formou-se, quer do ponto de vista literário, quer psicanalítico ou, ainda, político.

Conta-nos o tradutor, editor e comentador da obra freudiana, James Strachey, que Freud se interessou pela obra de Schreber em 1910, trocando então correspondência a respeito com Sandor Ferenczi e Karl Abraham, simultaneamente ao início da redação de seu trabalho, que concluiria no ano seguinte. O tema das psicoses e da paranoia, em

---

[2] A pesquisa a que nos referimos é *Razão e Psicanálise*, a qual desenvolvemos desde 1999, inicialmente no Departamento de Filosofia da PUC-Rio, e, na atual etapa, na COPPE-UFRJ (ver Marinho, 2006).

particular, há muito tempo era de seu interesse. Podemos encontrá-lo em sua correspondência com Fliess e no texto sobre "As Neuropsicoses de Defesa" (1895); o mesmo interesse o acompanhará por toda a sua obra, como nos dois textos em que tenta uma classificação psicanalítica das neuroses e psicoses: *Neuroses e psicoses* (1924) e *A perda da realidade nas neuroses e nas psicoses* (1925).

O texto é dividido em três partes: A história clínica; Tentativas de interpretação e O mecanismo da paranoia, precedidas de uma Introdução e seguidas por um *postscript*.

A história clínica

Para uma melhor compreensão da história clínica de Schreber, é útil apresentarmos uma cronologia de sua vida. Contudo, é bom ressalvar que a maior parte dos dados desta cronologia não era do conhecimento de Freud, que só teve acesso ao que estava contido no livro autobiográfico e à informação de que o paciente teria 42 anos quando de sua segunda doença. Freud nunca teve qualquer espécie de contato com o paciente, nem com seus familiares. A cronologia que oferecemos é uma coletânea de dados, extraídos tanto de Strachey e de Marilene Carone (tradutora para o português do livro de Schreber), como de leituras nossas dos trabalhos de Baumayer e Niederland, que serão objeto de uma seção própria. Os números entre parênteses indicam a idade de Schreber à época dos acontecimentos listados.

Cronologia de Schreber

1842 – Nasce em Leipzig, em 25 de julho, Daniel Paul Schreber, filho do médico ortopedista Daniel Gottlieb Moritz Schreber (1808-1861) e de Louise Henrietta Pauline Haase (1815-1907). Irmãos: Gustav (+três); Ana (+dois); Sidonie (-quatro) e Klara (-seis).

1858 – (dezesseis) O pai sofre um acidente – uma escada cai sobre sua cabeça e apresenta um quadro mental – aos 51 anos.

1861 – (dezenove) O pai morre de obstrução intestinal num hospital de Leipzig, aos 53 anos.

1877 – (35) O irmão – Gustav – comete suicídio, aos 38 anos, com um tiro de revólver. Era solteiro, tinha estudado química, mas, na ocasião, era magistrado e havia sido recém-nomeado conselheiro de tribunal.

1878 – (36) Casa-se com Ottlin Sabine Behr (1857-1912), quinze anos mais moça. A esposa, durante o casamento, sofreu seis abortos espontâneos.

1884 (out.) – (42) Candidato à eleição para o Reichstag, pelo Partido Nacional Liberal, que se opunha ao regime autocrático de Bismark. A eleição ocorreu em 28 de outubro, e Schreber foi derrotado por 14.512 votos contra 5.762. "Quem afinal conhece o Dr. Schreber?", ironizava um jornal local, durante a campanha, da qual ele participou ativamente.

1884 (nov.) Consulta com o Dr. Paul Theodor Flechsig, catedrático do Departamento de Psiquiatria, no Hospital Universitário de Leipzig. Nessa época Schreber era juiz titular da corte provincial.

Primeira doença – 08/12/1884 a 01/06/1885
(Período de internação)

A internação ocorreu no serviço do Prof. Flechsig, após algumas semanas em que esteve no hospício de Sonnenstein. Foi diagnosticado como um caso de hipocondria severa por Flechsig. Tentou duas vezes o suicídio; sentia-se débil, incapaz de caminhar, falando que iriam afastá-lo da mulher, e pediu para ser fotografado seis vezes – sem fornecer os motivos – assim como imaginava ter perdido de quinze a vinte quilos, embora tenha engordado dois, no que não acreditava, achando que intencionalmente o enganavam a respeito. Em suas memórias, atribui essa internação à tensão emocional derivada da campanha ao Reichstag, frisando não atribuir nada de sobrenatural à doença. Recebe alta aparentemente curado e, mais tarde, registra a imensa gratidão de sua mulher a Flechsig: "[...] por lhe ter devolvido o marido".

O DELÍRIO DO JUIZ DANIEL PAUL SCHREBER 153

Intervalo entre as doenças – 1885 (42) a 22/11/1893 (51)

No ano seguinte à alta, Schreber retoma suas atividades; este período é marcado por grande êxito profissional: Cruz de Cavaleiro de Primeira Classe (1888), Presidente do Tribunal de Freiberg (1889), Membro por eleição de seus pares do Colegiado Distrital de Freiberg (1891-1892), culminando com a visita do Ministro da Justiça, em junho de 1893, que lhe anuncia a sua iminente nomeação para o cargo de juiz-presidente (*Senatspräsident*) da Corte de Apelação, na cidade de Dresden, para onde se transfere. A posse ocorre em 01/10/1893.

Em junho e julho de 1893, sonhou por duas ou três vezes que a antiga doença voltara. Isso lhe despertava grande ansiedade, ao mesmo tempo que se sentia muito feliz ao acordar e verificar que se tratava de um sonho (sic).

Na mesma época, entre o dormir e o acordar, ocorreu-lhe pensar que deveria ser muito bom ser uma mulher submetendo-se ao ato de copular[3].

Segunda doença – 10/11/1893 (51) a 20/12/1902 (60)

Consulta o Dr. Flechsig com queixa de uma insônia torturante, em 10/11/1893, sendo tentado um tratamento ambulatorial. Contudo,

---

[3] Nas *Memórias*, encontramos: "[...] São desta época alguns sonhos, aos quais na ocasião não dei uma atenção particular e até hoje não daria, como diz o ditado, 'sonhos são ilusões', se, em consequência das experiências tidas neste ínterim, não tivesse tido que pensar ao menos na *possibilidade* de estarem ligados a uma conexão nervosa comigo. [...] uma vez de manhã, ainda deitado na cama (não sei mais se meio adormecido ou já desperto), tive a sensação que me perturbou da maneira mais estranha, quando pensei nela depois, em completo estado de vigília. Era uma ideia de que deveria ser realmente bom ser uma mulher se submetendo ao coito – esta ideia era tão alheia a todo o meu modo de sentir que, permito-me afirmar, em plena consciência eu a teria rejeitado com tal indignação que de fato, depois de tudo que vivi neste ínterim, não posso afastar a possibilidade de que ela me tenha sido inspirada por influências exteriores que estavam em jogo." Nota: Passaremos a utilizar as citações das *Memórias*, indicando-as entre colchetes, as quais se referem ao original alemão, seguindo a tradução de Marilene Carone (SHCREBER, D.P., 1984).

154   Sobre a Linguagem e o Pensar

Schreber tenta o suicídio na casa de sua mãe e é internado em 21/11/1893 no Hospital Psiquiátrico de Leipzig. Apresenta então: ideias hipocondríacas, queixa de amolecimento do cérebro, morte iminente, hiperestesia – grande sensibilidade à luz e ao ruído –, ideias de perseguição embrionárias baseadas em alucinações; seus pensamentos passam aos poucos a girar em torno de suas alucinações visuais e auditivas, assim como os distúrbios cenestésicos. Estava morto (sic), sofria de uma praga, era manipulado de forma revoltante. Tudo por motivos sagrados. Passava horas em "estupor alucinatório", segundo informações, assim como as que se seguem, extraídas do parecer do Dr. Weber, quando do processo que Schreber moveu para obter sua alta. Continua a descrição desse período: tentativas de suicídio por afogamento, pedido de cianureto para que o matassem. O delírio evoluiu para comunicar-se diretamente com Deus, ouvir música sagrada, ser brinquedo dos demônios e ver "aparições miraculosas". Sentia-se perseguido pelo Dr. Flechsig, a quem chamava de "assassino de almas". Era comum gritar pelo hospital: "Pequeno Flechsig", frisando o "pequeno".

Em junho de 1894, é transferido para Lindenhof, asilo particular do Dr. Pierson, por pouco tempo (de 14 a 28 de junho), mas o bastante para considerar o local "a cozinha do diabo". Em seguida, vai ao Sonnenstein Asylum, perto de Pirna, dirigido pelo Dr. Weber, onde ficará até a alta. Segundo este psiquiatra, tratava-se de uma "insanidade alucinatória" que evoluiu para um quadro clínico de paranoia. Há, neste processo, uma reorganização da personalidade capaz de fazer com que Schreber atenda às exigências da vida. Em 1899, Dr. Weber chama a atenção de que só certos sintomas psicomotores seriam observados por um leigo como algo diferente na conduta do paciente. As ideias patológicas, contudo, permaneciam irredutíveis. Queria a alta, e o Dr. Weber era contra. Fazia as refeições, adequadamente, com a família do psiquiatra. "Ele acreditava que tinha como missão redimir o mundo e restaurá-lo ao seu estado de beatitude. Isso, contudo, só poderia ocorrer se primeiramente ele fosse transformado em uma mulher" (palavras do Dr. Weber no processo em

O DELÍRIO DO JUIZ DANIEL PAUL SCHREBER   155

que o paciente instruiu seu pedido de alta, perante a justiça). Ainda segundo seu médico: isto (transformar-se em mulher) não era seu desejo, mas tinha de fazê-lo, baseado na "Ordem do Mundo". Ele, Schreber, preferia continuar homem. Viveu sem órgãos durante algum tempo, engoliu parte de sua laringe com a comida, mas os raios restauravam o que tinha sido destruído. Uma nova raça, por impregnação direta de Deus em seu corpo, nasceria. Adquiriu nervos femininos. Sol, árvores e pássaros falavam-lhe. Em 1894, é posto sob curatela provisória por motivo de doença mental. Em 1899, Schreber inicia um processo em prol da recuperação de sua capacidade civil. Em 1900, redige as *Memórias*. Recebe sentença desfavorável ao pedido de suspensão da curatela. Interpõe recurso. Em 1901, redige os suplementos às *Memórias*. Em 14/07/1902, a Corte de Apelação concede levantamento da curatela. Em 20/12/1902, recebe alta.

Intervalo entre a segunda e a terceira doença – 20/12/1902 (60) a 27/11/1907 (65)

Vive com a mulher. Atua como advogado, de forma limitada, dando ocasionais pareceres. Mantém a convicção que é uma mulher, com seios e outros atributos femininos. Em 1903, por iniciativa de Schreber, o casal adota uma menina de dez anos, a qual relata, em sua velhice, que foi muito bem tratada por Schreber: "[...] uma mãe, mais mãe, mais verdadeira que a legítima". Em maio de 1907, morre a mãe de Schreber, aos 92 anos, e ele encarrega-se das questões legais relativas ao inventário.

Terceira doença – 27/11/1907 (65) a 14/04/1911 (68)

Em novembro de 1907, Schreber é procurado por representantes das "Associações Schreber"[4] que pedem o reconhecimento de sua

---

[4] Entidades originárias das ideias do pai de Schreber, tema que será discutido numa próxima seção.

legitimidade. Nesse mesmo mês, a esposa de Schreber sofre um derrame cerebral que resulta em afasia por quatro dias; o paciente entra, então, em crise de angústia e insônia e afirma estar sofrendo uma recaída. Em 27 de novembro, é internado no sanatório de Dösen, próximo a Leipzig. Mostra-se inacessível, com marcha e postura rígidas, alucinações auditivas e delírios. Repete compulsivamente: "já, já". Diz sentir que querem matá-lo, assim como afirma que não dorme há vários meses. Permanece internado até a sua morte.

1911 – (14/04) (68) – Morre Daniel Paul Schreber, com sintomas de insuficiência cardíaca.

A interpretação de Freud – Schreber e a paranoia

Ainda na primeira parte de seu texto, após apresentar a história clínica do paciente, Freud chama a atenção para alguns pontos que poderiam passar despercebidos a um olhar leigo, ou mesmo psiquiátrico, como de fato ocorreu. São dois os pontos que Freud realça: a *suposição do papel de redentor* e a *transformação de Schreber em mulher* e, em segundo lugar, a *atitude do paciente em relação a Deus*.

O papel de redentor e a transformação em mulher – O estudo cuidadoso que fez das *Memórias* permitiu a Freud mostrar que a ideia de transformação em mulher precede a do papel de redentor, da mesma forma que o delírio de sofrer abuso sexual evoluiu para um delírio místico de grandeza. Inverte assim a ordem do relatório médico que pretendia expor o delírio de grandeza – tornar-se o redentor – como dado básico, subordinando a transformação em mulher a este desiderato. Freud assinala que um estudo mais cuidadoso do delírio mostra exatamente a ordem inversa:

> [...] aprendemos que a ideia de ser transformado em mulher (isto é, ser emasculado) foi o delírio primário, o que começou por ver como constituindo uma séria ofensa e perseguição, e que somente se tornou relacionada com a parte do Redentor secundariamente. [...] Esta posição

pode ser formulada dizendo-se que o delírio sexual de perseguição foi posteriormente convertido na mente do paciente em um delírio religioso de grandeza. O papel de perseguidor era inicialmente atribuído ao Professor Flechsig, o seu médico responsável; mais tarde, este lugar foi ocupado pelo próprio Deus (S.E. XII:18).

Freud cita as *Memórias* para fundamentar sua posição:

Deste modo foi preparada uma conspiração dirigida contra mim (em março ou abril de 1894), que tinha como objetivo, uma vez reconhecido o suposto caráter incurável da minha doença nervosa, confiar-me a um homem de tal modo que minha alma lhe fosse entregue, ao passo que meu corpo – numa compreensão equivocada da citada tendência inerente à Ordem do Mundo – devia ser transformado em um corpo feminino e como tal entregue ao homem em questão para fins de abusos sexuais, devendo finalmente ser "deixado largado", e, portanto, abandonado à putrefação. (SCHREBER, 1984, p. 56)

Freud menciona várias outras passagens das *Memórias* para assinalar o intenso conflito do período inicial do delírio, o qual só veio a alcançar uma relativa tranquilidade quando o paciente, compreendendo a Ordem do Mundo, aceitou a emasculação e suas consequências: "[...] minha impregnação por raios divinos com o fim de que uma nova raça de homens possa ser criada" (SCHREBER, 1984, p. 177).

A atitude de Schreber em relação a Deus – Tal atitude, no entender de Freud, é tão singular e cheia de contradições internas que requer um pouco mais de fé a fim de que persistamos na crença de que, contudo, há "método em sua loucura". Passa então a descrever os elementos principais do complexo sistema delirante "teológico-psicológico" de Schreber. Assinala quatro pontos relevantes do sistema schreberiano: os *nervos*, o *estado de beatitude*, a *hierarquia divina* e os *atributos de Deus*. Os *nervos* desempenhariam um importante papel na medida em que constituiriam a alma humana. Guardariam uma certa afinidade com a estrutura de Deus, pois este, ao contrário dos homens, que são "nervos e corpo", seria constituído só por nervos. Os nervos divinos (raios) se diferenciariam dos humanos por sua grande capacidade criativa. O *estado de beatitude*, fruto da purificação das almas, seria essencialmente um sentimento de voluptuosidade. Importante registrar que as almas purificadas aprendem a linguagem de Deus – *a língua fundamental* – um alemão antiquado, cheio de eufemismos, frequentemente empregado por Schreber. A *hierarquia divina* é o resultado da divisão de Deus em várias partes, muitas vezes em conflito. O deus de Schreber está muito afastado da perfeição que lhe é atribuída pelas religiões. Não está entre os *atributos de Deus* compreender os homens:

> [...] reina aqui um *mal-entendido fundamental*, que desde então atravessa toda a minha vida como um fio vermelho, e que consiste justamente no fato de que *Deus, de acordo com a Ordem do Mundo, não conhecia verdadeiramente o homem vivo*, nem precisava conhecer, mas sim, de acordo com a Ordem do Mundo, só tinha relações com cadáveres (SCHREBER, 1984, p. 55).

Chamaríamos a atenção, em especial, para a *Ordem do Mundo*, uma entidade obscura que exerce um papel regulador, sobrepondo-se muitas vezes ao de Deus. Os comentários de Freud visam preparar terreno para o que será sua tentativa de interpretação do delírio de Schreber; assim, os pontos que destaca e a cronologia do desenvolvimento do delírio vão fundamentar sua compreensão, que, de forma extremamente resumida, seria: a luta desesperada do paciente para livrar-se de uma fantasia inconsciente de desejo homossexual passivo. O objeto em última instância de tal desejo seria o pai. Os representantes de tal figura seriam, num primeiro momento, o Prof. Flechsig e, posteriormente, Deus. A luta do ego contra tal impulso que iria contra sua habitual atitude consciente estaria expressa no intenso sofrimento do paciente na fase inicial de sua enfermidade, e uma solução de compromisso seria atingida quando houvesse a

O DELÍRIO DO JUIZ DANIEL PAUL SCHREBER   159

"reconciliação" com Deus. Ou seja: quando o paciente aceita a emasculação – forma de realizar o desejo homossexual reprimido – e a
consequente transformação em mulher a fim de (obedecendo à Ordem
do Mundo) permitir a impregnação pelos raios divinos, de forma a
gerar uma nova raça. Tais conjecturas, à primeira vista mirabolantes,
só não podem ser descartadas dada a bizarrice do fenômeno estudado:
o sofisticado delírio de Schreber. Voltaremos a esse ponto ao discutirmos nossa visita ao Caso Schreber. No momento, vale registrar,
mesmo que sumariamente, a proposta de Freud acerca da compreensão da paranoia que apresenta no texto estudado, uma vez que certos
pontos serão também de utilidade em nossa próxima discussão.

O tema da paranoia sempre interessou Freud, tendo escrito sobre
ele desde 1895 (carta a Fliess) até seus últimos trabalhos (1939). No
que diz respeito ao Caso Schreber, suas hipóteses foram discutidas
com outros importantes psiquiatras de seu círculo (Sandor Ferenczi,
Karl Abraham e Carl Gustav Jung). A ideia básica que apresenta
como interpretação da paranoia seria a de que o *perseguidor* estaria
representando uma pessoa que teria sido muito significativa na vida
pré-mórbida do paciente; que a *intensidade da relação emocional* (do
paciente com esta pessoa) teria sido projetada como poder externo, e,
quanto à *qualidade da relação emocional*, esta seria transformada em
seu oposto, isto é, a pessoa que fora amada e reverenciada passaria
a ser *odiada e temida*. Tal ódio seria justificado pela *perseguição* a
que o paciente estaria submetido. As figuras do pai e do irmão se
prestariam a estar na origem do delírio, segundo Freud, que sabia
da importância do pai de Schreber – conceituado médico, conhecido
em países de cultura alemã como o criador das Associações Schreber
("devotadas ao cultivo metódico de atividades ao ar livre, ginástica
calistênica, jardinagem e esportes"[5]) –, servindo assim a vir a ser
representado pelo Prof. Flechsig e pelo próprio Deus.

---

[5] Ver Niederland (1981, p. 22). Na próxima seção esclareceremos mais a importância social e
    familiar do Dr. Daniel Gottlob Moritz Schreber, com dados que não eram do conhecimento
    de Freud.

No entender de Freud, a *frustração* desencadeadora do quadro mental teria sido a impossibilidade de procriar – menciona o paciente que a ausência de filhos, como já vimos, era a única coisa que nublava sua felicidade após a primeira doença –, o que teria podido canalizar sua libido homossexual, evitando sua explosão (sic)[6]. A forte e ambivalente relação da criança com o pai estaria na base dos diversos papéis que os *perseguidores* desempenhariam. Assim como os castigos que aparecem nas *Memórias,* devido a práticas masturbatórias atribuídas ao paciente por seus *algozes,* apontariam também para os castigos paternos e a origem infantil do quadro delirante.

A última parte do trabalho de Freud trata de uma proposta quanto ao mecanismo da paranoia, pois, afinal, o *complexo paterno* está presente em todas as enfermidades mentais. Qual seria então a especificidade de suas vicissitudes na paranoia, indaga Freud? Em sua resposta, introduz a noção de narcisismo, conceito que só três anos mais tarde irá desenvolver. Seu esboço, então, de tal conceito é: as pulsões sexuais, inicialmente parciais (voltadas para partes e funções do corpo), constituindo o que denominou de estágio autoerótico da libido, tenderiam a se unificar, tomando, num primeiro momento, o próprio corpo como objeto de satisfação e amor, constituindo o estágio narcísico do desenvolvimento da libido. Nesse sentido é que o interesse por alguém seria voltado para aquele que também possuísse genitais semelhantes, daí o a escolha homossexual. Só posteriormente a libido se voltaria para um objeto diferente do próprio sujeito: alguém com diferentes genitais, escolha heterossexual de objeto. Esse seria o desenvolvimento normal, expressando-se os primitivos estágios, na vida adulta, já transformados pela sublimação (direção da libido para objetivos aceitos pelo ego e pela cultura), por exemplo: a amizade, o *esprit de corps*, o amor pela humanidade, no caso do narcisismo e da libido homossexual, é o que menciona Freud. É apresentada uma fórmula que procura esclarecer

---

[6] Inúmeros trabalhos psicanalíticos sobre o caso procuraram agregar outros fatores desencadeantes do delírio de Schreber. Voltaremos ao tema.

as diversas modalidades de delírio que têm por base um impulso homossexual – narcísico – reprimido. Essa fórmula consistiria nas diversas possibilidades de transformação da proposição conflitiva: *Eu o amo*. As possibilidades ocorreriam após o impulso ser transformado, inconscientemente, em seu oposto e projetado no mundo externo, retornando de várias formas. Estas seriam:

A - Delírio de Perseguição
"Eu não o amo". → "Eu o odeio".
"Eu o odeio porque ele me persegue". "Ele me persegue porque me odeia".

B - Erotomania (Delírio de ser constantemente assediado por alguém do sexo oposto)
"Eu não o amo". → "Eu a amo".
"Eu noto que ela me ama".
"Eu não o amo". "Eu a amo porque ela me ama".

C - Delírios de ciúme   D -   Megalomania
a - Delírios alcoólicos de ciúmes – "Não sou eu quem o ama. Ela o ama".
b - Delírios de ciúmes em mulheres – "Não sou eu quem ama as mulheres. Ele as ama".

D - Megalomania
"Eu não amo em absoluto". → "Eu não amo ninguém".
"Eu amo somente a mim mesmo".

Procuramos esquematizar as diversas formas que podem assumir a negação de "Eu o amo". Freud faz outros comentários sobre o mecanismo da paranoia, à luz do caso de Schreber, que merecem menção por servir para reflexões futuras.

A *fantasia de fim do mundo,* que acompanhou Schreber em vários momentos de seu delírio, é compreendida por Freud como uma projeção para o mundo externo de uma catástrofe interna. Esta seria a experiência de ter retirado o interesse do mundo, voltando sua libido para o próprio ego. Acrescenta que tal retirada nunca é total; é um afastamento parcial, libidinal, do mundo. "Assim, tudo se tornou irrelevante ou indiferente para ele." As pulsões do ego – ligadas à autopreservação – continuariam relacionadas ao mundo; mas, as sexuais – ligadas à reprodução – estariam voltadas para o próprio ego. Tal estado não seria suportável, e a reconstrução do mundo ocorreria por meio do delírio. "A formação delirante, que tomamos como um produto patológico, é em realidade uma tentativa de cura, um processo de reconstrução." Freud ressalta que a repressão age propriamente num afastamento da libido das pessoas – e das coisas – que antes eram amadas. Isso ocorreria silenciosamente; o que é visível e chama a atenção é exatamente o processo de retorno da libido. Há, neste processo de reconstrução, uma mudança nas relações: aquelas que antes eram amistosas reaparecem agora como persecutórias.

Freud diferencia o mecanismo da paranoia do que ocorre na histeria – nesta a libido se volta para o corpo ou se transforma em ansiedade – e na demência precoce (esquizofrenia), em que há uma regressão ao autoerotismo.

No caso de Schreber, a relação, em certa medida, positiva com o pai teria determinado a possibilidade de reconstrução delirante. A regressão ocorrida teria como ponto de fixação o narcisismo e não o autoerotismo, como ocorre nas esquizofrenias.

A semelhança que vê nas descrições de Schreber de seu delírio e a sua teoria da libido vai levar Freud a concluir seu trabalho com uma afirmação que ficou famosa: "Fica para o futuro decidir se há mais delírio em minha teoria do eu gostaria de admitir, ou se há mais verdade no delírio de Schreber do que estamos preparados para acreditar".

Em nossa visita ao Caso Schreber, procuraremos retomar o dilema de Freud. Vale registrar antes algumas revelações – desconhecidas por Freud – obtidas por pesquisas (final dos anos 1940) sobre o caso Schreber, sobre seu pai e os ambientes médico, psiquiátrico e cultural em que viviam

Novos dados: as pesquisas de Baumeyer e Niederland

Os psiquiatras, e psicanalistas, Franz Baumeyer e William G. Niederland realizaram, por mais de vinte anos, desde o final dos anos 1940, uma ampla pesquisa sobre o Caso Schreber, cujos resultados foram publicados em duas coletâneas: *El caso Schreber* (BAUMAEYER, 1972) e *O caso Schreber – um perfil psicanalítico de uma personalidade paranoide* (NIEDERLAND, 1981). Nessas coletâneas, há também ensaios de outros psicanalistas, tais como Maurits Katan, Robert B. White, Arthur C. Carr, Philip M. Kitay e Merl M. Jackel. Nesta seção, vamos restringir-nos aos dados que dizem respeito, sobretudo, ao pai de Schreber, à sua família e a alguns dados biográficos, elementos que, como já foi dito, Freud ignorava. Baumeyer foi chefe de clínica de um hospital próximo a Dresden, entre os anos 1946-1949, tendo acesso aos prontuários clínicos do antigo hospício de Sonnenstein, onde Schreber esteve internado, assim como à correspondência de familiares para Schreber; além disso, entrevistou o filho do Dr. Weber – também psiquiatra e que conheceu o paciente – e um parente próximo. Niederland, em sua pesquisa, manteve contato com Baumeyer, fez um amplo estudo genealógico dos Schreber, um levantamento da psiquiatria da época – e do papel de Flechsig, em particular –, tendo também entrevistado a filha adotiva de Schreber.

Os Schreber e os Haase

Tanto do lado paterno (Schreber) como materno (Haase), Daniel Paul Schreber trazia ancestrais ilustres que se notabilizaram na biologia, zoologia, botânica, agricultura, história e outros campos do conhecimento, segundo uma longa lista apresentada por Niederland. Esse autor julga que não seria estranho que em seu delírio Schreber trouxesse sua ascendência transformada em nobres, os imaginários "Margraves da Toscana e da Tasmânia", que povoam seu delírio, assim como vê reforçada a hipótese de Freud de ter sido uma importante frustração a falta de um filho que perpetuasse o nome Schreber. É importante lembrar que, para Freud, a importância do filho – em especial um filho homem – estaria mais ligada à possibilidade de sublimar a libido homossexual por meio do amor pelo filho. A figura decisiva na vida de Daniel Paul, de fato, tudo indica ter sido seu pai.

O pai de Schreber

O Dr. Daniel Gottlieb Moritz Schreber – pai de Daniel Paul – era um médico ortopedista, entusiasta de exercícios físicos e da vida ao ar livre. Este último atributo o tornou muito conhecido na Alemanha, permanecendo seu nome, até hoje, ligado ao termo *Schrebergarten*, frequentemente traduzido como "'lote de jardim' ou uma porção de terra [...] que às vezes não mede mais que cinco jardas quadradas, onde dedicar alegremente um incrível período de tempo e extremados cuidados para fazer crescer algumas flores e vegetais [...]" (artigo do *New Yorker*, 19/09/1960, apud NIEDERLAND), ou ainda, em outra citação de Niederland a partir de um artigo do *New York Times*: "Quando os *Schrebergarten* começam a florir na Alemanha Ocidental, todo mundo sabe que o verão está para chegar [...] Os *Schrebergarten* ocupam todos os espaços, acompanham ferrovias e progridem inexoravelmente na direção dos muros das fábricas". Entretanto, as atividades do Dr. Moritz Schreber não se reduziam ao incentivo à jardinagem; compreendiam um verdadeiro apostolado sobre uma nova *forma de vida*, cuja realização exigia um rigoroso treinamento que começava por sua própria família. Além das inofensivas práticas de vida ao ar livre, havia a prática de constantes exercícios físicos, aliados ao uso de aparelhos – por ele mesmo idealizados – para manter a postura durante as refeições, estudo e sono. Os principais aparelhos seriam o *Geradehalter* ("[...] é todo feito de ferro [...] e evita

O DELÍRIO DO JUIZ DANIEL PAUL SCHREBER

distorções de postura ao sentar [...] e vem em dois formatos, um para uso doméstico e outro, simplificado, para escolas, especialmente nos dois primeiros anos da escola primária [...]"); o *Pangymnastikon* (um sistema completo de ginástica condensado em um único aparelho) e o *Kopfhalter* (fixador de cabeça, tendo por finalidade garantir o crescimento simétrico da mandíbula, do maxilar e das estruturas do crânio a eles relacionadas). Ao lado de toda essa parafernália, há outra tão minuciosa quanto bizarra, condensada num livro que se tornou muito popular em Leipzig: *Erzihungslehre* (*Doutrinação educacional*), de cuja leitura Niederland conclui:

> O conjunto do sistema educacional do Dr. Schreber se condensa em um conselho inúmeras vezes repetido a pais e educadores: que usem um máximo de pressão e coerção nos primeiros anos de vida da criança. Diz o autor que isto evitará muitas complicações no futuro. A promoção da saúde física e mental se conseguirá sujeitando a criança a um rígido esquema de treinamento físico vigoroso e exercícios musculares metódicos em combinação com medidas de contenção emocional (NIEDERLAND, 1981, p. 66).

As medidas de contenção emocional residiriam em "repreensões sistemáticas e constantes juntamente com os exercícios", o que se aplicaria tanto no aprendizado e no emprego corretos das palavras e das sílabas (sic), como "aos começos das paixões", as quais desde logo devem exigir *niederkämpfen* (esmagadora oposição). Continua Niederland em seu resumo: "As medidas disciplinares – inclusive punições físicas – são indicadas à menor infração 'e na mais tenra idade, para que as ignóbeis partes da natureza primitiva da criança sejam contidas pelo maior rigor'". Pede também o tratado de *Doutrinação educacional* que a criança estenda a mão para aquele que vai castigá-la, pois isso "afasta a possibilidade de rancor e amargura". As punições e os prêmios seriam sempre públicos, com base em anotações num quadro-negro. Finalmente, tudo isso garantiria a pais e educadores que:

[...] a docilidade e a submissão das crianças assim educadas serão tamanhas que não se fará necessário continuar o tratamento após o quinto ou sexto ano de vida; nem terão os pais que se preocupar [...] "com aberrações perigosas e ocultas", ou seja, que as crianças venham mais tarde a se masturbar (NIEDERLAND, 1981, p. 72).

O Dr. Moritz Schreber era um homem baixo – pouco mais de um metro e meio –, que fora um adolescente frágil e de saúde delicada, tendo desenvolvido, graças a um grande esforço pessoal, um físico robusto, vindo a ganhar competições esportivas contra atletas muito mais jovens. Fora também um adolescente muito conflituado, havendo entre seus numerosos escritos uma curta história clínica intitulada *Confissões de alguém que esteve louco*, texto provavelmente autobiográfico, que faz "vagas alusões a crises de melancolia, pensamentos mórbidos e impulsos criminosos torturantes". Quando foram resgatados os prontuários de seu filho – o juiz Schreber –, foi encontrada na parte referente à história familiar a menção de que seu pai teria sofrido de "manifestações compulsivas com impulsos assassinos". A carreira do Dr. Moritz Schreber foi de muito êxito e marcada popularidade. Sua pretensão, no entanto, de dirigir uma instituição pediátrica foi barrada pelas autoridades médicas locais, devido aos seus "planos muito independentes e violentos". Seu principal biógrafo – Ritter – admirava-o tanto quanto a Hitler, julgando o primeiro um precursor espiritual do nazismo (NIEDERLAND, 1981, p. 81) O Dr. Moritz Schreber morreu aos 53 anos de obstrução intestinal. Contudo, estava doente desde os 51 anos, após um acidente no qual uma escada de ferro caiu em sua cabeça; estava com "uma estranha doença da cabeça", segundo o mesmo biógrafo acima citado.

Mãe, irmãos, mulher e filha adotiva

A mãe de Schreber – Pauline – embora tenha vivido 92 anos e, portanto, acompanhado toda a doença do filho, foi uma figura apagada e afetivamente distante, segundo se depreende pela ausência de correspondência com o filho (BAUMEYER, 1972, p. 28). Os pesquisadores julgam que o pai de Schreber teria usurpado as funções maternas, mantendo a mulher inteiramente submissa às suas concepções quanto ao tratamento de crianças de tenra idade, embora Pauline aceitasse tal posição. Isso é inferido de uma carta da irmã mais velha de Schreber – Anna –, na qual comenta o fato de a mãe participar das revisões e edições do texto do pai, e ambos manterem um relacionamento harmonioso: "Nosso pai discutia com mamãe toda e qualquer coisa; ela participava de todas as suas ideias, planos e projetos; ela lia as provas tipográficas de seus escritos com ele e era sua companheira fiel e íntima em tudo" (NIEDERLAND, 1981, p. 110).

Outra irmã de Schreber – Klara Krause –, casada com um juiz, parecia pessoa muito culta e afetuosa, dado o tom de suas frequentes cartas para a direção do sanatório onde estava o irmão. Descrevia-o como muito bondoso e exuberante, mesmo nos períodos de doença. Visitava-o com frequência.

Da terceira irmã – Sidonie –, só sabemos que permaneceu solteira e, ao final da vida, segundo Baumeyer, "não estava mentalmente bem".

O irmão mais velho – Gustav – suicidou-se com um tiro de revólver, poucas semanas após ser promovido a *Gerichtsrat* (juiz) de uma corte provincial da Saxônia. Era então o chefe da família – após a morte do pai – e, antes de estudar direito, formara-se em química. Há referência de sofrer de sífilis cerebral e de estar prestes a ser internado, quando ocorreu o suicídio. Este foi amplamente noticiado na imprensa local.

A mulher de Schreber – Sabine Behr –, conta-nos Baumeyer, era filha do principal diretor do Teatro Estatal de Leipzig, e sua mãe, filha de um autor de comédias. O mesmo pesquisador comenta que, pela leitura das cartas de Sabine, esta tem uma escrita "primitiva e quase infantil", parecendo sempre perplexa e atemorizada perante a doença do marido. Sua impossibilidade de levar uma gravidez a termo (seis abortos espontâneos), como já vimos, foi uma das maiores frustrações de Schreber. Em várias cartas, Sabine manifesta o receio quanto à alta do marido, assim como quanto às exigências do paciente de que "tivessem oito ou seis dias de vida matrimonial". Diz ter aceitado manter relações sexuais com ele por receio de que a recusa fosse motivo para um pedido de divórcio. Assustava-a o duplo comportamento de Schreber: afável e razoável, ao mesmo tempo em que por vezes gritava, urrava, e falava na necessidade de os parentes "suportarem os milagres". Esse duplo comportamento é registrado também pelo filho do Dr. Weber, quando entrevistado por Baumeyer. Psiquiatra, tal como o pai, recordava-se de Schreber, que usualmente fazia as refeições com a família Weber, e o entrevistado era então um adolescente:

> Recordo-me claramente de sua personalidade, impressionante, porém um tanto sinistra e muito nervosa. Naquela época eu era muito jovem para poder avaliar sua enfermidade. Porém pude ver seu desenvolvimento posterior, um período em que tinha licença para pequenas viagens à Suíça saxônica e se comportava impecavelmente à mesa.

Continuou a jogar xadrez sistematicamente, a tocar piano e a ler vorazmente. Schreber era razoavelmente fluente em latim, grego, francês, inglês e italiano.

Sobre a filha adotiva, pouco se sabe dela – Fridoline –, que foi adotada em 1906, quando tinha dez anos, por iniciativa de Schreber. Em seu breve depoimento aos pesquisadores, já com idade muito avançada, diz que o nosso paciente: "foi uma mãe... mais mãe que a verdadeira mãe". Com ela fazia longas caminhadas e a ajudava nos deveres escolares.

O Dr. Paul Flechsig

O Dr. Flechsig foi um neuropatologista e neuroanatomista de renome internacional, tendo sido reitor da prestigiada Universidade de Leipzig. Fortemente organicista, adotava métodos terapêuticos radicais, como a castração. Niederland fez um estudo da vida e da obra de Flechsig e relata-nos:

> O Dr. Flechsig propõe então "ampliar as indicações para o uso da castração, como tratamento das neuroses e de psicoses" (citando uma publicação científica da época), em sua clínica, uma vez que as opiniões atuais sobre "o valor da castração como uma medida contra as neuroses e psicoses ainda varia consideravelmente". Em seu serviço, conclui, as castrações eram efetuadas por um assistente sob sua supervisão e os resultados clínicos eram uniformemente bons (NIEDERLAND, 1981, p. 118).

Embora as castrações a que a publicação se referia fossem de mulheres, na época (1884), Flechsig não restringia em absoluto a utilidade do método ao sexo feminino, e o trabalho sugere que houve um continuado e incrementado uso de tal método na clínica de Flechsig após aquela data.

Reproduzimos nas páginas seguintes os desenhos – retirados do livro do Dr. Moritz Schreber – publicados por Niederland, contendo alguns dos aparelhos prescritos para uso cotidiano.

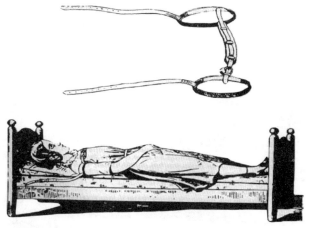

Figura 1 – Aparelho construído para manter a postura perfeita da criança durante o sono. Na mesma figura, a seguir, o aparelho em uso. (NIEDERLAND, 1981)

Figura 2 – Geradehalter – aparelho para garantir uma postura sentada rigorosamente ereta, com cintos para a cabeça. (NIEDERLAND, 1981)

Figura 3 – Kopfhalter (suporte de cabeça). (NIEDERLAND, 1981)

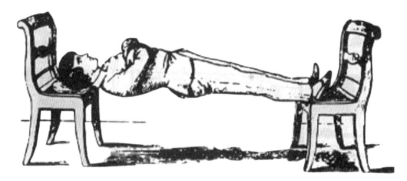

Figura 4 – Exercício físico chamado Die Brücke (a ponte). (NIEDERLAND, 1981)

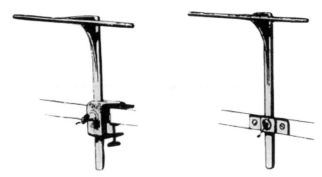

Figura 5 – Geradehalter – aparelho para garantir uma postura sentada rigorosamente ereta. (NIEDERLAND, 1981)

Figura 6 – O mesmo aparelho, aplicação prática. (NIEDERLAND, 1981)

Elias Canetti e Eric Santner: duas interpretações do drama schreberiano

Dentre as inúmeras interpretações que o drama de Schreber recebeu, selecionamos duas por serem úteis aos propósitos deste texto, na medida em que desejamos introduzir a questão da crítica da cultura, sob o vértice psicanalítico, e abrir espaço para uma interpretação própria. Além disso, a apresentação de duas interpretações, em muitos sentidos antagônicas, atende à metodologia de nossa pesquisa de evitar qualquer saturação de *explicações* e manter o convite para novas investigações.

Canetti: A paranoia como uma enfermidade do poder

O escritor – prêmio Nobel de literatura (1981) – e ensaísta Elias Canetti dedica duas seções do último capítulo de *Massa e poder* a um estudo do caso Schreber. Não se trata de um estudo sobre o texto freudiano, mas sobre o próprio personagem – Daniel Paul Schreber –, por meio da leitura de suas memórias. *Massa e poder*, publicado em 1960, é fruto de uma reflexão sobre as relações entre as multidões e o poder que se iniciou em 1925, após uma prolongada permanência de Canetti na Alemanha. O clima da época, com intensas agitações populares, galopante inflação e desemprego, juntamente com a ascensão de líderes totalitários e demagógicos, pedia uma profunda reflexão. A originalidade e complexidade do texto de Canetti, que articula dados históricos, sociológicos, antropológicos e de investigação em psicopatologia, cria para alguns uma nova disciplina: uma espécie de Antropologia Patológica que, ao estudar a interação entre a massa e o poder, revela as anomalias patológicas do ser humano em sua totalidade biopsíquica, conforme bem assinala o apresentador brasileiro do livro (CANETTI, 1983).

Vamos limitar-nos a um breve comentário da interpretação que Canetti dá ao drama de Schreber, uma vez que a abrangência de *Massa e poder* impede um exame do caso no contexto deste artigo. Chama a atenção nos comentários de Canetti sobre Schreber a ausência de qualquer menção a Freud, assim como às pesquisas de Baumeyer e às de Niederland. Quanto ao primeiro, certamente, a omissão é por discordância, ao passo que, em relação aos segundos, é possível que suas pesquisas não tivessem sido do conhecimento de Canetti.

Canetti interpreta o delírio de Schreber como:

[...] sob o disfarce de uma concepção antiquada do mundo, que pressupõe a existência dos espíritos, é na realidade o modelo exato do poder *político*, que se nutre da massa e que é composto por ela. Qualquer tentativa de análise conceitual do poder será mais pobre do que a clareza da visão de Schreber (CANETTI,1983, p. 490).

A posição privilegiada que fornece a Schreber em seu livro se explica pela continuação do que acabamos de citar:

Todos os elementos das circunstâncias reais estão nela (visão de Schreber): a intensa e contínua atração sobre os indivíduos que irão se reunir numa massa, sua intenção duvidosa, sua domesticação, sua miniaturização, o fato de se amalgamarem no poderoso que representa o poder político em sua pessoa, em seu *corpo*, sua grandeza que desta maneira deve *renovar-se* interminavelmente, e, finalmente, um último e muito importante aspecto que até agora não foi mencionado, o sentimento do *catastrófico* que está vinculado a tudo isso, uma ameaça à ordem universal que deriva justamente desta inesperada atração em rápido aumento. [...] Nas *Memórias* existem numerosos testemunhos deste sentimento [...] *toda a humanidade tinha sucumbido*. Schreber se considerava o *único* real sobrevivente. O *único que continuava vivo era ele* (CANETTI, 1983, p. 490-491).

Canetti empresta grande importância, em sua leitura das *Memórias*, ao fato de Schreber se julgar *o sobrevivente* – todos os homens que via a seu redor seriam simulacros – uma vez que, para o autor, "[...] é a tendência mais profunda de todo poderoso 'ideal' ser o último a permanecer com vida" (CANETTI, 1983, p. 493). Sem citar Freud, mas numa leitura a nosso ver equivocada da psicanálise, afasta as tendências homossexuais reprimidas como *causa* da paranoia e enfatiza os fenômenos do poder como tendo um papel decisivo nesses casos:

A paranoia é, no sentido literal da palavra, uma *enfermidade do poder*. Um estudo desta enfermidade, em todos os seus aspectos, mostra a natureza do poder com uma integridade e uma clareza que não se consegue alcançar de outra maneira. Não devemos nos deixar ofuscar pelo fato de que, num caso como o de Schreber, o doente não tenha realizado a monstruosa ambição que o consome. Outros conseguiram (CANETTI, 1983, p. 498).

Toda a análise de Canetti é baseada nesta concepção da *paranoia como enfermidade do poder*, diferindo assim de Freud e, como veremos adiante, da interpretação de Santner. Nessa linha, poderíamos mesmo constatar, no estudo de Canetti, o delírio como um verdadeiro programa ou projeto político, e assim termina seus comentários sobre Schreber:

> Não se pode rechaçar a suposição de que por trás de cada paranoia, como por trás de cada poder, existe a mesma tendência profunda: o desejo de eliminar os demais do caminho para ser o único ou, numa forma atenuada e mais frequentemente admitida, o desejo de servir-se dos demais para que com a ajuda deles se chegue a ser o único (CANETTI, 1983, p. 514).

Um último ponto que nos interessará, neste contexto de discussão, é a correlação que faz entre o delírio de Schreber e o futuro desastre alemão:

> Não se pode negar que seu sistema político chegou a obter grandes honras algumas décadas mais tarde. Numa versão mais brutal e menos "culta", ele se transformou no credo de um grande povo. Sob a direção de um "príncipe mongol" (referência a um dos personagens do delírio de Schreber) chegou à conquista do continente europeu e, por pouco, ao domínio do mundo inteiro (CANETTI, 1983, p. 497).

Santner: Schreber e a revolta antitotalitária

Eric L. Santner – professor titular de alemão e estudos germânicos, em Princenton –, aproximou-se de Schreber quando suas "pesquisas se voltaram para a história e a pré-história do nacional-socialismo". Santner lembra que as pesquisas sobre Niederland, associadas às reflexões de Canetti sobre a relação entre paranoia e poder, deram origem a uma proposta de vincular "o despotismo microssocial da família Schreber e o despotismo macrossocial da Alemanha nazista", citando as palavras de Morton Schatzman. Continua a citação deste último:

> [...] Hitler e seus pares foram criados na época em que os livros do Dr. Schreber (pai), pregando o totalitarismo doméstico, eram populares [...] quem quiser compreender a "estrutura de caráter" alemã na era nazista poderá estudar com proveito os livros do Dr. Schreber[7].

Em que pese muitas concordâncias com os autores citados, Santner seguirá uma linha diversa:

> A aposta deste livro é que as crises sucessivas que precipitaram o colapso de Schreber, as quais ele tentou controlar no ambiente delirante do que chamo de sua "Alemanha particular", foram basicamente as mesmas crises da modernidade para as quais os nazistas viriam a elaborar sua própria série de soluções radicais e ostensivamente "finais". Numa palavra, estou convencido de que a desagregação de Schreber e seus esforços para curar a si mesmo introduziram-no nas camadas estruturais mais profundas dos impasses e conflitos históricos que culminariam,

---

[7] Esta é uma citação que Santner faz do livro de Morton Schatzman, *Soul Murder: Persecution in the family* (1973), no qual, além da correlação com o nazismo, o autor defende a tese de que *Schreber não somente se sentiu perseguido, mas fora de fato perseguido pelo pai.* Morton Schatzman, psiquiatra e psicoterapeuta norte-americano, radicou-se em Londres, na década de 1970, onde se ligou às ideias de Laing e desenvolveu um trabalho terapêutico com casais e famílias.

provisoriamente, na catástrofe nazista. Em contraste com Canetti, porém, minha pergunta não será, em última instância, como o sistema delirante de Schreber prefigurou a solução totalitária das crises que já afligiam a ordem liberal-burguesa na passagem do século, mas, antes, como foi que Schreber – que sem dúvida vivenciou de maneira profunda o esvaziamento dessa ordem – conseguiu evitar, através de uma série de identificações aberrantes, a tentação totalitária.

Minha hipótese é que esses impasses e conflitos dizem respeito a mudanças na matriz fundamental da relação do indivíduo com a autoridade social e institucional, aos modos como a ele se dirigem e como ele responde aos chamamentos do poder e da autoridade "oficiais". Esses chamamentos são, predominantemente, convocações à ordem, ritos e processos de *investidura simbólica* pelos quais um indivíduo é dotado de um novo status social, é investido de um mandato simbólico que, desse momento em diante, impregna sua identidade na comunidade (SANTNER, 1997, p. 10).

Santner chama de "magia performativa" as operações simbólicas pelas quais os indivíduos "se tornam quem são". Como esclarece adiante, está referindo-se ao fato de Schreber ter sido entronizado na Suprema Corte da Saxônia, num ato de determinação real, o qual não poderia recusar sob pena de cometer "um crime de lesa-majestade". Foi um processo de "investidura simbólica" que impregnou profundamente sua identidade. O autor utiliza também certas noções desenvolvidas pelo antropólogo norte-americano Clifford Geertz, como a de "sacralidade intrínseca do poder soberano", para compreender o que Schreber afirma megalomaniacamente sobre o poder, ou, como diz Santner, "[...] levo Schreber a sério", em suas descobertas sobre a dimensão teológica da autoridade política e da social.

Desde o início de sua interpretação, Santner chama a atenção para a crise da modernidade que se caracterizaria, entre outras coisas, pelo afrouxamento dos laços sociais que perderiam sua efetividade performática, impossibilitando o indivíduo de uma compreensão de si mesmo. Focaliza, em particular, a crise na Alemanha que atingiria

O DELÍRIO DO JUIZ DANIEL PAUL SCHREBER 177

Schreber de várias formas, inclusive em sua convocação a participar de um dos centros de poder como presidente da corte de apelação da Saxônia. Santner enfatiza a importância "[...] dos debates concernentes à cultura legal do novo Reich [...] que cercaram a unificação e a codificação da lei no novo Estado". Tais debates se estenderam de 1874 a 1896.

Santner parte de um ensaio de Walter Benjamin – "Para uma crítica da violência" – no qual há "uma meditação sobre uma certa autorreferência do direito e das instituições legais, a qual, segundo Benjamin sugere, se manifesta com força máxima na pena de morte". Cita Benjamin: "[...] no exercício da violência sobre a vida e a morte, mais do que em qualquer outro ato legal, *a lei reafirma a si mesma.* Mas, nessa mesma violência, *algo de podre na lei* [*etwas Morsches im Recht*] se revela". Enfatiza o comentário de Benjamin quanto aos dois aspectos da lei: a violência instauradora e a violência mantenedora da lei[8]. Santner desenvolve sua tese – "[...] que as *Memórias* de Schreber contam a história desalentadora de um retorno maciço desse saber recalcado (a inerente violência da lei)" – estudando o texto freudiano, certos aspectos da obra de Kafka, fazendo uma leitura da *Genealogia da moral,* de Nietzsche (em que privilegia o debate que então ocorria em relação à cultura legal do novo Reich, no qual, como já vimos, estaria diretamente envolvido Schreber, dada a sua posição), e dialogando com Foucault no que toca às relações entre sexualidade e poder institucional.

Ao lembrar Foucault, Santner diz que se trata de algo "além da hipótese (freudiana) de recalcamento":

> [...] Schreber descobre que o poder não apenas proíbe, modera, diz "não", mas pode também funcionar no sentido de intensificar e ampliar

---

8 Interessante lembrar que este aspecto da lei será enfatizado por Freud no início de sua resposta a Einstein, em *Por que a guerra?*: "Estaremos fazendo um cálculo errado se desprezarmos o fato de que a lei, originalmente, era força bruta e que, mesmo hoje, não pode prescindir do apoio da violência" (S.E. XXII, p. 208-209).

o corpo e suas sensações. [...] a autoridade simbólica em estado de emergência *é* transgressora, exibe uma obscena superproximidade do sujeito: ou seja, nas palavras dele (Schreber), *exige o gozo* (SANTNER, 1997, p. 47).

Nas palavras de Schreber, vemos que não se trata de algo meramente negativo, uma proibição, mas sim uma invasão, uma inundação:

> É meu dever proporcionar-lhe (esse gozo), sob a forma de uma volúpia anímica altamente desenvolvida, tanto quanto isso seja possível nas circunstâncias contrárias à Ordem do Mundo. Se, ao fazê-lo, tenho um pouco de prazer sensual, sinto-me no direito de obtê-lo, como um pequeno ressarcimento pelo excesso de sofrimentos e privações que há anos me é imposto.

O importante, para os nossos imediatos propósitos, nesta sumária apresentação que estamos fazendo do texto de Santner, é registrar o caráter avassalador desta presença do poder que pede uma investidura que não pode ser negada. Assim, o comentador chama a atenção para os dois momentos de adoecer do paciente, ambos marcados por tal tipo de solicitação: a candidatura ao Reichstag (1884) e a nomeação para o cargo de juiz-presidente, *Senatspräsident*, da Corte de Apelação da Saxônia (1893).

W. R. Bion E Ludwig Wittgenstein: Novos instrumentos para pensar a loucura

Como registramos ao apresentar as interpretações de Canetti e Santner, há entre elas divergências fundamentais, mas há também um quase paradoxal acordo. As divergências residem no papel de Schreber: para Canetti, o enlouquecido juiz teria vivido, encarnado, o papel do tirano, do único sobrevivente, em seu delírio. Santner, em sentido oposto, vê no delírio de Schreber a revolta e a denúncia contra a imposição totalitária, a investidura imposta e irrecusável que o pai, o estado, os médicos e, em seu mundo privado, Deus, lhe fazem. Entretanto, tanto Canetti quanto Santner vão mencionar o que estamos chamando aqui de "desastre alemão", numa tentativa de abarcar os diversos aspectos da tragédia do nazismo, como referência básica de seus estudos. Lembremo-nos de que Canetti começou a se interessar por Schreber quando de sua estada na Alemanha que se preparava para o advento de Hitler. Lembremo-nos de sua equiparação do personagem "príncipe mongol" de Schreber com o tirano alemão. Santner, como vimos, vai mais longe e articula as pesquisas de Niederland e Baumeyer com as *Memórias*, de Schreber, e utiliza uma gama de autores para desenvolver sua tese da invasão do poder no corpo e na mente de Daniel Paul Schreber. Nessa linha de interpretação, Schreber *faria parte* do "desastre alemão".

A partir do ponto de convergência das duas interpretações apresentadas é que sugeriremos a nossa, seguindo caminhos diversos, mas com resultados não necessariamente antagônicos das interpretações mencionadas. Nossa experiência clínica com a loucura ensina-nos não só uma postura humilde, mas também que qualquer exclusão leva a um inevitável dogmatismo que é próprio do pensamento psicótico – louco ou enlouquecido –, que se caracterizaria, sobretudo, pela intolerância à dúvida, à diversidade e, principalmente, ao não saber. No processo de investigação do delírio de Schreber, utilizamos instrumentos oriundos das contribuições de W.R.Bion à psicanálise, em particular, a Teoria das Transformações; noções wittgensteinianas, tais como *formas de vida* (*lebensformen*) e *certeza*, e, finalmente, utilizamos a poesia de T. S. Eliot, especificamente os *Quatro quartetos,* para ajudar-nos a pensar a questão do tempo que o delírio coloca.

Vejamos, por partes, os instrumentos que sugerimos para trabalhar o texto de Schreber.

W. R. Bion: as regras de transformação em alucinose

O psicanalista inglês W. R. Bion publicou, a partir da década de 1950, uma série de textos sobre sua continuada experiência de análise de pacientes psicóticos. Dessa experiência surgiu a necessidade de formular uma *teoria sobre o pensar* e uma profunda investigação da epistemologia psicanalítica, de métodos de observação e avaliação da experiência emocional da sessão analítica, culminando na formulação do que ficou conhecido como Teoria das Transformações (1965). É desse crucial momento[9] de sua rica obra, que se estendeu até sua morte, em 1979, que vamos retirar instrumentos para pensar o tema do delírio. Voltaremos a Bion, ao discutir a noção de *memória do futuro*. No momento, é a noção de *invariante* que mais nos interessa.

Apresentaremos de forma muito sumária a Teoria das Transformações de Bion, que parte de um modelo bastante simples:

> Suponhamos que um pintor percorra uma vereda em um campo semeado de papoulas, e que ele pinte esta paisagem. Em um extremo desta série de eventos, temos o campo de papoulas; no outro, pigmentos dispostos sobre a superfície de uma tela. Podemos reconhecer que o segundo representa o primeiro. Apesar das diferenças entre um campo de papoulas e um fragmento de tela, e da transformação executada pelo artista sobre o que viu – para fazer com que aquilo assumisse a forma de uma pintura – posso supor que de *algo* depende o reconhecimento. Denomino de invariantes os elementos que vão compor o aspecto inalterado da transformação.

---

[9] Realçamos este momento da obra de Bion, pois concordamos com o epistemólogo argentino Gregorio Klimovsky, que atribui a Bion a originalidade de procurar uma epistemologia própria para a psicanálise. Acrescentaríamos que outro ponto importante da contribuição bioniana se refere ao fato de, como se trata muitas vezes de uma teoria da observação psicanalítica, ela se presta ao uso de qualquer referencial (lacaniano, kleiniano, da psicologia da intersubjetividade, etc.), assim como à reflexão de outras áreas do conhecimento além da psicanalítica.

O artista não é a única pessoa envolvida no ato de contemplar uma pintura; o reconhecimento do que ela representa poderia não ocorrer, caso o observador tivesse que se fiar exclusivamente no seu olfato. Quanto maior for sua experiência com arte, mais provável será que ele interprete corretamente a pintura (BION, 1977, p. 1).

A partir desse modelo, Bion vai estudar o encontro analítico (como o campo de papoulas), a comunicação do paciente (como o quadro resultante da experiência daquele encontro) e a reação do analista – interpretação ou silêncio – (como resultante da experiência de receber a comunicação do paciente). Em suma, estaríamos sempre lidando com um conjunto dinâmico de transformações da experiência emocional, tanto do paciente quanto do analista. Caberia às diversas teorias psicanalíticas formular hipóteses sobre o processo de transformação que ocorreria em cada participante, assim como avaliar – utilizando categorias psicanalíticas (uma vez que o modelo estaria sendo utilizado para "transformações em psicanálise". Poderia ser utilizado para outros tipos, por exemplo: transformações em pintura, ou, em música[10]) – o movimento (graus de sofisticação e uso) das comunicações dos participantes. Estamos chamando de "comunicações" o que detectamos como resultantes do encontro: falas, silêncios, gestos, expressões faciais, etc.

Este modelo se presta a aplicações não somente restritas ao encontro analítico, como à avaliação de um relato, de um livro, como é o nosso objeto de estudo no presente: o relato da experiência de enlouquecimento do juiz Paul Daniel Schreber, publicado em suas memórias. Não esqueçamos que este – o livro de memórias – era o único material de que Freud dispunha para trabalhar.

Assim, pôde Bion propor várias espécies de transformações. A que nos interessa, no momento, seria a que ocorreria particularmente

---

[10] Lembremo-nos da *Guernica* de Picasso, ou de *Quadros de uma exposição,* de Mussorgsky, ou, ainda, de *Uma noite em Monte Calvo,* do mesmo compositor. Interessante registrar que *Guernica* ficou mais tempo proibida de entrar na Espanha franquista que seu autor.

(mas não exclusivamente) com pacientes psicóticos, e que denominou: *transformação em alucinose*. Nesta, sugeriu certas *regras* – da mesma forma que as transformações em pintura pedem regras de perspectiva, distribuição de volumes e cores, caracterizando as diversas correntes e mesmo o estilo pessoal do artista – que assim apresentou:

> [...] As regras de transformação em alucinose devem ser estabelecidas por intermédio de observação clínica. Não tenho nenhuma dúvida de sua existência e pode ser delineada pela observação de inveja, avidez, rivalidade, superioridade "moral" e científica operando na alucinose. Ofereço provisoriamente as seguintes sugestões como exemplo de tais "regras".
> A. Se um objeto é o "máximo", ele dita 'ação; é superior em todos os aspectos em relação a todos os outros objetos e é autossuficiente e independente deles.
> B. Objetos que podem ocupar tal posição incluem (a) Pai, (b) Mãe, (c) Analista, (d) Objetivo, objeto ou ambição, (e) Interpretação, (f) Ideias, sejam morais ou científicas.
> C. A única relação entre dois objetos é a de superior para inferior
> D. Receber é melhor do que dar (BION, 1977, p. 133).

Em qualquer delírio, ou manifestação psicótica, observamos que não há indiferença, isto é, todas as manifestações são marcadas por grande sofrimento mental, pelo menos na fase inicial, fortes sentimentos em jogo e a presença de "figuras bizarras". O delírio de Schreber é um bom exemplo. As descrições que o próprio paciente faz, ou as que recolhemos de seus prontuários, dão num primeiro momento a impressão de caos. Lembremos os pássaros falantes, os homens apressadamente feitos, os gritos ("Pequeno Flechsig ..."), até as formulações organizadas, como a Ordem do Mundo e a sua missão redentora. O "método" que Freud detectou corresponderia, a nosso ver, às "regras" que Bion propôs. Estas, por sua vez, seriam resquícios de relações primitivas. Desse ponto de vista, seriam esses

O DELÍRIO DO JUIZ DANIEL PAUL SCHREBER

modelos de relação – o "máximo", superior/inferior, julgamentos "morais", etc. –, o que uma análise recuperaria, a partir da própria relação analista/analisando, uma vez que tais modelos estariam condenados à repetição. Em outros termos: procurar-se-iam identificar os *invariantes*, *a forma de ver as coisas*, a partir da qual aquele determinado paciente se relaciona com o mundo. Tudo isso tem implicações cognitivas e afetivas; a rigor, esses dois aspectos, do ponto de vista psicanalítico, seriam inseparáveis. A apreensão, a percepção, a constituição de um mundo significativo seriam sempre estabelecidas, organizadas, por meio de vínculos afetivos. Caberiam, então, alguns breves comentários sobre a teoria dos vínculos de Bion.

Bion parte do pressuposto de que "uma experiência emocional não pode ser concebida fora de uma relação". A partir disso, postula três modalidades de vínculos (que se tornarão seis, como veremos adiante): "(1) X ama Y; (2) X odeia Y e (3) X conhece Y. Esses vínculos podem ser expressos pelos sinais L (Love), H (Hate) e K (Knowledge)". Mais adiante, utilizando a teoria das pulsões de Freud, acrescentará que, sob a ação da pulsão de morte, podemos acrescentar os seguintes vínculos: –L (–Amor); –H (–Ódio) e –K (–Conhecimento). O sinal (–) não teria o caráter de déficit, mas de distorção. Ou seja: um amor sem quaisquer das características que usualmente acompanham tal sentimento; um ódio sem quaisquer de suas usuais manifestações, exceto a grande destrutividade que acompanha tal vinculação e um conhecimento que visa ou promove o mal-entendido ou o desentendimento (*misunderstanding*). Pensemos, para ilustrar, nos "amores" ou nas ligações que encontramos em certos esquizofrênicos; no "caso Eichmann" (que declaradamente não odiava os judeus) e nas atividades usuais dos serviços de contrainformação. Seriam situações ilustrativas do predomínio dos vínculos negativos, nos exemplos mencionados, respectivamente, de –L, –H e –K. Bion assinala que suas escolhas foram retiradas da experiência clínica, que lhe são as mais confortáveis e simples, mas que evidentemente poderíamos pensar em muitas outras possibilidades de vinculação. Importante registrar que tais vínculos ocorreriam, sempre, funcionando como um paralelogramo de forças, isto é, observaríamos apenas a resultante. Em outros termos: em qualquer relação há amor, ódio, disposição ao conhecimento mútuo e suas distorções; contudo, a predominância de um desses fatores é o que faz dizer que "aquela é uma relação de amor", por exemplo.

Voltemos a Schreber. O Deus de Schreber seria um perfeito representante de um objeto que promoveria uma vinculação –K ("incapaz de compreender homens vivos... somente cadáveres"). Talvez, o pai de Schreber ilustre mais claramente o que se sugere como –L e –H. Afinal, toda a sua proposta pedagógica era regida "[...] pelos mais altos propósitos", e, como Freud assinala, haveria uma relação "positiva" com o pai. Esse comentário aparentemente enigmático de Freud pode ser mais bem compreendido pelo papel "organizador" que tal relação desempenhou na construção do delírio. Recordemos que Freud perspicazmente observou ser o delírio uma tentativa de cura. Podemos pensar também que este tão perturbado amor nos remete, quem sabe, ao desesperado desejo do pequeno Schreber de receber o amor do pai. Muitas conjecturas podem ser feitas, principalmente a partir das pesquisas de Baumeyer e Niederland, como o contraste entre a grande presença do pai e a ausência da mãe, que menos de seis vezes visitou o filho durante sua longa internação. Evidentemente, não estamos interessados em construir um *romance familiar* para Schreber. Desejamos apenas sugerir que temos elementos para conjecturar como foi construído, destruído e reconstruído (no delírio) o mundo de Schreber.

Não vamos deter-nos num exame detalhado do conteúdo do delírio de Schreber[11], uma vez que nossa preocupação no momento é a de investigar o que há de *invariante* no período que precede a crise psicótica de Schreber, o que permanece durante ela e o que o acompanha no restabelecimento. Em suma: o *material* com que

---

[11] Aos interessados num estudo mais detalhado do Caso Schreber, à luz destas noções de Bion tal como a entendemos, indicamos o texto mencionado na Introdução (Marinho, 2006).

foi construído, destruído e reconstruído o mundo de Paul Daniel Schreber. Nossa sugestão é a de que este *material* foram suas primeiras relações objetais, ou melhor, a natureza destas. Não nos referimos necessariamente às máquinas do Dr. Moritz Schreber, talvez, equivalentes aos raios e seus mecanismos invasivos e terroríficos, mas a um tipo de relação: "[...] existe um objeto que é o 'máximo' e ele dita a ação; [...] a única relação entre os objetos é a de superior e inferior; [...] é melhor dar do que receber", e outras "regras" que cabe ao leitor formular. Pensamos que este mesmo modelo pode ser aplicado para compreender o delírio de Schreber como uma *prefiguração* da catástrofe nazista, em termos muito semelhantes à interpretação de Santner. Contudo, a vantagem, a nosso ver, da aproximação que propomos é o fato de ela ser fundamentalmente *formal*; são *regras* que independem do conteúdo. Assim, podemos utilizá-las no presente, na identificação de catástrofes anunciadas que, muitas vezes, passam despercebidas.

Colocadas essas questões, pensamos poder passar para outras noções que podem ajudar-nos a compreender outros fatores determinantes da atividade delirante.

Wittgenstein: formas de vida (*Lebensformen*) e *Da certeza*

Nesta nossa breve visita ao Caso Schreber, que tem merecido detalhados estudos dos mais variados pesquisadores, vamos utilizar duas noções wittgensteinianas para continuar o desenvolvimento de nossa própria interpretação. Referimo-nos às noções de: forma(s) de vida (*Lebensformen*) e de *certeza*.

A primeira menção na obra de Wittgenstein do termo forma de vida – *Lebensform* – aparece no parágrafo 19 das IF:

É fácil imaginar uma linguagem consistindo somente de ordens e informações em uma batalha. – Ou uma linguagem consistindo somente de perguntas e expressões a serem respondidas com sim ou não. E inúmeras outras. – E imaginar uma linguagem significa imaginar uma forma de vida.

Logo em seguida, no parágrafo 23, ocorre a segunda menção:

Quantas espécies de sentenças existem? Digamos, asserção, pergunta e comando? – Existe um *sem número* de espécies: um sem número de diferentes espécies do que chamamos "símbolos", "palavras", "sentenças". E esta multiplicidade não é algo fixo, dado de uma vez por todas; mas novos tipos de linguagem, novos jogos de linguagem, como poderíamos dizer, passam a existir e outros ficam obsoletos e são esquecidos. (Podemos ter uma *imagem grosseira* disto nas mudanças na matemática).
Aqui o termo "jogos de linguagem" tem o sentido de colocar em relevo o fato que o *falar* de uma linguagem é parte de uma atividade, ou de uma forma de vida.

A concepção de forma(s) de vida de Wittgenstein nasce de sua obra e não deve ser confundida com noção semelhante que esteve muito em voga na Viena dos anos 1920, a partir da obra de Eduard Spranger, *Lebensformen*. Spranger contruiu uma tipologia, classificando as diferentes *formas de vida*. Lembremo-nos de que na época a moda das tipologias era forte, alcançando seu ápice com a de Ernest Kretschemer, que correlacionava dados biológicos – os biotipos humanos (longilíneo, brevilíneo e atlético) – com temperamentos e, em caso de adoecimento, com as principais enfermidades mentais, então recentemente descritas, a esquizofrenia, a psicose maníaco-depressiva e a epilepsia, respectivamente. Com o advento da psicanálise, a tendência classificatória sofreu um forte abalo, não desaparecendo, contudo. Pensemos na atual classificação internacional de distúrbios mentais, cuja amplitude reserva um lugar para cada um de nós.

Evidentemente a noção wittgensteiniana que estamos utilizando nada tem a ver com tais ímpetos classificatórios. A nosso ver, ela

O DELÍRIO DO JUIZ DANIEL PAUL SCHREBER
187

refere-se mais aos limites de qualquer tentativa de fundamentação da linguagem, do significado. Este seria sempre contextual, *nascendo e vivendo* dentro de um "jogo de linguagem", com uma finalidade prática. A linguagem seria uma atividade, para Wittgenstein, e só como tal pode ser compreendida, sem o que cairíamos em tradicionais impasses, paradoxos e, via de regra, num frequente *nonsense*. Estamos frisando este ponto que será muito útil para qualquer tentativa de compreensão da linguagem do delírio de Schreber. Entendemos o delírio como uma atividade, como *uma bizarra forma de vida*, e somente como tal podemos dar sentido ao discurso delirante. Há, contudo, outro aspecto a ser mencionado, mesmo que brevemente: *a peculiar certeza* que acompanha todo delírio. Sem este dado – a *peculiar certeza psicótica* – teríamos apenas um bizarro discurso.

Concordamos com Leme Lopes quando, em seu ensaio sobre o delírio (LOPES, 1982), chama a atenção para o fato de que, das três características jaspersianas – extraordinária convicção (certeza subjetiva); impossibilidade de sua modificação pela experiência ou por argumentos lógicos e impossibilidade do conteúdo –, a *certeza* ocupa uma posição privilegiada na caracterização de um delírio. Os demais dados clínicos – irredutibilidade à argumentação e impossibilidade – se mostram insuficientes, uma vez que o primeiro retira sua força da certeza subjacente e o segundo pode faltar (além da ampla literatura a respeito, lembremo-nos dos delírios de ciúmes que independem da infidelidade do(a) parceiro(a) e, em muitos casos, são até indutores de infidelidade). É neste sentido que encontramos em uma das derradeiras obras de Wittgenstein – *Da certeza* – uma ampla discussão desta noção, sob o ponto de vista lógico-filosófico, que vem muito ao encontro do que nós encontramos no cotidiano da clínica de análise de psicóticos.

Vejamos algumas afirmações de Wittgenstein:

Mas a fundamentação, a justificação da evidência tem um fim – mas o fim não é o fato de certas proposições se nos apresentarem com sendo verdadeiras, isto é, não se trata de uma espécie de *ver* da nossa parte; é o nosso *actuar* que está no fundo do jogo de linguagem. (p. 204)

Se o verdadeiro é o que é fundamentado, então o fundamento não é *verdadeiro* nem falso. (p. 205)

Confrontemos essas citações com o que nos diz um paciente do Dr. Weber, em *Memórias*, quando questionado acerca da realidade de suas alucinações: "Se minhas percepções são falsas, então eu deveria também pôr em dúvida tudo o que o senhor me diz e duvidar de tudo o que vejo" (p. 407). Se utilizarmos a noção de forma de vida tal como a descrevemos acima, poderíamos dizer que na *forma de vida* do paciente de Weber *não há como distinguir percepções verdadeiras de percepções falsas*, inclusive, aquelas que chamamos usualmente de alucinações.

O ponto que desejamos frisar é o caráter irredutível do delírio e lembramo-nos, mais uma vez, de Leme Lopes quando equivale o delírio à loucura. Nosso ponto de vista é que o delírio seria irredutível na medida em que é uma *forma de vida*. Com uma maior precisão diríamos: *uma bizarra forma de vida*.

A casa incendiada: o delírio do Juíz Daniel Paul Schreber como uma memória do futuro

Mesmo num artigo breve como este, vemos que há inúmeras interpretações para as *Memórias de um doente dos nervos*. Não nos furtamos de esboçar também uma proposta. Com isso pretendemos dar mais uma compreensão a algumas das geniais intuições de Freud, expostas no Caso Schreber, e ao mesmo tempo abrir espaço para novas investigações. Pensamos que Schreber restaurou a dignidade perdida da loucura, ou seja, o processo de isolamento e de medicalização da loucura, tão bem descrito por Michel Foucault, desprezou o caráter mágico, místico ou cósmico que, por exemplo, no Renascimento lhe era atribuído. Recordemos a verdadeira e corajosa perplexidade com que Freud termina seu texto:

O delírio do Juiz Daniel Paul Schreber

Como não receio a crítica e não fujo à autocrítica, não tenho motivo para evitar a menção de uma analogia que, no julgamento de muitos leitores, pode ser prejudicial à nossa teoria da libido. Os "raios divinos" de Schreber, feitos de uma condensação de raios solares, fibras nervosas e espermatozoides, não são outra coisa senão os investimentos libidinais concretamente rerpresentados e projetados para fora, e conferem ao seu delírio uma espantosa concordância com nossa teoria. [...] Mas posso invocar o testemunho de um colega especialista, de que desenvolvi a teoria da paranoia antes de conhecer o teor do livro de Schreber. O futuro decidirá se na teoria há mais delírio do que eu penso, ou se no delírio há mais verdade do que outros atualmente acreditam (FREUD, 1911).

Não esqueçamos que Freud não tinha conhecimento das práticas pedagógicas do Dr. Moritz Schreber – conforme foram expostas por Baumeyer e Niederland – e não poderia prever *o desastre alemão*, cujo início veio a testemunhar, mais de 25 anos após a publicação de seu texto. Mas cabe aqui uma questão: quando se iniciou o referido *desastre*? Teria sentido falar em início, meio e fim para situações tão extremas, ou melhor, situações que, por sua dramaticidade – como um delírio ou o naufrágio de uma nação –, exibem a precariedade de tomarmos o tempo como uma entidade estática, definida e passível de decomposições astronômicas? Vejamos mais detidamente este ponto.

T. S. Eliot: A casa incendiada, *Burnt Norton*

Eliot inicia seus *Quatro quartetos* com *Burnt Norton*, título que, segundo nos conta seu tradutor – Ivan Junqueira –, é o nome de um castelo, no Condado de Gloucester (Inglaterra), visitado por Eliot em 1934. Seu nome vem do fato de a primitiva edificação ter sido incendiada no século XVII, ficando então conhecida como The Burnt House, e só posteriormente Burnt Norton. E é o tempo que será um dos protagonistas do poema:

> O tempo passado e o tempo presente
> Estão ambos talvez presentes no tempo futuro
> E o tempo futuro contido no tempo passado,
> Se todo tempo é eternamente presente
> Todo tempo é irredimível.
> [...]
> Vai, vai, vai, disse o pássaro: o gênero humano
> Não pode suportar tanta realidade.
> O tempo passado e o tempo futuro,
> O que poderia ter sido e o que foi,
> Convergem para um só fim, que é sempre presente.
>
> (ELIOT, 1967, p. 19-20)

Irrecusável pensar que o poeta, nos meados dos anos 1930, pressentisse a Europa incendiada. Tão irrecusável como a conjectura de que Schreber – com tudo o que atualmente sabemos – não registrasse em seu delírio o irredimível da experiência totalitária.

Em nosso entendimento, porém, mais importante que as inevitáveis correlações que o delírio de Schreber e o *assassinato de almas* a que se assistiu seria investigarmos e detectarmos os invariantes anteriores e posteriores à catástrofe, os quais permitem o reconhecimento, ou seja, o processo que se arrasta há um longo tempo, inacreditavelmente despercebido. O processo individual – a criação do delírio – guarda uma inescapável semelhança com o coletivo: a construção da sociedade totalitária. Sob esse aspecto concordamos com Canetti: a paranoia é a enfermidade do poder. Entretanto, como veremos mais adiante, é necessário sublinharmos diferenças: a psicologia individual não dá conta dos fenômenos grupais.

Neste momento, o ponto que desejamos frisar é que o *delírio de Daniel Paul Schreber foi uma memória do futuro*. A inteligência e sensibilidade de Schreber foram capazes de registrar seu drama pessoal e o de seu ambiente cultural de uma forma bizarra, mas reconstrutiva de um mundo que se esfacelava. Detenhamo-nos um pouco em tais afirmações.

Recordemos que o mundo de Schreber foi construído, por sinal, cuidadosamente construído, por seu pai, ou melhor, por *sua relação com seu pai*, pautada por regras que muito se aproximam do que Bion descreveu como as regras de "transformação em alucinose". Reportemo-nos ao que acima descrevemos. Não ignoramos o papel de sua mãe nisso tudo, até por sua ausência, mas temos poucos elementos para maiores considerações a seu respeito. Aquele mundo ruiu. Santner atribui tal catástrofe à impossibilidade de Schreber de assumir a investidura simbólica que o cargo de *Senatspräsident* lhe demandava. Concordamos, numa linha que, por outro trajeto, é próxima à de Lacan, uma vez que tal papel exigiria uma relação interna com a figura do pai que Schreber não possuía. Contudo, acrescentaríamos que o mundo que ruiu já estava estruturado sob um regime de *relações de objeto* frágil para o contato com a realidade e suas inevitáveis exigências e frustrações. Da mesma forma, sua reconstrução por meio do delírio (lembremo-nos do *insight* de Freud, quanto ao *delírio como uma tentativa de cura*) deveria obedecer também à mesma sintaxe (existe um tal; superior/inferior; melhor dar do que receber; etc.).

Este é o ponto central de nossa proposta: a construção, destruição e reconstrução de um mundo guardam uma invariância, a ser pesquisada, talvez, muitas vezes, não passível de ser reconhecida.

John Rickman: *Com quantos paus se faz uma canoa?* A psicanálise e os grandes grupos

Durante boa parte de nossa exposição, sublinhamos a concordância dos comentadores em correlacionar de alguma forma o delírio de Schreber e o "desastre alemão". Nossa própria avaliação também não fugiu dessa correlação. Contudo, ficamos frustrados quando tentamos, ou lemos tentativas, de *esclarecer* o referido desastre à luz da psicanálise. Pensamos que tal insatisfação se origina do fato de os grandes grupos apresentarem uma dinâmica própria, cuja compreensão pede categorias novas, não sendo útil a analogia quer com a psicologia individual, quer com a dos pequenos grupos. Nesta linha de pensamento, fenômenos tão abrangentes como o nazismo, ou certos fundamentalismos, resistem às usuais explicações. Evidentemente, não estamos excluindo decisivos fatores de ordens econômica, política ou histórica; estamos apenas nos restringindo ao ângulo psicanalítico. Por mais limitada que seja a contribuição da psicanálise para a compreensão de fenômenos culturais de tal porte e complexidade, estes não podem, entretanto, prescindir da psicanálise para o seu entendimento. Nos grandes dramas ou nas tragédias coletivas, sempre há uma quota de irracionalidade irredutível às tradicionais explicações. Usualmente é uma quota de crueldade[12].

Embora a psicanálise tenha um lugar privilegiado neste debate, não tem a teoria psicanalítica instrumentos muito desenvolvidos para oferecer uma contribuição mais efetiva. Há iniciativas dispersas que são alentadoras, como o trabalho de Gilbert Diatikne (1999) sobre o conflito iugoslavo – *A gravata croata: narcisismo das pequenas diferenças e processos de civilização* – e o de Catia Galatariotou (2008) sobre a prolongada guerra civil em Chipre, *From psychosocial equilibrium to catastrophic breakdown: Cyprus 1955-1974*.

Gostaríamos, contudo, de ilustrar nossa sugestão de pesquisa com um antigo texto, datado de 1938, mas só recentemente publicado (2003), de John Rickman, um dos precursores, ao lado de Bion, dos trabalhos sobre grupos a partir de um ponto de vista psicanalítico. Assim, faremos uma sumária descrição da experiência que Rickman (1938) descreve em *Does it take all kinds to make a world? Uniformity and diversity in communities.*

---

[12] Recordemos a oportuna observação de Derrida nos *Estados da alma da psicanálise*: "Por toda a parte onde uma questão do sofrer *por* sofrer, do fazer ou deixar de fazer o mal *pelo* mal, por toda parte, em suma, onde questão do mal radical ou de um mal pior que o mal radical não estaria mais abandonada à religião ou à metafísica, nenhum outro saber estaria disposto a se interessar por algo como a crueldade – salvo o que se chama psicanálise" (Derrida, 2001, p. 9).

Com este intrigante título, Rickman apresenta seu tema, a partir de uma inusitada experiência na Rússia dos últimos anos da primeira década do século XX, portanto, às portas da revolução. Importante esclarecer que Rickman, devido à tradição *quaker* de sua família, era um pacifista e, portanto, não serviu no exército britânico na I Guerra Mundial. Em contrapartida, serviu como médico voluntário no *front* oriental, daí sua experiência no interior da Rússia, prestes a tornar-se União Soviética. O pequeno vilarejo em que trabalhou, a muitos quilômetros de distância de qualquer cidade, vivendo unicamente da agricultura, sem a presença de grandes proprietários, era uma comunidade sob vários aspectos homogênea.

Nessa comunidade, observou que o grupo pedia a uniformidade como seu ideal. Isso lhe facilitou, sobremaneira, estudar a questão que o preocupava, qual seja: *deve ou não haver uniformidade nos grupos? Vale a pena a variedade, ou não?* Eram questões que, na época, envolviam a escolha entre diferentes opções políticas, a questão do partido único, do âmbito das liberdades política e econômica, etc.

No vilarejo em que trabalhava, Rickman presenciou dois episódios que utiliza como ilustrativos:

A – Um membro da comunidade, injustamente desconfiado em relação ao chefe (importante frisar que o "chefe" neste grupo não tem maior poder, considerando Rickman tratar-se de um *leaderless group*) quanto ao pagamento de uma pensão, atacou com um machado sua égua predileta. Para surpresa de Rickman, o caso não foi levado às autoridades policiais, e o criminoso foi tratado com a maior tolerância. Não há espaço, no momento, para descrevermos o interessante diálogo do *chefe* com Rickman quanto à inutilidade da prisão – impossibilidade de esta demover o infrator de suas ideias; inconveniências para a família do acusado; etc. –, sendo na ocasião sublinhado que ele era "um dos nossos", um *vizinho*.

B – Como o relato de Rickman abrange um período entre 1916 e 1918, presenciou ele outra situação – após a Revolução Socialista de 1917 –, em que teve de tratar de um propagandista enviado por Moscou a este mesmo longínquo lugarejo que foi severamente mal recebido. Uma forte pancada com uma garrafa de cerveja em sua cabeça foi o tratamento que recebeu para que parasse de propagar suas ideias, tomadas como estranhas pela comunidade. Rickman pouco tempo teve para cuidar de seu paciente, pois este tomou a providência de abandonar o mais rápido possível aquele vilarejo. Em suma, houve uma radical intolerância, atitude muito distinta da assumida no primeiro caso.

Rickman interpreta tais situações a partir de certos pressupostos como: no primeiro caso (A), houve uma ameaça vinda de dentro do grupo, enquanto no segundo caso (B) a ameaça à coesão do grupo veio de fora. Isso faria toda a diferença, pois esse grupo homogêneo, sem líder, procuraria preservar o *ideal comum*: a ligação que mantinha seus membros unidos, o próprio grupo funcionaria como um ideal. Nesse sentido, os grupos não precisariam de líderes; o ideal do ego seria o próprio grupo. Por outro lado, em tais grupos não haveria lugar para diferenças individuais, livre expressão ou outras manifestações que pudessem ameaçar a coesão grupal. Da mesma forma, não seriam estimuladas atividades que propiciassem o surgimento de líderes, como o realce de capacidades individuais, embora estas pudessem manifestar-se nas atividades artísticas, que Rickman denomina os *ornaments of life*. O autor descreve com muita perspicácia e humor várias atividades grupais, como as diversas etapas de uma reunião da comunidade, reuniões que visariam sempre chegar a um consenso. A manutenção da coesão grupal parecia ser o objetivo supremo, o que implicaria o afastamento voluntário de alguns membros – esta é uma interpretação de Rickman –, promovendo movimentos migratórios. Outros aspectos, mais sutis, são frisados, tais como a não distinção entre pensamento e ação, o caráter antissocial da defesa de uma opinião individual, qualquer manifestação de independência seria tomada como um ato agressivo ao grupo, e a necessidade de criação de "bodes expiatórios". Este último ponto é particularmente interessante, uma vez que Rickman realça a importância do manejo da agressividade; a necessidade de tais grupos de manter uma situação idealizada de ausência de agressividade, sendo esta, sempre que possível, expressa como um "contra-ataque" à agressividade externa. Vale a pena repetirmos as palavras de Rickman (p. 167): "Man may be described as an animal that is continually seeking guilt-free ways of being aggressive".

Rickman neste texto classifica os grupos em três tipos:

a) Grupos homogêneos – como o que foi acima descrito. Seriam *leaderless groups*.
b) Grupos heterogêneos – comportariam diferentes egos, mas um mesmo ideal de ego. Seriam grupos propensos a cultuar um herói, uma figura parental idealizada.
c) Grupos heterogêneos – comportariam não só diferentes egos, mas diferentes ideais de ego.

A descrição dos grupos heterogêneos não é tão rica como a que faz dos grupos homogêneos, pois trata-se mais de uma especulação, sem dúvida brilhante, das sociedades de seu tempo. O modelo para o grupo heterogêneo b seria a própria sociedade inglesa, com sua casa real como um ideal comum, ao mesmo tempo em que há um amplo espaço para a divergência política, no parlamento. Para o grupo heterogêneo c, toma como modelo a sociedade norte-americana, que permitiria, a seu ver, um amplo leque de ideais de ego. Ao final do texto, Rickman comenta que utilizou modelos políticos por ser um campo onde se pode observar com nitidez a ação e a agressividade de um grupo. Considera, contudo, que os mesmos problemas serão encontrados no "[...] terreno da moral, gosto estético e religião [...] a humanidade está sempre moldando sua vida grupal, de modo que encarne um primitivo ideal de perfeita uniformidade, ou ainda um lugar de luta com um objetivo *último* de paz" (RICKMAN, p. 183).

Não esqueçamos que o último livro publicado de Bion (1970) – *Atenção e interpretação* – tem como subtítulo: "Uma aproximação científica à compreensão interna na psicanálise e nos grupos". Nesse texto, encontramos algumas das mais valiosas formulações – como a discussão dos diversos tipos de relação continente ↔ contido, a reflexão sobre a mudança catastrófica, até a questão de alcançarmos uma *linguagem de êxito* – que, por mais revolucionárias e corajosas, ainda são pensamentos embrionários ante nossa espetacular ignorância.

Esperamos com nosso texto, mais uma proposta do que uma realização, dar nossa contribuição para a expansão da psicanálise em terrenos – loucura e cultura – que sempre foram seu substrato, e de onde extrai sua vitalidade.

Referências

BAUMEYER, F. et al. *El caso Schreber*. Buenos Aires: Ediciones Nueva Visión, 1972.

BION, W. R. *Experiências com grupos*. Rio de Janeiro: Imago, 1970.

_____. *Transformações*. Rio de Janeiro: Imago, 1983.

_____. *Atenção e interpretação*. Rio de Janeiro: Imago, 1973.

_____. *Uma memória do futuro*. O sonho. São Paulo: Martins Fontes, 1989. 1 v.

_____. *Uma memória do futuro*. O passado apresentado. Rio de Janeiro: Imago, 1996. 2 v.

_____. *Uma memória do futuro*. A aurora do esquecimento. Rio de Janeiro: Imago, 1996. 3 v.

CANETTI, E. *Massa e poder*. São Paulo: Melhoramentos, 1983.

DERRIDA, J. *Estados-da-alma da psicanálise*. São Paulo: Escuta, 2001.

DIATKINE, G. A gravata croata: narcisismo das pequenas diferenças e processos de civilização. *Trieb*, n. 8, 1999. (Texto publicado na Revue Française de Psychanalyse. Paris: PUF, 1993, n. 4).

ELIOT, T. S. *Quatro quartetos*. Rio de Janeiro: Civilização Brasileira, 1967.

FOUCAULT, M. *História da loucura*. São Paulo: Perspectiva, 1978.

FREUD, S. The neuro-psychoses of defence. In: _____. *The standard edition of the complete psychological works of Sigmund Freud*. v. III, 1894.

_____. Psycho-analytic notes on an autobiographical account of a case of paranoia (dementia paranoides). In: _____. *The standard edition of the complete psychological works of Sigmund Freud*. v. XII, 1911c.

_____. Group psychology and the analysis of the ego. In: _____. *The standard edition of the complete psychological works of Sigmund Freud*. v. XVIII, 1921.

_____. Neurosis and psychosis. In: _____. *The standard edition of the complete psychological works of Sigmund Freud*. v. XIX [(1923) 1924]

_____. The loss of reality in neurosis and psychosis. In: _____. *The standard edition of the complete psychological works of Sigmund Freud*. v. XIX, 1924.

. Why war? In: _____. *The standard edition of the complete psychological works of Sigmund Freud.* v. XXII, 1933b.

_____. Splitting of the Ego in the process of defence. In: _____. *The standard edition of the complete psychological works of Sigmund Freud.* v. XXIII, (1940 [1938])

GALATARIOTOU, C. From psychosocial equilibrium to catastrophic breakdown: Cyprus 1955-1974. *International Journal of Psychoanalysis,* v. 89, p. 845-866, 2008.

LEME LOPES, J. *Delírio* – possibilidades e tratamento. Rio de Janeiro: Livraria Atheneu, 1982.

MARINHO, N. *Razão e Psicanálise.* O Caso Schreber (Freud, 1911) revisitado a partir das contribuições de Marcia Cavell e Ludwig Wittgenstein. Tese de doutorado (Departamento de Filosofia). PUC-Rio, 2006.

NIEDERLAND, W. G. *O caso Schreber.* Rio de Janeiro: Campus, 1981.

RICKMAN, J. Does it take all kinds to make a world? Uniformity and diversity in communities. In: KING, P. (Ed.). *No Ordinary Psychoanalyst: The Exceptional Contributions of John Rickman.* London: Karnac Books, 2000.

SANTNER, E. L. A *Alemanha de Schreber.* Rio de Jnaeiro: Jorge Zahar, 1997.

SCHATZMAN, M. *Soul murder: Persecution in the family.* New York: Random House, 1973.

SCHREBER, D. P. *Memórias de um doente dos nervos.* Tradução de Marilene Carone. Rio de Janeiro: Edições Graal, 1984.

WITTGENSTEIN, L. *Philosophical investigations.* New York: Macmillan, 1968.

_____. *Investigações filosóficas.* São Paulo: Nova Cultural, 1991.

_____. *Da certeza.* Lisboa: Edições 70, 1990.

DA CONSTRUÇÃO DO PENSAR[1]

JOSÉ RENATO AVZARADEL[2]

Este trabalho visa a aprofundar a compreensão sobre a formação do pensar a partir do estudo da linguagem pictórica, investigando a construção dos ideogramas chineses, tomando-os como um modelo que permite o entendimento do trabalho mental de construção de linguagem e pensamento num processo simultâneo.

Neste estudo, exporei os ideogramas graficamente e sua montagem a partir da reunião dos pictogramas. Dessa forma, estarei não apenas discorrendo sobre a linguagem por imagens, mas expondo-a. Objetivo, assim, uma observação direta que possibilite que se compreenda melhor como os elementos primários, os pictogramas, reunidos, constroem metáforas e fundamentam a linguagem, numa confluência que ajuda na compreensão da construção dos pensamentos em sintonia com alguns desenvolvimentos psicanalíticos recentes.

A linguagem por imagens parece ser anterior à linguagem verbal, e o processo psicanalítico, ao se dirigir para desenvolver a capacidade de pensar, encontra no conceito de atividade onírica de vigília uma base consistente para entendermos as ligações entre a linguagem onírica, por imagens, e o pensamento.

---

[1] Trabalho publicado no International Journal of Psychoanalysis – 2011.

[2] José Renato Avzaradel é membro efetivo e analista didata da Sociedade de Psicanálise do Rio de Janeiro.

Algumas questões permanecem em aberto. Aquilo que o bebê possui ao nascer são sensações corporais. Freud já afirmara que o ego é inicialmente corporal, e não poderia ser de outra forma. Porém, como sensações corporais, elementos mentais concretos podem ser reunidos e transformados em elementos mentais abstratos, em representações mentais, em símbolos, em conceitos? Em suma, como se desenvolve o pensar?

A elaboração de tais questões impõe necessariamente um diálogo entre conceitos linguísticos, filosóficos e psicanalíticos. A questão da linguagem tornou-se central para a filosofia no século XX, tendo na teoria das relações de objeto uma vertente psicanalítica que sustenta este diálogo. Por outro lado, as contribuições linguísticas, desde Saussure, passando, dentre outros, por Fenollosa e Derrida, têm contribuído para a psicanálise em várias de suas vertentes.

A importância clínica dessas questões se impõe porque em várias patologias graves o pensamento é claramente prejudicado. Faz-se concreto, sem simbolização. Observamos isso nas compulsões em que o sintoma envolve algo concreto: comida, álcool, drogas, etc., numa passagem ao ato, sem que haja o pensar. Observamos o mesmo problema nas psicoses e nas hipocondrias graves. Como lidar com essas situações já que as interpretações psicanalíticas necessariamente são metáforas, abstrações que envolvem simbolização? Como trabalhar com pacientes que ficam aprisionados em uma área mental em que o simbolismo não existe? Uma área pré-simbólica, concreta, no nível dos objetos mentais concretos primitivos.

Deparamos com uma dificuldade ou mesmo impossibilidade lógica. Como compreender aquilo onde não há significado, nem representação mental, nem simbolismo? Não temos como compreender uma área mental em que representações não foram realizadas. Para que algo mental possa ser entendido, ele necessita ser expresso, e só é possível fazê-lo por meio da simbolização. Quando esta não ocorre, o mental não adquire expressão inteligível e não pode ser compreendido. É um buraco negro. Uma área inexpugnável. Ela nos é, portanto, incognoscível, não tem sentido intrínseco. Não é logicamente possível nela penetrar. Os simbolismos da mente do analista servem para que este possa ter suposições sobre o que se passa nestas áreas de não pensamento, mas não permitem que as interpretações formuladas a partir desse simbolismo possam ser utilizadas pelo paciente. Ou ele ouve como se estivesse ouvindo uma língua estranha e não compreende absolutamente nada do que o analista diz, ou ele compreende intelectualmente, utilizando outra área de sua mente; a área de não pensamento, entretanto, permanece intocada. Isso me parece muito semelhante com o que deparamos nos pacientes psicóticos e hipocondríacos graves. Abre-se uma questão sobre a representação de afetos e as representações inconscientes. Pacientes trazem para a análise sentimentos que são, sem dúvida, uma forma de conhecimento. Mancia (2006) expõe isso de forma clara ao abordar a questão do inconsciente que não é consequência da repressão. Relata como sua paciente se expressa via identificação projetiva na mente do seu analista. Essa comunicação de sentimentos só alcança, no entanto, sua significação quando o analista pode interpretá-la e, assim, dar a ela toda uma representação mental que se confirma no sonho que a paciente pode então sonhar. O conceito de campo desenvolvido pelo casal Baranger permite-nos entender esta representação como expressão do campo e não apenas da mente do analista. A resposta da paciente, sonhar, expõe claramente sua possibilidade de abstração e de simbolização. Quando isso ocorre, não estamos diante de um buraco negro, de uma ausência de capacidade de significar, mas, sim, diante de significados potenciais. Rocha Barros (2006) aponta para a existência desses significados. Mancia confirma essa possibilidade a respeito do que chamou de memória implícita, isto é, memórias afetivas ligadas a experiências primitivas. Escreve: "Esta observação mostra que uma experiência guardada na memória implícita pode ser representada simbolicamente em sonhos". Sobre isso escreve Meltzer em *Dream Life* (1984): "A sequência mais lúcida parece requerer a definição do processo onírico como sendo o de pensar as experiências emocionais".

Os afetos são representados quando alcançam significado, por exemplo, sentir raiva ou tristeza; mas há situações onde isso não ocorre, como nos casos clínicos relatados, nos quais, no lugar dos afetos, há vômitos num caso e certeza de câncer no outro. O sentimento não é experimentado. Não alcança representação.

As representações mentais são também inconscientes, conforme se observam nos trabalhos dos sonhos, bem como na atividade onírica de vigília, um trabalho mental distante da consciência, mas sempre presente, e que, em algumas situações peculiares, como durante uma sessão de análise, podem tornar-se acessíveis, sendo então expressas. Considera-se, assim, a fantasia inconsciente que é desnudada pela interpretação do analista. Para Freud, as representações inconscientes são representações das pulsões (PONTALIS, 2001).

Em *Aprendendo com a Experiência*, Bion postula a existência de uma função alfa que transformaria os chamados elementos beta; as impressões sensoriais não elaboradas e que não se vinculam a elementos alfa que podem vincular-se. Ainda Bion, em *Diferenciação da Personalidade Psicótica e Não Psicótica*, afirma que o psicótico se move não num mundo de sonhos, mas num mundo de objetos que constituem ordinariamente os artefatos dos sonhos. E continua: como se livrou do que junta, sua capacidade de articulação, seus métodos para síntese são sentidos como macilentos, podem comprimir, porém não podem juntar. Além disso, Bion desenvolveu o conceito de *rêverie*, a capacidade da mãe e do analista de conter e "digerir" para o bebê ou para o paciente seus elementos beta.

Tais contribuições abriram espaço para desenvolvimentos posteriores, e dois autores em particular elaboraram ideias que são importantes para o objetivo deste trabalho: Thomas Ogden e Antonino Ferro. Ogden, em *On the Nature of The Schizophrenic Conflict*, aponta que a identificação projetiva é o único conceito que inerentemente lida com a interface do intrapsíquico com o interpessoal, isto é, as formas pelas quais as fantasias de uma pessoa são comunicadas e como é feita pressão sobre o receptor, o que ainda é um mecanismo pouco compreendido. Sabemos que a identificação projetiva ocorre e é fundamental, mas nosso conhecimento sobre ela ainda é insuficiente. Ferro aponta também como o conhecimento que temos sobre a psicose e as teorias que usamos não dão conta do problema. Nesta época, Ogden publica trabalhos sobre identificação projetiva e esquizofrenia, e sugere uma teoria que se apoia na ideia de um conflito entre conhecer e não conhecer. Sua teoria não ganha consistência, mas sua busca deixa claro como de fato sabemos pouco sobre uma área da mente que não significa; não pensa; não evolui de beta para alfa. No desenvolvimento de suas pesquisas, Ogden vai aprofundar-se no estudo da *rêverie,* e talvez seus trabalhos mais emblemáticos sejam *Reverie and Metaphor* e *The Analytic Third: Working With Intersubjective Clinical Facts.* Assim, ele abre mão de sua pesquisa sobre o não pensamento para desenvolver uma técnica mais atenta ao uso da *rêverie,* o que indica um possível caminho. Ferro, também preocupado em alcançar pacientes graves, sugere uma técnica útil para os pacientes que possuem uma função alfa funcionante, mesmo que razoavelmente; nela se trabalha no que ele chama derivados narrativos, que são metáforas daquilo que está passando-se na sessão, num outro cenário, trazido pelo paciente, sem nunca perder o foco do momento transferencial – contratransferencial. Isso permite que o paciente, ao se sentir menos perseguido pelas interpretações, possa então fazer melhor uso destas. Inquestionável é que nos pacientes de "difícil acesso" essa técnica tem se mostrado muito útil.

O mais interessante trabalho sobre metáfora, entretanto, me parece *Da Experiência do Pensar,* de Heidegger, livro em que, na página da esquerda, o autor escreve um texto filosófico em forma poética. Na página da direita, apenas um poema, porém uma metáfora em outro cenário daquilo que se encontra na pagina anterior. Assim, uma forma enriquece a outra e ambas se complementam. Retomando a proposta de Ferro, ela desenvolve-se na direção de sonhar na sessão o material do paciente e, assim, desenvolver, ainda na sessão, a capacidade de sonhar, em outras palavras, de pensar.

A psicanálise e o conhecimento da mente humana desenvolveram-se sempre a partir de estudos de casos patológicos: fobias, histerias, obsessões e mais recentemente pacientes de difícil acesso. Nos pacientes com áreas de não pensamento, estas não podem ser analisadas por definição porque são incognoscíveis, e não é logicamente possível significar o que não tem significado; entender o significado onde ele não existe; interpretar onde não há simbolismo. A impotência experimentada pelo analista, nesses casos, não é fruto de identificação projetiva do paciente. É impotência mesmo, real. Assim não há como compreender a fisiologia da formação do pensamento caminhando pela sua fisiopatologia.

Diálogos

Para uma investigação destas ideias, alguns pontos necessitam ser esclarecidos:

a) A simultaneidade dos processos de pensamento e de linguagem.
b) A linguagem como fruto da intersubjetividade e sua constituição intrapsíquica.
c) A linguagem como forma de ação e não apenas comunicação.
d) Como identificar e compreender os códigos linguísticos (gerais) e os intracódigos linguísticos (individuais).

Alguns autores, entre os quais se destacam Márcia Cavell e Emilia Steuerman, vêm apontando para uma confluência de ideias entre a vertente psicanalítica da teoria das relações de objetos e a filosofia analítica da linguagem. Esse diálogo gera maior consistência dos conceitos, maior respaldo da teoria das relações de objetos e maior perspectiva de entendimento dos fenômenos.

Dois conceitos Kleinianos contribuem de forma essencial para o diálogo: o conceito de identificação projetiva e o de pulsão, que, para Klein, implica a busca do objeto. A pulsão tem uma intencionalidade, e isso define que a relação sujeito – objeto ocorre desde o início da vida, assim a intersubjetividade é colocada como algo presente

Da construção do pensar

desde os primórdios. Em segundo lugar, o conceito de identificação projetiva, que, como apontou Ogden, inerentemente faz a ponte entre o intersubjetivo e o intrapsíquico, mostrando como o indivíduo pode comunicar, agir sobre a mente de outro, gerando mudanças, ou seja, a linguagem como ação. A função de comunicação da identificação projetiva foi, como descreve Spillius (1983), primeiramente estudada por Bion e desenvolvida por Rosenfeld. O paciente leva o analista a entender o que sente quando submetido àquilo que se passa com ele, para que o receptor – continente – (analista) transforme o apreendido. E assim age sobre a mente do seu analista. Bion, ao descrever o mecanismo de identificação projetiva realística, levou esse conceito ainda mais longe, tornando-o não mais uma fantasia, mas uma fantasia com consequências reais sobre o objeto. Rosenfeld expõe que esse mecanismo está presente no relacionamento infantil normal, na comunicação não verbal entre mãe e bebê.

Posteriormente, esse conceito se estendeu para a compreensão de como os pacientes podem agir sobre o analista para induzi-lo a participar, a se tornar um elemento de seu sistema de defesas, o que, quando ocorre, estabelece um impasse que aprisiona a dupla.

Money Kyrle (1956) aponta ainda que essa forma de comunicação não se mostra ao analista como uma construção do paciente; o analista a vive como sendo algo seu. É uma comunicação-ação, silenciosa, porém eficaz.

Muitos desenvolvimentos da técnica kleiniana se apoiam nesta ideia. Assim, pensamos como o paciente projeta e como faz pressão sobre o analista, e sua compreensão é vital para do processo analítico, pois, sem dúvida, gera maior aprofundamento e compreensão dos fenômenos de transferência e contratransferência. Os estudos sobre *rêverie* e campo psicanalítico vão mais adiante na compreensão da intersubjetividade e são consequências naturais desses conceitos.

Voltando-nos para a filosofia, "virada linguística" foi a expressão com que Rorty (1967) designou o que ocorreu com a filosofia no século XX. Derrida (1974) aponta também que é devido à linguagem que as grandes transformações ocorreram na filosofia nesse período.

O foco deixou de ser o sujeito para ser a linguagem. Tal caminho passa primeiro por Bertrand Russel e Wittgenstein (1922), numa abordagem chamada de semântica clássica, em que se estuda como elementos mais simples se reúnem para formar elementos mais complexos, e, consequentemente, a análise dos elementos mais complexos implica uma espécie de decodificação até chegar aos seus elementos mais simples. A isso se chamou atomismo lógico, base para uma forma de pensar que permite o desenvolvimento da ciência. É uma visão sobre os processos intrínsecos da formação da linguagem, algo que em psicanálise chamamos de intrapsíquico. Num segundo momento, caminhou-se para a filosofia da linguagem ordinária, desenvolvida pelo chamado "segundo" Wittgenstein (1953) e Austin, entendendo-se que a linguagem é construída na relação entre os indivíduos, por meio de jogos de linguagem. Sobre isso escreve Derrida: "Nós sempre falamos uma linguagem, e como ela retorna do outro, ela existe assimetricamente, sempre para o outro, do outro, guardado pelo outro, vindo do outro, ficando com o outro, retornando ao outro" (1998).

Nosso paralelo psicanalítico é a intersubjetividade, daí a importância da teoria das relações de objetos e da identificação projetiva. As duas abordagens não são excludentes. Ao contrário, são complementares porque um exame completo da questão não pode prescindir nem do campo intrapsíquico nem do intersubjetivo. As duas realidades são simultâneas e interpenetráveis.

É autoevidente que a linguagem se constitui na relação entre os sujeitos. Assim, todos nascidos num determinado país ou numa mesma cultura falam a mesma língua e, se tivessem nascido em outro país, falariam uma língua diferente. Também evidente é que a linguagem é não apenas comunicação, mas uma forma de agir sobre o outro, transformando-o, o que se compreende tanto por meio dos jogos de linguagem na filosofia como mediante a teoria da relação dos objetos na psicanálise. Todos os estudos sobre o *ennactment* se baseiam nisso e muito da técnica psicanalítica neokleiniana também.

Para Emilia Steuerman, o traço predominante da filosofia no século XX é o interesse pela linguagem, o qual forma o interesse por nosso conhecimento de nós mesmos e dos mundos em que vivemos. Essa visão reconhece que o homem é criado pelo mundo linguístico da intersubjetividade, e Danilo Marcondes, em seu ensaio "Duas concepções de análise na filosofia analítica" (2006), ressalta que não se separa a linguagem da realidade sobre a qual esta linguagem fala como duas naturezas distintas, mas, ao contrário, ao se examinar a linguagem, já se está examinando esta realidade e não se tem como analisá-la diretamente, independente da linguagem.

Essas questões não são objeto de reflexão apenas da filosofia ocidental.Na filosofia oriental, vamos encontrar pontos de vistas semelhantes. Diz Chang Tung Sun: "Linguagem e pensamento são fundamentalmente inseparáveis". Todo pensamento para articular-se só poderá fazê-lo a partir da linguagem e do símbolo. Toda terminologia nova representa um desenvolvimento do pensamento em nova direção. E Yu Kuang Chu afirma que "a estrutura de uma linguagem condiciona os processos de pensamento".

Assim, para compreendermos melhor a construção dos pensamentos, como impressões sensoriais podem ser transformadas em conceitos, em representações mentais, ou como se constrói alfa, poderemos seguir o caminho de como se constrói o mundo linguístico, do pré-linguístico ao linguístico. No entanto, deve deixar-se claro que pré-linguístico é anterior ao pensamento por imagens visuais, o que precede o pensamento verbal. Do pré-linguístico ao linguístico, o pensamento por imagens fundamenta-se no esquema sensório-motor.

Jones (1916) afirma que o processo de simbolização começa por simbolizar o próprio corpo. O que podemos supor é que a esfera das sensações corpóreas, seja das percepções táteis, seja das percepções internas (fome, movimento dos órgãos, cólicas), seja dos movimentos, vai adquirir um nível de representação primitivo, pictórico, dos objetos experimentados como coisas concretas. As pulsões iriam ganhar uma representação mental inconsciente. Podemos considerar isso como as primeiras percepções. Estas, que estarão sempre vestidas pelas pulsões, são o que podemos chamar de um mundo pré-linguístico, sensório-motor, que vai ganhar representações simples e imagéticas. Como esse processo ocorre, não sei se é possível saber. Mas este é o caminho que leva ao mundo linguístico por imagens. Este estudo examinará tais questões a partir do momento em que as primeiras e toscas representações por imagens foram desenvolvendo-se, complexizando-se e tornando-se uma linguagem pictórica.

Alfred Korzybski, fundador da semântica geral, base da neurolinguística, publica em 1939 *Science and Sanity. And Introduction to Non-Aristotelic System and General Semantics,* e escreve: "Não chegamos a compreender o tremendo poder que tem uma língua habitual. Não é exagero dizer que ela escraviza através de mecanismos das reações semânticas. Que a estrutura exibida pela linguagem e que esta nos inculca inconscientemente, é automaticamente projetada ao nosso redor sobre o universo" Isaias Melhson diz algo bastante próximo: "[...] formas simbólicas funcional e estruturalmente diferentes são os órgãos de constituição e de produção de mundos objetivos diversos". Assim, podemos concluir que códigos linguísticos diferentes geram compreensões diferentes da realidade. Daí porque uma informação lida ou ouvida se agrega à mente de cada pessoa de forma única e peculiar. Nessa direção, afirma Eco: "A língua não é aquilo através do que se pensa, mas aquilo com que se pensa, ou, mais exatamente, aquilo que nos pensa ou pela qual somos pensados" (apud CAMPOS). Um exemplo bastante elucidativo de como as formas semânticas influenciam o pensamento nos é dado por Yu-Kuang Chu, em *Interação entre Linguagem e Pensamento em Chinês.* O autor relata que, numa universidade bilíngue (inglês-japonês), quando se deseja que os alunos apreendam o aspecto relacional ao assunto da aula, expressa-se em japonês, mas, quando se deseja que os aspectos apreendidos sejam os causais, a comunicação é em inglês.

Como vemos, linguagem e pensamento são inseparáveis. Como é impossível estudar um sem o outro, podemos concluir que campo linguístico e o pensamento, embora não sejam a mesma coisa, se constituem simultaneamente e de forma indissociável. Isso estabelece

DA CONSTRUÇÃO DO PENSAR 209

um ponto básico. Não posso examinar o pensamento de forma direta, pois este só alcança expressão por meio da linguagem. Mas posso compreender o pensamento e o campo linguístico como espelhos um do outro, pois são inextricavelmente ligados. Portanto, quando examino um, estarei examinando o outro. Dessa forma, o que desenvolvo neste trabalho é o exame da construção do campo linguístico, como forma espelhada de examinar a construção do pensamento.

Transmissão dos Intracódigos

Tanto Saussure quanto Ernest Fenollosa, estudando línguas distintas de épocas distintas, concluíram que há um intracódigo na linguagem poética. Os intracódigos são códigos não explícitos, mas que estruturam o poema, a linha mestra das ideias e principalmente de sua construção, em uma estrutura que determina a expressividade do poema. Os psicanalistas sabem como esta se assemelha à linguagem do processo primário. Saussure chamou a isso de esqueleto do código, uma "segunda maneira de ser" intrínseca.

A transmissão dos intracódigos, ou de moldes de pensar, também se faz na relação entre os sujeitos, da mesma forma como a transmissão dos códigos semânticos. Identificação projetiva é seu principal mecanismo. Os intracódigos não são ditos ou escritos, mas organizam os elementos mentais, sendo um não dito que organiza o dito. Organizam a formação dos conceitos, o encadeamento das representações mentais, a linha das ideias de um diálogo, inclusive psicanalítico. Organizam como pensamos. A teoria das relações de objetos propõe a ideia de que a mãe fornece um espaço mental em que sensações e sentimentos podem ser elaborados. A partir daí, a construção de significados mentais, de símbolos e de representações mentais pode ser realizada. A primeira relação de um sujeito é com sua mãe. É nesse nível mais primitivo do desenvolvimento humano que os intracódigos vão estabelecer-se. Há uma comunicação entre mãe e bebê, num nível pré-linguístico, que gera um mundo linguístico, e que, com o conceito de identificação projetiva, podemos parcialmente compreender.

A forma como a mãe vai metabolizar para o seu bebê esta passagem de objetos internos primitivos e concretos para objetos conceituais, abstratos e afetivos, o que chamamos de função alpha ou de capacidade materna de *rêverie*, implica necessariamente o uso de seus próprios intracódigos linguísticos. Tais intracódigos, sendo a sustentação da linguagem e do pensamento da mãe, geram um molde para o pensamento do seu bebê, o qual é evidentemente recheado com sua forma peculiar de experimentar, devolve à sua mãe via identificação projetiva os seus conteúdos, num processo ininterrupto de vaivém. A mãe não dispõe de outro meio que não a sua capacidade ou incapacidade de pensar e sentir. Assim, ela metaboliza, ou não, para o seu bebê os objetos que chamamos de beta, para transformá-los em alfa, mas o faz de uma forma única, que é a sua capacidade de pensar, seus moldes, sua unicidade.

Normalmente tendemos a examinar esses fatos olhando primordialmente para as identificações projetivas do bebê para a mãe. No entanto, esta também projeta em seus bebês tanto os seus elementos alfa quanto os betas. O projetar alfa ocorre por meio do colo, do acolhimento, do sentimento de paz, de ser amado, da tranquilização, o que favorece o desenvolvimento saudável do bebê. Ao projetar beta, num caminho às avessas do que normalmente estudamos, ela pode não apenas não digerir beta do bebê, mas invadir a mente dele com algo que não pode ser digerido, pois não passou por nenhum aparelho para pensar, já que não havia nenhum disponível.

Algumas vinhetas clínicas ilustram este aspecto de identificação projetiva da mãe sobre o bebê, moldando aspectos da mente do bebê ao invadi-lo com seus objetos bizarros:

a) Paciente com obesidade mórbida gradativamente revela a sua forma de se alimentar: coloca os alimentos na boca, não os mastiga, toma um largo gole de coca-cola para engolir o alimento. Não sente o gosto dele, apenas o da coca-cola. Não mastigar e não sentir o gosto expressam também como afasta qualquer percepção de receber algo. Após algum tempo, relata que, quando bebê, ao chorar, não importando a razão, sua mãe dava-lhe sempre uma mamadeira de coca-cola.

b) Paciente com bulimia, descrita ao final deste trabalho, relatava que, além da bulimia, comia muito pouco. Após algumas semanas, conta que seu filho de meses tem um estranho comportamento: tranca a boca para não comer e, quando come, logo depois inicia um movimento para vomitar. Descreve ainda que, se o pai o pegar no colo, o movimento para vomitar acaba. O pediatra já deu diagnóstico: o bebê tem regurgitação e deverá começar a tomar antiácido.

c) Paciente relata que sua mãe sempre contava a história de como ele vomitava ao comer uva, o que não ocorria quando esta era descascada. Fala isso sem entender, porque não sente qualquer problema em comer uva e gosta da fruta. Anos depois, chega a uma sessão espantado e conta que descobrira que sua mãe tinha vontade de vomitar ao comer uva. Só o fazia sem casca e, como se sentia envergonhada, escondia o fato.

Acho que esses exemplos são bastante ilustrativos da identificação projetiva da mãe sobre o seu bebê, com elementos beta invadindo a mente dele. Observamos como intracódigos patológicos são transmitidos e moldam formas de pensar ou de não pensar. Muitas das identificações dos filhos com os pais se passam assim.

Da mesma forma, o psicanalista vai utilizar não apenas seus conhecimentos teórico e técnico, mas também sua personalidade, sua forma peculiar de reunir os elementos em sua mente, seus intracódigos, como Ferro ressalta, na medida em que o processo de simbolização ocorre dentro da sessão, espaço onde se constrói um texto linguístico emocional, pois o foco da questão é a patologia da questão onírica (capacidade de vincular os elementos), e a função do analista é sonhar o sonho do paciente, isto é, "importa o que o analista faça do ponto de vista das microtransformações em sessão, não importando o que creia que faça ou em que dialeto creia que o faça". Isso possibilita que compreendamos o fato de que trabalhamos hoje de forma muito diferente do que se fazia há cinquenta ou sessenta anos, pois achamos que a técnica então usada poderia engessar o paciente e o processo psicanalítico. Mas é inegável que os tratamentos psicanalíticos funcionavam, caso contrário, a psicanálise não teria chegado hoje com esta pujança científica.

Então, temos de reconhecer que se passavam fatos na análise, como hoje também se passam, que estão além da técnica e da teoria. Mas como é o sonho do analista que Ogden e Ferro indicam? Como é esta identificação projetiva do analista para o paciente, já que isso parece ser a ponte por meio da qual o sonho sonhado pelo analista pode ser aproveitado e utilizado pelo paciente?

Em direção à alfa

Em trabalhos anteriormente publicados (AVZARADEL, 2005, 2006), examinei algumas das possibilidades de pesquisa a partir dos ideogramas chineses. Sem dúvida a da formação de significados, da construção de um mundo linguístico e da estruturação do pensamento é o que se mostrou mais frutífero. Este modelo é bastante útil para entender como se faz, nas palavras de Eisenstein (1994), "a passagem do pensamento por imagens para o pensamento conceitual, o uso de imagens materiais para sugerir relações imateriais", ou, se utilizarmos uma nomenclatura mais psicanalítica, como objetos internos primitivos e concretos se vinculam para formar objetos internos abstratos, conceituais e principalmente afetivos, tendo como consequência que os afetos possam adquirir representação mental. Dito de outro modo, como se processa a construção de alfa.

O campo intrapsíquico da construção do mundo linguístico e da construção do pensamento pode ser observado na construção dos ideogramas.

Estes se constroem reunindo pictogramas que, de início, eram ícones, cópias aproximadas dos objetos, os quais foram estilizando--se até se transformarem em símbolos metafóricos e, ao ser reunidos e diagramados, sugerem uma nova relação, uma nova ideia, que não está presente nos elementos isolados. O que importa mais é o processo relacional, pois se constrói uma metáfora relacional. Quem realizou o primeiro estudo consistente sobre ideogramas foi Ernest Fenolloza, em *Os Caracteres da Escrita Chinesa como Instrumento para a Poesia,* publicado em 1918. Escreveu Fenolloza: "[...] o enorme interesse da língua chinesa para a elucidação de nossos esquecidos processos mentais [...] fornecendo um novo capítulo para a filosofia da linguagem [...] a delicada substância do discurso se constrói sobre um substrato de metáforas".

As possibilidades de combinações de pictogramas e ideogramas são infinitas, prestam-se ao imaginário, daí porque, ao transpormos esse conhecimento para a psicanálise, fica evidente como a construção de significados mentais é infinita.

Cheng (2000) escreve: "Devem-se considerar os ideogramas como um conjunto de signos, constituído de traços estruturados em torno de um centro, de acordo com algumas regras nos oferecendo variedades infinitas".

Num trabalho anterior, Avzaradel (2006) examinou em maiores detalhes a importância dos ideogramas para a compreensão da poesia por intermédio de um estudo sobre a obra de Fenolloza e de Pound, verificando de que modo Pound utilizou a estrutura do ideograma como método de compor-escrever o que foi um fundamento para a poesia concretista, no que esta se assemelha à poesia chinesa. E como o método psicanalítico das associações livres e atenção flutuante, um pensamento sem conjunções e um pensamento relacional, e não de causa-efeito, encontram na escrita ideográfica um forte paralelo. O pensar do processo primário é, sem dúvida, um pensar ideográfico. As interpretações e os *insights* podem ser compreendidos como uma construção poética carregada de expressividade, como são os sonhos (LACAN,1977, apud CHENG, 2000).

A aproximação da escrita chinesa com a arte, por meio da caligrafia, como salienta Lacan e estuda Cheng, ou com o teatro, como salienta Eisenstein, indica a origem da expressividade nas artes, a possibilidade de representar as emoções. Cheng aponta uma frase de Shitao que resume esta questão: "Um único traço do pincel contém em si 10.000 traços".

A primeira abordagem psicanalítica do tema dos ideogramas foi feita por Bion em *Diferenciação das Personalidades Psicóticas e não Psicóticas*, mas sua referência a Fenolloza só é explicitada em *Cogitations,* publicado pós-mortem, 35 anos depois. Bion escreveu: "Minhas experiências me levaram a pensar que existe uma classe de pensamento referido a que chamo de ideografia e visão". Ferro enfatiza que a transformação de beta em alfa tem um caráter predominantemente de flashes visuais. Mas quem primeiro identificou correlações entre a escrita atual e a escrita chinesa, salientando o simbolismo existente nos traços, nos sinais ortográficos e nas letras, por meio da análise de crianças, foi Melanie Klein, em seu trabalho *O Desenvolvimento de uma Criança na Escola*. Na análise de Ernest, de seis anos, o "I" maiúsculo é o grande *popochen* (pênis) que quer ficar dentro da mamãe. Para Lisa, a letra "a" era o pai castrado. Para Fritz, o ponto do "i", assim como o "ponto-final" e os "dois-pontos", representava uma investida do pênis. O caso Fritz é abordado por Derrida em *De La Gramatologie,* como a mais importante aproximação psicanalítica ao tema. Melanie Klein afirma que este caráter simbólico e imagético permanece ativo na fantasia de toda a criança, de modo que os diversos traços, pontos, etc. da nossa escrita atual só poderiam ser simplificações obtidas como resultado de condensação, deslocamento e outros mecanismos que se tornaram familiares a partir de sonhos e das neuroses. Melanie Klein em momento algum abria mão de considerar que toda a produção mental tem significado simbólico e que, evidentemente, o nosso alfabeto não poderia ser uma exceção. Não existe o aleatório, o arbitrário na mente humana. A psicanálise tem demonstrado de forma contundente que aquilo que pode parecer arbitrário só o é porque faltam elementos suficientes para compreendermos sua origem. Há sempre um determinismo psíquico.

O ideograma interessa a Lacan, não tanto pela relação com a coisa representada, mas pela multiplicidade de leituras possíveis. Por exemplo, em "O Escrito e a Verdade", que se encontra no seminário "De Um Discurso Que Não Fosse Semblante", escreve que "Yen" não quer dizer outra coisa senão linguagem, mas é passível de ser empregado com um sentido verbal. Logo, pode querer dizer ao mesmo tempo a fala e aquele que fala. E afirma que é a linguagem que cria *hsing*, a natureza, no que diverge da filosofia analítica da linguagem, que considera que o exame da linguagem e da realidade é necessariamente simultâneo.

Cheng, referindo as suas discussões com Lacan, aponta para que ambos tinham uma visão desconstrucionista da linguagem e traz um outro interessante exemplo no estudo de ambos: o ideograma *Yi,* que quer dizer ideia ou intenção, e que permite numerosas combinações – *yi-yu* = desejo; *yi-zhi* = objeto; *yi-yang* = orientação, imagem, signo; *yi-hui* = compulsão; *yi-yi* ou *zhen-yi* = significação ou essência verdadeira; *yi-jing* = estado além do que pode ser dito. É um sem-fim de possibilidades.

Lacan, ao propor que se examine a inscrição da letra no inconsciente, sugere que este passe a ser examinado não pela palavra, mas pela escrita. Lacan usa uma frase que se tornou uma marca: "O inconsciente é estruturado como uma linguagem". Mas, ao salientar que a escrita é a representação da palavra, e, portanto, estrutura o inconsciente, deixa em aberto a questão da origem da palavra. Cheng examina esse ponto em *L"écriture poétique chinoise* (1979), obra em que estuda a relação entre a linguagem poética e a linguagem ordinária. Ele afirma: "A influência de uma linguagem concebida não como um sistema denotativo que descreve o mundo, mas como uma representação que organiza os vínculos e provoca atos de significação", o que é aqui decisivo. O fato de podermos estudar os ideogramas como um modelo que organiza os vínculos nos permite, de uma forma ainda mais consistente, usar esse modelo para compreender os vínculos que organizam o pensamento, a própria construção dos pensamentos.

A partir da proposição de Lacan, surge o trabalho de Huo Datong, psicanalista chinês, *O Inconsciente é Estruturado Como a Escrita Chinesa*, publicado na web. Ele sugere que uma análise de estrutura do sinograma, ou ideograma, pode ajudar a compreender a estrutura do inconsciente, suas visões, suas operações, porque, na sua concepção, na composição dos ideogramas, encontramos os dois principais mecanismos dos sonhos, descritos por Freud: condensação e deslocamento.

É interessante que, por caminhos diferentes, se chegue a conclusões muito semelhantes. Nesse desenvolvimento, Datong vai examinar mais detalhadamente as relações entre o imaginário, a metáfora, o real e o simbólico. O autor levanta uma ideia importante: a existência de uma linguagem abstrata e universal que estruturaria o inconsciente, e não, como Lacan propõe, uma linguagem concreta.

Isso aproxima o ponto de vista de Datong como o que desenvolvo nesse trabalho: o estudo da construção do ideograma permite compreender uma linguagem pictórica, pré-verbal, que irá desenvolver-se na direção de linguagens verbais diferentes.

Cabe a pergunta se haveria uma linguagem abstrata, ideográfica, universal, como propõe Datong. Derrida, em *Monolingualism of the Other Or The Prosthesis of Origin* (1998), escreve duas proposições e as discute:

a) Nós falamos sempre uma linguagem.
b) Nós nunca falamos apenas uma linguagem.

Escreve a respeito:

Pode-se é claro falar várias línguas. Alguns são competentes em mais de uma língua. Alguns inclusive escrevem várias línguas simultaneamente. Mas não têm eles a visão de um idioma absoluto? E a promessa de uma ainda não ouvida língua? De um único poema previamente inaudível? [...] Deve existir uma linguagem [...] que precede todas as linguagens, convoca todas as falas e ainda pertence a cada linguagem como pertence a toda as falas.

Há duas maneiras de estudarmos os ideogramas. A primeira é por meio de um texto em que se faz uma elucidação de sua formação. A segunda é vendo. Neste trabalho, abordo ambas. Se estiver estudando algo que é um símbolo icônico, imagem visual, se eu puder vê-lo, terei evidentemente uma apreensão muito maior. Saio do campo da abstração para o da observação. Se quiser de fato entender como os pictogramas formam os ideogramas, vê-los é o único caminho, e a escrita chinesa nos dá essa possibilidade. A percepção de Fenollosa, no princípio do século XX, de que o estudo dos ideogramas seria útil para a compreensão de distantes mecanismos mentais, é, sem dúvida, uma antevisão. Quando estudamos que o analista sonha sobre o material do paciente, que tais elaborações passam por um pensamento visual, que a passagem de beta para alfa se passa por imagens visuais, nós temos na observação dos ideogramas a possibilidade de ver aquilo sobre o que falamos.

Ao reunirmos pictogramas construindo ideogramas, estamos vendo como os elementos que compõem o sonho se reúnem para compô--lo. Estamos vendo a fisiologia do pensar mais especificamente da função alfa.

Não pretendo fazer um estudo detalhado sobre os ideogramas, o que é um trabalho para linguistas, e Haroldo de Campos já o fez, num dos mais importantes livros sobre o tema. Pretendo apenas fazer uma sucinta exposição de sua construção e ilustrar graficamente as ideias até aqui apresentadas, examinando como alguns ideogramas são construídos, a partir da vinculação dos pictogramas, buscando a apreensão da sua dinâmica. Uma clara descrição das características do chinês escrito nos é dada por Yu-Kuang Chu, no seu trabalho *Interação entre linguagem e pensamento em chinês*:

O primeiro princípio é o da representação pictórica. A forma arcaica de sol é um círculo com um ponto no meio, mais tarde convencionou-se que seria um retângulo na vertical com um traço curto horizontal no meio [...] o símbolo para árvore tem uma linha vertical representando o tronco das árvores, dois traços que se abrem embaixo para representar as raízes e outros dois em cima sugerindo os ramos [...] o símbolo de porta é claramente a imagem de um par de portas de vai e vem e pouquíssima alteração sofreu em mais de três mil anos.

O segundo princípio é o da diagramação. Algumas ideias não podem ser representadas, mas podem ser diagramadas. Por exemplo, um ponto acima de uma linha horizontal quer dizer acima. O terceiro princípio é o da sugestão. Por exemplo, brilho é formado pela união de Sol e Lua. Duas árvores lado a lado sugerem floresta. Uma mulher segurando uma criança significa "amor" e como o amor é bom, a extensão do significado transforma a palavra em "bom". O quarto e último princípio é o da combinação de um elemento significativo a um elemento fonético.

Podemos observar também que ideogramas-conceito podem ser construídos reunindo elementos pictográficos diferentes. Estudar pode ser construído com um lápis + um caderno, ou com uma cadeira + uma mesa, ou mesmo com livros reunidos, que também expressarão o conceito de biblioteca. Isto é, não há um só caminho para se construir um conceito. Além disso, pictogramas diferentes podem expressar a mesma coisa, por exemplo, há vários pictogramas para "mão". Isso deixa claro como os caminhos para construir representações mentais são variados, com inúmeras possibilidades. O que nos interessa neste trabalho são as questões da diagramação e da sugestão. O pensamento por sugestão nos é muito familiar, por meio dos estudos dos mecanismos dos sonhos e dos sintomas neuróticos de nossos pacientes.

Ideogramas

As pranchas expostas têm mais um caráter de ilustração de como elementos pictóricos concretos, ao ser reunidos e diagramados,

DA CONSTRUÇÃO DO PENSAR   219

formam conceitos abstratos e afetivos, do que um estudo aprofundado dos ideogramas.

Primeira prancha

Vemos dois exemplos de alusão utilizando pictogramas icônicos, isto é, desenhos aproximados dos objetos. O primeiro, de uma árvore, com seu tronco raízes e galhos, já citado no texto, ao lado de outra árvore com o sentido de floresta. Em seguida, o pictograma de fogo, que se assemelha a uma fogueira, colocado sobre outro pictograma de fogo, com o sentido de uma chama. Floresta e Chama já são ideogramas.

Árvore   Árvore   Floresta

Fogo
+
Fogo   =   Chama

Segunda prancha

Nesta prancha, vemos pictogramas diferentes, representando o mesmo objeto, com desenhos mais estilizados de "homem" e de "mão", e como a reunião de duas "mãos" já nos dá um conceito mais complexo, que é o ideograma para "amizade". A primeira mão é aberta; envolve a outra que, estilizada, lembra mais um punho.

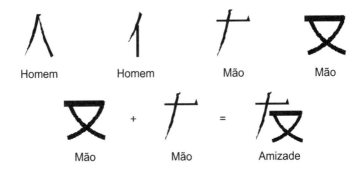

Terceira prancha

Nesta prancha, são reunidos primeiro dois pictogramas: o de "mão" e o de "fogo", formando o ideograma "cinzas". Num segundo momento, reunimos "cinzas" ao pictograma "coração", formando assim um ideograma mais complexo: "desespero". Uma representação de afeto a partir da reunião de elementos concretos.

Quarta prancha

Nesta prancha, uma construção que lembra a anterior. Ao reunir pictogramas "árvore" e "fogo", formamos o ideograma "outono". E, ao diagramá-lo com "coração", temos o ideograma para "melancolia", novamente uma representação mental de afeto. Os dois ideogramas, "desespero" e "melancolia", diferem na sua construção por um elemento apenas, "mão" e "árvore", e esta mudança gera uma transformação fundamental nos significados resultantes. Um bom exemplo de como pequenas alterações nos intracódigos suscita alterações importantes nos conceitos e, portanto, na construção do pensar.

Árvore + Fogo = Outono

Outono + Coração = Melancolia

A observação de que uma mudança na diagramação ou num elemento apenas pode modificar todo o significado nos é dada também na escrita alfabética, num interessante exemplo de Raymond Roussel examinado no trabalho *Limites da Linguagem, Limites da Psicanálise: A Gramática Invisível de Raymond*.

É na primeira parte de 'Comment j'ai écrit certains de mes livres' (1935) que o procedimento da escritura de Roussel é descrito. Um exemplo é utilizado na criação do livro *Impressions D'Afrique* (1910). Roussel seleciona duas palavras foneticamente semelhantes com apenas uma letra diferente: *billard* (bilhar) e *pillard* (pilhante, aquele que pilha, salteador)

Les lettres du blanc sur les bandes du vieux billard.
Les lettres du blanc sur les bandes du vieux pillard.

Tradução possível:

As letras de giz nas bandas do velho bilhar.
As cartas do branco sobre os bandos do velho pilhante.

A mudança de uma única letra ao fim de uma frase tem o efeito retroativo que desloca seu sentido impondo uma releitura. Através de associações fonéticas e de significados, Roussel cria uma história que começa com o primeiro conjunto e termina com o segundo. Assim, a frase inicial fornece a ideia de um jogo de adivinhações em que a resposta é escrita a giz numa mesa de bilhar, enquanto a segunda apresenta a situação de um europeu, aprisionado por um rei selvagem africano, e que escreve cartas em que conta suas aventuras. (Souza; Alves; Rivera, 2007)

Podemos ver nesta prancha como uma microalteração na construção de uma frase ou de uma fala pode alterar todo o seu contexto. Os psicanalistas conhecem bem este tipo de modificação, pois, muitas vezes, os pacientes as fazem em suas falas, modificando todo o sentido com uma pequena sutileza no texto, mas com grande transformação no significado, após o que atribuem a fala modificada ao psicanalista. Costuma ser uma questão técnica importante mostrar isso para o paciente, que assim nos deixa claro como constrói suas ideias, como de fato pensa e organiza os elementos mentais.

Prancha cinco

Nesta prancha, examino primeiro a formação do ideograma que significa "palavra" ou "falar", reunindo os pictogramas "boca" e "sentimentos". "A seguir, diagramo "palavra" com "homem" e construo o conceito de "homem de palavra" ou "verdade" ou "confiar" . Dessa forma, podemos ver como elementos novos vão agregando--se, construindo significados mais complexos. Vemos também um modelo de memória, como um elemento passa a ser armazenado e, ao sê-lo, modifica todo o conteúdo. Isso se passa numa interação com os intracódigos linguísticos preexistentes. Assim podemos compreender que não há uma memória estática, mas sim dinâmica. "A memória vai se modificando no correr das análises porque os intracódigos vão se modificando".

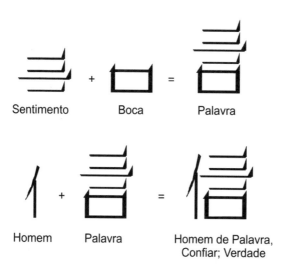

Sexta prancha

Quando os pictogramas não são reunidos de forma harmônica, mas sim apenas aglomerados, estes se tornam incompreensíveis. No exemplo abaixo, vou aglomerar os pictogramas utilizados na prancha anterior, sem modificá-los, o que nos permite diferenciar entre elementos beta e alfa.

A textura inicial é a mesma. O que diferencia é que um passou por um aparelho para pensar e pode reunir-se e diagramar-se. O outro, não. A falha não está no elemento em si, mas na falta de argamassa.

"Pode comprimir, porém não pode juntar" (BION, 1957).

Espero ter deixado claro que, usando ideogramas, podemos compreender como conceitos, significados e representações mentais se formam a partir de imagens visuais, podendo, então, identificar quais os elementos que foram reunidos, e como o foram, identificando suas partes mais simples. Essa decodificação de conceitos abstratos em seus elementos mais simples é uma expressão linguístico-psicanalítica do atomismo lógico de Bertrand Russel, a observação da composição de elementos complexos a partir de elementos mais simples. Um modelo imagético da fisiologia do pensar. Tal conceituação é bastante útil para nos aproximarmos da questão técnica que abordo.

Técnica

Neste ponto, retorno a dois autores citados anteriormente: Antonino Ferro e Thomas Ogden. Ferro, ao sugerir que se trabalhe com os derivados narrativos em cenários trazidos pelo paciente, os quais espelham o "aqui agora da sessão", com o analista realizando as interpretações nesse cenário, sem perder a visão do momento transferencial contratransferencial, buscando um nível emocional profundo, propõe uma grande metáfora por meio da qual se reduz o sentimento persecutório do paciente, tornando possível que ele use a interpretação em vez de se evadir dela. Quando se refere ao "que realmente acontece na sessão, independentemente do que creia que faça ou em que dialeto creia que o faça", aponta para os movimentos inconscientes do analista. Isso nos leva a refletir mais

DA CONSTRUÇÃO DO PENSAR

sobre o que dizemos aos nossos pacientes, como construímos nossas interpretações, o que envolve a personalidade do psicanalista, como pensa, como organiza em sua mente os elementos que constroem os sonhos, seus intracódigos linguísticos. Daí a importância do que o analista fala. Às vezes nos surpreendemos quando um paciente refere uma frase que dissemos e vemos o valor que isso teve para ele.

Ogden vai ressaltar o papel da *rêverie*, que considera ser tudo aquilo que se passa na mente do analista durante a sessão, incluindo toda sorte de devaneios e fantasias, e não apenas aquelas que têm alguma aparente relação com o material do paciente. Vai considerar, inclusive, sensações físicas do analista durante a sessão como manifestações de *rêverie* e propor que se faça um escrutínio detalhado sobre a *rêverie* do analista, pois assim poderá chegar ao inconsciente dele, àquilo que reflete sua relação com o paciente. Seus exemplos clínicos são fascinantes e expõem uma capacidade reveladora de enfoque que impressiona, porque o escrutínio de sua *rêverie* deixa a nu o que está ocorrendo de fato na sessão. Sugere que a maior parte da vida psíquica do analista se revela na sessão por meio da *rêverie*. Isso gera um trabalho mais intenso do analista, pois requer maior coragem e franqueza. Este exame da própria *rêverie* levaria o analista a um estado onírico em que as metáforas criadas expressam a dimensão inconsciente da relação analítica. Conclui Ogden: "Sonhos são metáforas; sintomas são metáforas; rêveries são metáforas para a experiência inconsciente individual".

As interpretações também são metáforas construídas na mente do psicanalista, as quais, evidentemente, terão como pano de fundo seu referencial teórico, mas que irão expressar, quer queira ou não, sua personalidade, sua forma peculiar de reunir os elementos mentais que surgem na sessão, selecioná-los com o uso de sua atenção flutuante e, então, formular uma interpretação. Esta trará para o paciente não apenas um conteúdo psicanalítico, mas também os moldes que organizam o pensamento de seu analista, o exercício de sua função alfa, sua *rêverie*. No entanto, com os pacientes com áreas de não pensamento, essas interpretações não podem ser aproveitadas. Podemos então olhar para as interpretações, conclusões, observações e *insights* do psicanalista como formas peculiares de *rêverie* e fazer uma decodificação destas, um exame detalhado para compreendermos de que formas as construímos em nossas mentes. Com isso fica mais fácil ajudar o paciente a fazê-lo na sua.

Do mesmo modo que examinamos os ideogramas, podemos examinar uma interpretação, decodificando-a em seus componentes mais simples, formulando ou uma nova interpretação ou formulando-a com apenas um dos aspectos da anteriormente pensada, realizando, assim, interpretações parciais, sem perder a visão do todo. Dito de outro modo, fornecendo um elemento alfa de cada vez, para que, mais adiante, possam ser reunidos com o estabelecimento de uma função, isto é, construir a capacidade de construir significados, o que ocorre primeiro no campo psicanalítico, para depois ser introjetado. Além disso, permite-se também que o paciente possa ir desenvolvendo a capacidade de ligar, de vincular.

Dessa forma, em vez de darmos interpretações voltadas para núcleos de não pensamento, voltamo-nos para a construção de caminhos alternativos. Um *by-pass* que, se bem-sucedido, levará o que não pode ser pensado para outro espaço mental onde possa ser pensado. É construir um aparelho para pensar.

Material clínico

Primeiro caso

Paciente bulímica há mais de vinte anos procura análise por indicação de seu clínico por apresentar lesões no esôfago. Já fizera algumas terapias sem resultado. Ficou órfã muito cedo e acompanhou a doença longa e penosa da mãe. Possui também horror a engordar. No modelo mental de expulsão dos afetos dolorosos, o vômito era o exemplo mais concreto. Por exemplo: cada vez que tinha problemas no trabalho, ou em seus relacionamentos,

DA CONSTRUÇÃO DO PENSAR

imediatamente vinha um medo de que tudo se rompesse. E sentia então como se os rompimentos já estivessem ocorrendo não apenas em sua mente como uma ameaça vaga. Isso era acompanhado de um aumento na frequência dos vômitos. Gradativamente adquiria algum apaziguamento, porém sem compreensão. Tranquilizava-se, após o que os vômitos diminuíam, e, em algumas sessões, depois comentava surpresa que os fatos tomaram outro rumo, não existira de fato razão para os medos, e então mostrava um grande alívio. Chamava atenção que, quando se referia aos vômitos, descrevendo--os em todo o seu ritual, não havia qualquer expressão de afeto. Da mesma maneira quando se referia a situações difíceis que vivera no período da adolescência, também não havia expressão de afeto. Eram apenas descritas como algo que não lhe pertencia, com total indiferença. Um deserto afetivo. Isso me transmitia uma sensação de estranheza, mas também de perigo, como se houvesse o risco de um desastre, o que me deixava claro que o caminho até os afetos deveria prolongar-se o quanto fosse necessário, sem precipitações. Nas sessões, o que mais me chamava a atenção nesse período é que ela me ouvia como se fosse uma espécie de oráculo que tivesse as verdades, sem reflexão por parte dela. Eu era copiado, porém não entendido. Era uma pseudocompreensão, uma intelectualidade cindida de sua personalidade. Isso permitiu compreender minha sensação de estranheza. As sessões eram "fáceis", mas faltava algo, o essencial, uma verdadeira elaboração.

As interpretações que relacionavam o vômito à necessidade de expulsar algo vivido como ruim (humilhações, perdas) não produziam qualquer efeito, apesar de que, no material, as associações fossem bastante evidentes. Tampouco respondia se eu tentasse relacionar sua forma de lidar com comida com sua forma de lidar comigo ou com as interpretações. Esse nível de abstração não encontrava eco. Respondia com um silêncio, ou um vago "pode ser" que parecia mais uma concordância social do que qualquer outra coisa. Passei a usar interpretações parciais, algo que estava dentro de uma interpretação mais completa, apenas um dos fatos, e dizia, por exemplo, que ela estava experimentando algo ruim dentro dela (humilhação, perda, desamparo, etc.). Abstive-me de uma interpretação mais completa, embora estivesse clara em minha mente. Começou a responder com um "'é" meio que surpresa. Passou a associar uma situação de desamparo, de humilhação, com outras, indo da infância para períodos mais atuais. Descrevia em detalhes algumas vivências e surpreendia-se com o que contava, pois foi lembrando-se de situações que estavam esquecidas, o que gerava nela, e também em mim, uma percepção de sentido no que fazia nas sessões.

Num segundo momento, interpretações como "isso é tão penoso que não cabe dentro de você", em que eu apontava para dois fatos ligados – ser penoso e não caber dentro dela – geravam associações. Passo a passo, iam reunindo-se elementos que formavam uma interpretação mais completa, porém não dita. Ia abrindo-se caminho para a simbolização e para a representação dos afetos que passavam a ser expressos, consequência de poder vincular os elementos mais simples, estabelecendo por metáforas um novo conceito. Isso é diferente de nomear um afeto para o paciente, que não terá como utilizar a informação. O trabalho visa a que a capacidade de representar se desenvolva.

Sessão após seis meses

"Estava com minha filha e ela precisa emagrecer, mas, pela primeira vez, eu não olhei para a gordura como se fosse uma deformação, coisa de monstro, só a achei gorda. Depois saímos e eu comi muito para vomitar. E vomitei, mas não sei por quê. Não tinha nada". Após alguns minutos de silêncio, continuou: "Lembrei uma coisa que eu tinha esquecido completamente. Antes de sair, recebi um telefonema: a mãe de um amigo morrera e, quando eu soube, fiquei lembrando a morte de minha mãe em detalhes". Após um silêncio de alguns minutos continuou: "Sabe, acho que o vômito teve a ver com isto, com a morte de minha mãe". Nesse momento, na sessão, a paciente não vomitou. Ficou com a dor da perda. Neste período

DA CONSTRUÇÃO DO PENSAR   229

vivencia simultaneamente a perspectiva de morte em duas pessoas próximas. Expressa preocupação e, em alguns momentos, desespero. Havia também um esforço por vezes para negar a realidade; um mecanismo neurótico. Descreve surpresa por não estar vomitando, o que lhe era estranho. Começa, então, a revelar aspectos agressivos e destrutivos que ficavam ocultos sob uma capa de ser sempre uma pessoa sempre boa e amorosa, como tentava fazer crer para si própria.

Após mais seis meses

Descreve uma situaçãoem que se sentiu muito humilhada pela irmã e reagiu com um silêncio ostensivo que mostrava como havia se sentido magoada. Pela primeira vez, a irmã desculpou-se. "Me senti existindo". Enxuga uma lágrima e fala emocionada sobre o período após a morte dos pais. Não era amada, não podia nem abrir a geladeira na casa onde fora morar; sentia-se como se não existisse. Comento de sua lágrima furtiva e que ela estava experimentando poder emocionar--se ali na sessão comigo. Passado algum tempo, relembra um período na escola em que se sentira particularmente bem.

Segundo caso

Paciente de cerca de quarenta anos, casada, três filhos. Apresenta já há alguns anos um medo-certeza de estar com câncer de mama, o que a leva de duas a três vezes por semana a ir ao ginecologista para que este a examine. A tranquilidade obtida nas consultas durava até sair do consultório. Mostra-se ainda deprimida, sem ver qualquer sentido na vida. Durante as sessões, seguia um mesmo padrão: descrevia situações difíceis com os filhos, com o marido, com a mãe, com o outro, sem parecer perceber nada dentro de si. Por vezes mostrava no rosto (a paciente não fazia uso do divã) emoções que eram completamente desconectadas tanto de sua fala quanto do seu sentir. Era como se ela descrevesse uma situação de tristeza, mostrava isso no rosto, mas não conseguia sentir que estava triste. Não havia vínculos entre o conteúdo, o afeto e o que experimentava, apesar de que o conteúdo e o afeto se mostravam simultaneamente.

Quando eu dizia algo me referindo a algum sentimento, olhava-me perplexa e dizia: "Não entendi", ou simplesmente me olhava com olhar de estranheza. Parecia que eu falava outra língua, e a paciente não compreendia. Da mesma forma reagia a qualquer interpretação. Fosse transferencial ou não; fosse ligada a algo que eu vivia contra-transferencialmente ou não. Apenas uma olhar perplexo e a mesma fala: "Não entendi".

Em outras vezes, e com grande frequência nas sessões, cinco, seis vezes seguidas, após uma interpretação, ou uma observação sobre o que falava, olhava para mim fixamente e perguntava-me com um olhar assustado: "Mas eu não estou com câncer, não é? Tem certeza de que eu não tenho câncer?".

Neste caso, a *rêverie* mostrou-se essencial. Quando a paciente, no meio de um diálogo, interrompia-o bruscamente, olhava-me fixamente e perguntava se ela estava com câncer, eu experimentava uma perplexidade. O que era isso? De onde surgira essa ideia? Onde fora parar aquilo sobre o que falávamos? Gradativamente me dei conta que isso expressava a perplexidade que a paciente vivia quando se aproximava de seus afetos, que não podia compreender e temia como se fossem uma catástrofe. Aqui fica claro como a função de *rêverie* tem um caráter revelador. O conceito desenvolvido por Bion tem se mostrado extremamente útil para uma compreensão do que se passa na mente do paciente e da função do analista de conter e elaborar aquilo que está para além das palavras.

Qualquer interpretação neste momento trazia de volta as mesmas perguntas: "Estou com câncer? Por que dói?" Dei-me conta de que, mais do que qualquer interpretação, o que poderia ajudá-la era a minha tranquilidade diante da perplexidade. Após dois anos, comentou surpresa que eu dizia algo como o seu ginecologista, mas o que eu dizia fazia sentido e o que ele dizia não. Ela não entendia por que, mas assim era.

Comecei então a me perguntar o que na minha mente me possibilitava dizer que ela estava triste ou deprimida ou raivosa, etc. Percebi que cada uma destas percepções de algo complexo como um afeto era uma reunião de diversos aspectos que eu observava, intuía, ou sentia. Por exemplo: o tom de voz, a expressão do rosto, a expressão do corpo, a presença de lágrimas, a entonação da fala, o conteúdo da fala, os sentimentos de empatia que eu experimentava, etc. Passei a dar interpretações, ou melhor, chamá-las de microintervenções, durante as quais eu apontava apenas um dos aspectos, por exemplo, "seus olhos estão molhados", ou "seu rosto está crispado", ou "sua voz está pesada". Ela respondia a essas microinterpretações com uma expressão de assentimento ou dizia "Entendi", e mostrava então algum alívio, o que me encorajava a seguir esse caminho. Na montagem de ideogramas-conceito, eu fornecia um elemento simples, um traço, um pictograma de cada vez. Esse período durou cerca de dois anos até que eu pudesse obter algum entendimento por parte da paciente, quando eu ligava dois elementos, por exemplo, "Sua voz está pesada e você está chorando".

Após cerca de quatro anos de tratamento, a paciente entra no consultório e me diz: "Briguei com minha filha e estou com muita raiva dela". Isto é, ela começava a ser capaz de ter dentro de si a representação de um afeto, um conceito de raiva. Nesse período, ela conta por que o seio doía, fazendo-a acreditar que estava com câncer. Palpava diariamente o seio com muita força à procura de algum nódulo até machucar-se. As consultas ao ginecologista começam a diminuir, mas é quando ela começa a sonhar que as consultas cessam. Descreve sonhos nos quais destrói a casa do irmão, mas sem conseguir ainda perceber nisso uma raiva. Já não tem mais a certeza de ter câncer e não mais machuca seus seios. O trabalho sobre os sonhos vai evoluindo até que ela começa a perceber que os afetos expressos nos sonhos são seus, um nível de elaboração onírica que torna desnecessário o câncer de mama. Começa, então, a poder aproveitar interpretações mais complexas relacionando o material do sonho com suas relações objetais externas e internas.

Conta um sonho em que, no lugar de seus seios, havia duas pequenas pirâmides de ouro e numa delas havia um número: 27. Inicialmente afirma que esse número nada lhe dizia, mas que pirâmides eram onde se guardavam mortos e tesouros. Em seguida se dá conta de que 27 era a idade que tinha quando seu pai faleceu, momento em que seus sintomas começaram. Neste momento do tratamento, caminha-se para uma estrutura mais neurótica, o que abre espaço para uma psicanálise mais clássica, na qual as associações livres e as interpretações podem ser realizadas.

Importante salientar que, embora num período longo desses tratamentos eu privilegiasse as interpretações de um elemento de cada vez, mantinha em minha mente a visão de um todo, incluindo os aspectos transferenciais e contratransferenciais, o que fazia com que, ainda que não explicitados, se mantivessem sempre presentes.

Conclusão

O material clínico expressa um desenvolvimento da análise no sentido de que afetos que eram expulsos por meio da compulsão ou coisificados na certeza de um câncer ou em um vômito começam a ficar contidos e a ganhar representação mental.

As interpretações podem ser examinadas como sendo uma *rêverie* do analista. Talvez sua principal *rêverie*. Ela se situa além do referencial teórico, mas o inclui. Está além, pois traz inexoravelmente a forma como o analista pensa. A ideia de se fazer um escrutínio detalhado sobre as interpretações para chegarmos aos seus elementos mais simples baseia-se na possibilidade de examinarmos a fisiologia do pensar, o detalhamento de função alfa. Como sonhamos sobre o material do paciente para poder então fornecer os elementos básicos de cada conceito, até que eles se reúnam formando representações mentais, particularmente dos afetos. A nossa maneira de pensar é a argamassa, ou os intracódigos do analista que transformam beta em alfa. Para essa ponte entre o intersubjetivo (a relação

Da construção do pensar 233

transferencial contratransferencial) e o intrapsíquico (o que ocorre na mente do paciente), o conceito de identificação projetiva é fundamental. Todos os humanos possuem núcleos de não pensamento. Mas em nossos pacientes graves esses núcleos são predominantes. Podendo compreender melhor como se forma o pensamento, abrimos perspectivas de desenvolvimentos técnicos. A fisiologia do pensar não pode, ao contrário da fisiologia dos conflitos, ser compreendida por meio da investigação da psicopatologia do não pensamento, por definição lógica, pois é uma área na qual não existem representações mentais inteligíveis.

Tendo estabelecido que estudando a formação do mundo linguístico tenho um espelho para estudar a construção do pensamento, utilizo então o modelo ideográfico, que expõe essa construção com o uso de imagens visuais, aquilo que supomos ser a primeira forma de linguagem e de pensamento. Os ideogramas expressam uma forma de pensamento por sugestão bastante próxima do que observamos nos sonhos e nas associações livres, e fornecem-nos um modelo de pensamento imagético que nos ajuda a compreender melhor como as representações e os conceitos são construídos e como podemos decompô-los até alcançar seus elementos mais básicos. Eles representam como o pensamento, o mundo linguístico e os sonhos são feitos. Os conceitos filosóficos, linguísticos e psicanalíticos propiciam que se estude linguagem e pensamento simultaneamente, em uma construção indissociável.

Referências

AUSTIN, J. L. *Philosophical papers*. 3. ed. Oxford: OUP, 1979.

AVZARADEL J. R. Terror e representação: um estudo ideográfico. *Revista brasileira de psicanálise*, v. 39, p. 113-118, 2005.

_____. (Ed.). (2006). *Linguagem e construção do pensamento*. São Paulo: Casa do Psicólogo, 2006.

_____. Ideograma e formação de significado In: _____. (Ed.). Linguagem e construção do pensamento. p. 189-206. São Paulo: Casa do Psicólogo, 2006.

BARANGER, M.; BARANGER, W. The analytic situation as a dynamic field [(1961-2) La situación analitica como campo dinámico]. *International Journal of Psychoanalysis*, v. 89, p. 795-826 [Revista Uruguaia de Psicoanalisis, v. 4(1), p. 3-54, 2008].

BION, W. R. Differentiation of the psychotic from the non–psychotic personalities. In: _____. *Second thoughts*. p. 43-64. London: William Heinemann Medical Books Ltd., 1957.

_____. Attacks on linking. *International Journal of Psychoanalysis*, v. 40, p. 308-315, 1959.

_____. *Learning from experience*. London: Tavistock, 1962.

_____. (Ed.). *Cogitations*. London: Karnac, 1992.

CAMPOS, H. (Ed.). *Ideograma*. São Paulo: Edusp, 1994.

_____. Ideograma anagrama diagrama: uma leitura de Fenollosa. In: _____. (Ed.). *Ideograma*. São Paulo: Edusp, 1994. p. 23-107.

_____. Fenollosa revisitado [Fenollosa revisited] In: _____. (Ed.). *Ideograma*. São Paulo: Edusp, 1994. p. 11-22.

CAVELL, M. *The psychoanalytic mind, from Freud to philosophy.* Cambridge: Harvard University Press, 1996.

CHENG, F. *L'écriture poétique chinoise* [Chinese poetic writing]. Paris: Editions Du Seuil, 1979.

_____. Lacan et la pensée chinoise [Lacan and Chinese thought]. In: _____. *Lacan l'écrit l'image* [Lacan: writing and image]. Paris: Flammarion, 2000. p. 131-151.

DA CONSTRUÇÃO DO PENSAR 235

DATONG, H. *L'inconscient est structuré comme l'ecriture chinoise* [The unconscious is structured like Chinese writing]. Disponível em: <www. Archaeometry.org/Drm.Htm>.

DERRIDA, J. *De la grammatologie* [Of grammatology]. Paris: Editions De Minuit, 1974. [Spivak G translator. Baltimore: Johns Hopkins UP].

_____. *Monolingualism of the others, or the prosthesis of origin* [Le monolinguisme de l'autre, ou la prothese d'origin]. Mensah P translator. Palo Alto: Stanford UP, 1998. [Paris: Galilée].

ECC', U. *The role of the reader*. Explorations in the Semiotics of texts. Bloomington. Indiana: Indiana UP, 1979.

EISENSTEIN, S. O. O princípio cinematográfico e o ideograma [The cinematic principle and the ideogram]. In: CAMPOS, H. (Ed.). *Ideograma*. São Paulo: Edusp, 1994. p. 149-166.

FENOLLOSA, E. Os caracteres da escrita chinesa como instrumento para a poesia [The Chinese written character as a medium for poetry]. In: CAMPOS, H. (Ed.). *Ideograma*. São Paulo: Edusp, 1994. p. 109-148. [POUND, E. (Ed.). San Francisco: City Lights, 1936]. Quoted in FENOLLOSA, E.; POUND, E. The Chinese written character as a medium for poetry (a critical edition). SAUSSY, H.; STALLINGS, J.; KLEIN, L. (Ed.). New York: Fordham UP, 2008.

FERRO, A. *Na sala de análise* [In the analyst's consulting room]. Rio de Janeiro: Imago, 2002. New York: Taylor and Francis.

_____. Some implications of Bion's thought: The waking dream and narrative derivatives. *International Journal of Psychoanalysis*, v. 83, p. 597-607, 2002.

_____. Transformations in dreaming and characters in the psychoanalytic field. *International Journal of Psychoanalysis*, v. 90, p. 209-230, 2009.

FREUD, S. The interpretation of dreams. In: _____. *The standard edition of the complete psychological works of Sigmund Freud*. 4, 5.

_____. The Instincts and their Vicissitudes. In: _____. *The standard edition of the complete psychological works of Sigmund Freud*. 14.

_____. Introductory Lectures on Psycho-Analysis 2. In: _____. *The standard edition of the complete psychological works of Sigmund Freud*. 15.

_____. The Ego and the Id. In: _____. *The standard edition of the complete psychological works of Sigmund Freud*. v. 19, p. 1-66.

HAYAKAWA, S. I. O que significa estrutura aristotélica da linguagem [What is meant by Aristotelean structure of language]. In: CAMPOS, H. (Ed.). *Ideograma*. São Paulo: Edusp, 1994. p. 229-237. [In: HAYAKAWA, H. (Ed.). Language, Meaning and Maturity. New York: Harper, 1994. p. 217-224].

HEIDEGGER, M. *Da experiência do pensar* [Aus der Erfahrung des Denkens, On the experience of thinking]. Rio de Janeiro: Globo, 1969. [Pfulligen, Germany: G. Neske].

HEINEMANN, P. (1952a). Notes on the theory of the life and death instinct. In: _____. *Developments in Pschoanalysis* – Melanie Klein and Others. London: Hogarth Press, 1952a. p. 321-337.

_____. Certain functions of introjection and projection in early infancy. In: _____. *Developments in Pschoanalysis* – Melanie Klein and Others. London: Hogarth, 1952b. p. 122-168.

JONES, E. (1916). Theory of symbolisms. In: _____. (Ed.). *Papers on psychoanalysis*. Baltimore: Williams and Wilkins, 1948. p. 87-144.

KLEIN, M. (1923 [1996]). O papel da escola no desenvolvimento libidinal da criança [The role of the school in the libidinal development of the child]. In: Amor, Culpa, e Reparação e Outros Trabalhos, 1921-1945 [Love, guilt, repare, and other works]. 68-86. Obras Completas de Melanie Klein [The complete works of Melanie Klein]. Rio: Imago [(1947) Contributions to psycho-analysis: 1921-1945]. 68-86. New York: McGraw-Hill].

_____. (1946 [1996]). Notas sobre alguns mecanismos esquizoides [Notes on some schizoid mechanisms]. Obras Completas de Melanie Klein. Rio: Imago [(1996). Journal of psychotherapy practice and research. 5:160-179.

_____. (1930 [1947]). A importância da formação de símbolos no desenvolvimento do ego [The importance of symbol-formation and the development of the ego]. In: In Amor, Culpa, e Reparação e Outros Trabalhos, 1921-1945 [Love, guilt, repare, and other works]. 236-250. Obras Completas de Melanie Klein [The complete works of Melanie Klein]. Rio: Imago [Contributions to psycho-analysis: 1921-1945]. 236-250. New York: McGraw-Hill].

KORZYBSKI, A. *Science and Sanity*. Englewood: Institute of General Semantics, 1958.

KUANG, C. Y. Interação entre linguagem e pensamento em chinês [The interaction between language and thought in Chinese]. In: Campos, H. (Ed.). *Ideograma*. São Paulo: Edusp, 1994. p. 203-228.

DA CONSTRUÇÃO DO PENSAR 237

KYRLE, R. M. On cognitive development. *International Journal of Psychoanalysis*, v. 49, p. 691-698, 1956.

LACAN, J. De um discurso que não fosse semblante [On a discourse with no semblance]. In: _____. *Seminário 18*. Rio de Janeiro: Zahar, 1971. [D'un discours qui ne serait pas du semblant]. *Livre 18*. Paris: Editions du Seuil.

MANCIA, M. Implicit memory and early unrepressed unconscious. *International Journal of Psychoanalylis*, v. 87, p. 83-103, 2006.

MARCONDES, D. Duas concepções de análise na filosofia analítica [Two conceptions of analysis in analytic philosophy]. In: AVZARADEL, J. R. (Ed.). *Linguagem e construção do pensamento*. São Paulo: Casa do Psicólogo, 2006. p. 21-58.

MELSOHN, I. H. Sentido, significação sonho e linguagem: reflexões sobre as formas de consciência no processo analítico [Sense, Mmaning, dream and language: reflexions on the forms of consciousness in the analytic process] In: Avzaradel, J. R. (Ed.). *Linguagem e construção do pensamento*. São Paulo: Casa do Psicólogo, 2006. p. 93-111.

MELTZER, D. *Dream life*. London: Clunie Press, 1984.

ODGEN, T. On the nature of schizophrenic conflict. *International Journal of Pschoanalysis*, v. 61, p. 513-533, 1980.

_____. *The Metric of the mind*: Object relations and the psychoanalytic dialog. Northvale: Jason Aronson, 1986.

_____. The schizoid condition. In: _____. *The primitive edge of experience*. Northvale: Jason Aronson, 1989. p. 83-108.

_____. Projective identification and the subjugating third. In: _____. *Subjects of analysis*. Northvale: Jason Aronson, 1994a. p. 97-106.

_____. The analytic third: working with intersubjective facts. *International Journal of Psycoanalysis*, v. 75, p. 3-20, 1994b.

_____. Analyzing forms of aliveness and deadness of the transference-countertransference. *International Journal of Psycoanalysis*, v. 76, p. 695-710, 1995.

_____. Reverie and metaphor: some thoughts on how I work as a psychoanalyst. *International Journal of Psycoanalysis*, v. 78, p. 719-732, 1997.

PONTALIS, J.; LAPLANCHE, B. *Vocabulaire de la pscycanalyse* [The language of psychoanalysis]. Paris: Presses Universitaires de France, 1967. [London: Hogarth].

ROCHA BARROS, E. Afeto e imagem pictográfica: o processo de constituição de significado na vida mental [Affect and image in pictography: the process of constitution of meaning in mental life]. In: AVZARADEL JR, editor. *Linguagem e construção do pensamento*. p. 189-206. São Paulo: Casa do Psicólogo, 2006.

RORTY, R. *The linguistic turn*. Chicago: Chicago UP, 1967.

ROSENFELD, H. *Impact and interpretation*. London: The New Library of Psychoanalysis, 1987.

ROWLEY, M. *Kanji pictográfico* [Kanji pict-o-graphics]. São Paulo: Conrad Livros, 2003. [Berkely, California: Stone Bridge Press].

RUSSELL, B. A filosofia do atomismo lógico [The philosophy of logical atomism]. In: _____. *Logic and knowledge*. p. 175-282. Rio de Janeiro: Abril, 1975. [New York: MacMillan].

SAUSSURE, F. *Course in General Linguistics*. Illinois: Open Court Classics, 1998.

SOUZA, A. J.; ALVES, E.; RIVERA, T. Limites da linguagem, limites da psicanálise: a gramática invisível de Raymond Roussel [Limits of language, limits in psychoanalysis: the invisible grammar of Raymond Roussel]. *Trieb*, v. 6, p. 309-327, 2007.

SPILLIUS, E. Some developments from the work of Melanie Klein. *International Journal of Psychoanalysis*, v. 64, p. 321-332, 1983.

_____.. *Melanie Klein today*. London: Routledge, 1988.

STEUERMAN, M. E. *Os limites da razão*: Habermas Lyotard, Melanie Klein, e a Racionalidade [The bounds of reason: Habermas, Lyotard and Melanie Klein on Rationality]. Rio de Janeiro: Imago, 2003. [London: Routledge].

SUN, C. T. A teoria do conhecimento de um filósofo chinês [A Chinese philosopher's theory of knowledge]. In: Campos, H (Ed.). *Ideograma*. São Paulo: Edusp, 1994.

TAI, H. *Ideogramas e a cultura chinesa* [Ideograms and Chinese culture]. São Paulo: Realizações, 2006.

WITTGENSTEIN, L. *Tractatus logico-phylosophicus*. São Paulo: Companhia Editora Nacional, 1968.

_____. *Philosophical investigations*. Oxford: Blackwell, 1953.

O VOO DA MADRUGADA: DA MELANCOLIA À CRIAÇÃO DO CONTO

JOSÉ FRANCISCO GAMA E SILVA[1]

Para Laïs e Giovanna

> Em primeiro lugar, não há uma só alma, há duas... Nada menos de duas almas. Cada criatura humana traz duas almas consigo: uma que olha de dentro para fora, outra que olha de fora para dentro. [À noite], o sono, eliminando a necessidade de uma alma exterior, deixava atuar a alma interior.
>
> Machado de Assis, "O espelho".

Com este escrito – na companhia de Sérgio Sant'Anna e de alguns de seus contos – tento surpreender as raízes da criatividade e suas relações com núcleos depressivo-melancólicos revelados nos textos do contista, por meio de variadas vozes, sons e suprassons criados pelo escritor e por seus personagens.

No ensaio "The three voices of poetry", T. S. Eliot sugere que o texto mais intimista, de amor, escrito pelo poeta à sua amada, supõe a existência de um leitor que lhe dê voz e que partilhe de sua experiência, de sua paixão, de suas perplexidades. Trata-se de um desejo

---

[1] José Francisco Gama e Silva é psicólogo, membro efetivo da Sociedade de Psicanálise da Cidade do Rio de Janeiro e doutor em Letras pela Pontifícia Universidade Católica do Rio de Janeiro (PUC-Rio).

de comunicação consigo mesmo e com o leitor, na esperança de que partilhemos as suas emoções, desvalias e os mais tormentosos afetos e esperanças.

Eliot acrescenta que, ao criar um personagem, só pode torná-lo vivo, dotado de carne, músculos, ossos e vibração emotiva, na medida em que nutra uma profunda simpatia por ele, por suas fraquezas e vilanias, pela sua grandeza humana, pelas regiões mais tormentosas e subterrâneas de sua mente. Na criação de um personagem, algo do autor se transfere para ele: as estruturas dinâmicas do seu pensamento, o seu amor, a sua violência, suas indecisões e excentricidades – algo de cuja existência em si mesmo ele nunca tenha antes se apercebido. Assim, ao colocar-se em cena por meio de sua criação ficcional, a história e os personagens evoluem e se transformam, da mesma forma que o escritor e nós também, leitores. A narração, o narrar-se, o ato de ler implicam, portanto, um movimento transformacional, um arranjo, uma ordenação e significação de impulsos e emoções tormentosos e disruptivos, nisto consistindo a sua função terapêutica, como veremos mais adiante.

O voo da madrugada, de Sérgio Sant'Anna (2003), permite--nos acompanhar esse processo de transformação dos escombros da alma e da depressão melancólica em uma obra literária de intensa e comovente beleza. Convido-o, leitor, a seguir o empenho criativo do narrador-contista em traduzir e enfeixar em imagens a sua ânsia desesperada de poesia e, portanto, de forma, de harmonia e de equilíbrio. A criação literária, em quase todos os contos, é sentida como a salvação do vazio interior, angústia, solidão e depressão profunda. Com a palavra, o narrador conta criar momentos de beleza e amor por meio de personagens vivos que o libertem de sua solidão.

O que o escritor busca realizar nesse contexto é a criação de uma voz que permita a presentificação do passado vivo; trata-se do momento presente do passado, sendo este constantemente criado e transformado. O passado, que é uma realidade não mais existente, só pode ser recuperado enquanto se apresentar como uma criação ficcional no presente. Nessa perspectiva, a memória torna-se ato criador.

O VOO DA MADRUGADA

E o artista, o poeta ou o escritor, no nosso caso específico, pode ser visto como o agente simbólico que desbrava o mundo onírico, concedendo-lhe forma, visibilidade e sentido. O processo psicológico subjacente ao ato criador foi elegantemente descrito por Massaud Moisés no verbete "poesia" de seu *Dicionário de termos literários*, válido também para a prosa. Ouçamos as suas palavras:

> O eu do poeta, matriz do seu comportamento como artista, se volta para si próprio, adota não só a categoria de sujeito que lhe é inerente, mas também de objeto; portanto, introverte-se, autoanalisa-se, faz-se espetáculo e espectador ao mesmo tempo. No estado de poesia não é propriamente a natureza que importa ao artista, o que lhe interessa é a visão que tem dela, a imagem em sua mente, a imagem intuída. Nessa perspectiva o ser contempla o próprio eu, como se desdobrasse em dois. Visão egocêntrica do mundo, a poesia se organiza em torno de um único personagem: o outro, quando muito resulta da duplicação narcisista do próprio eu; o outro não é um terceiro, mas um outro eu, como se o não eu humano se diluísse num eu cósmico e centrípeto (MOISÉS, 1999, p. 405).

A narração como descoberta

Ao estudar a escrita de Freud, Patrick Mahoney (1990) disse que ele escrevia – principalmente na construção do livro dos sonhos – de maneira exploratória; mais do que relatar uma experiência retrospectiva, explorando-a, digamos, arquelogicamente, ele escrevia para descobrir e significar o que estava pensando e, por sua vez, partilhar a sua experiência com o leitor. Numa carta a Fliess, Freud escreve que a sua psicologia estava avançando de maneira estranha, como se estivesse em um sonho. Naquela ocasião, segundo seus familiares, vivia em um estado semelhante ao onírico (MORITZ-KON, 1996). Hoje, diríamos que ele talvez estivesse sob o domínio do pensamento onírico de vigília e, portanto, dividido entre o sonhar, devanear, e o princípio de realidade que lhe permitia pensar, refletir, realizar todo o trabalho introspectivo e, consequentemente, usar a linguagem para ordenar e expressar suas intuições. Trata-se de uma divisão da personalidade a serviço do eu, ou seja, de sua ordenação e desenvolvimento. O livro de Freud sobre os sonhos realiza-se por meio de uma escrita, digamos, que o suplanta, que obedece a uma urgência interior, que se faz apesar de suas resistências e que tem, como no caso dos escritores criativos, a sua fonte originária em suas próprias vivências e experiências, inclusive infantis. Neste sentido, a escrita da Interpretação dos sonhos foi a autoanálise de Freud, uma espécie – por que não dizer? – de cura pela escrita e publicação.

No conto "As cartas não mentem jamais", de Sérgio Sant'Anna (1993), Antônio Flores, compositor e pianista, diz a Dorothy, psicanalista, que não sabe mais o que é verdade ou o que é mentira em sua vida. "Às vezes, Dorothy, assim lhe diz Antônio, só as histórias me parecem reais". "É porque", responde a analista, "a gente pode narrá-las, Antônio, e só as histórias são verdadeiras". Porque elas nos remetem, eu diria, ao ponto nodal de nossas almas, como uma tentativa de colocarmos em cena, de trazermos à luz, à dimensão ficcional da experiência, ou pelo menos tentarmos, as regiões mais soterradas e aterradoras da mente ou aquelas que nunca foram contempladas com a palavra. Trata-se, ainda – e este é um vetor basilar –, de um movimento de integração e estruturação dinâmica e dramática, por meio da linguagem, das regiões e dos personagens do mundo interior que se encontram em ruínas.

Eliot acredita que, da mesma maneira que o autor transfere algo de si mesmo para o personagem, levando-o a um desenvolvimento dramático, este, o personagem em transformação e elaboração, também influencia o escritor que, por sua vez, se transforma, do mesmo modo como nós o fazemos no instante da leitura do texto: algo embrionário é gestado e brota.

Seguindo o poeta Gottfried Benn, Eliot sugere que no início do processo criativo existe, de um lado, um embrião, um germe criativo, e do outro a Língua, a linguagem própria do escritor, o seu estilo e as palavras à sua disposição. O escritor e o poeta têm dentro de si algo que germina e clama por palavras para que possa expressar-se e existir; empenham-se em usar todos os recursos das palavras, da sintaxe, da música e do ritmo que lhe são inerentes, suas conotações, para que, adequadamente ordenados em sentenças, permitam o desenvolvimento do embrião e do escritor, integrando-o. Assim nasce e se constitui, em um trabalho lento e laborioso, a ideia, a imagem pictográfica e seus múltiplos sentidos.

O escritor sente-se, também, possuído por um peso, por um demônio, uma insatisfação, uma inquietude ou desespero, que urgem vir à luz por meio do processo de transformação simbólica inerente à personalidade. O encadeamento das sentenças, o som, o ritmo, os sentidos e significados, criam uma espécie de fronteira semântica em torno do conteúdo emocional que parece conter, albergar e, numa certa medida, consolar o artista em seu desconsolo e desvalia: o caos, o horror das trevas infernais, dir-se-ia, transformam-se em forma-viva.

O artista, o escritor, o poeta, ao reconhecerem e expressarem plenamente a dor depressiva ou a melancolia, realizam um trabalho de luto, à medida que internamente recriam um mundo ficcional formalmente contido e harmonioso que é projetado em sua obra. Identificado com o artista e com o seu imaginário incrustado na estrutura dinâmica da obra criada, o leitor revive os seus próprios escombros, perdas, frustrações e horrores, restaurando-os, organizando-os no plano estético, o que o leva a sentir-se reintegrado e enriquecido.

O voo para dentro de si mesmo

O voo da madrugada é uma realização magistral dos processos de criação que alinhavamos acima. Agora, bem à maneira do escritor, convido você, leitor, a nos acompanhar nesse voo que vara a madrugada em direção às regiões submarinas da mente. Nele encontramos o narrador – pessoa de meia idade, vida dura e insípida, auditor de um laboratório farmacêutico – que embarcou em companhia de pessoas enlutadas e de alguns cadáveres guardados no compartimento de carga com destino a São Paulo.

Hospedado no Hotel Viajante, em Boa Vista, insone, com a imaginação febril acionada pela sua tremenda solidão, pelo letreiro colorido da boate em frente, pelas idas e vindas de jovens, drogados, traficantes e prostitutas, sai para a noite em busca de companhia, defronta-se com uma adolescente, quase menina, que lhe é oferecida por um velho asqueroso, e, entre o impulso, o desejo, a revolta, o nojo e o desespero – em fuga, poder-se-ia dizer – volta para o hotel e termina por embarcar no voo da madrugada enlutada. O personagem--narrador não buscava apenas sexo. Havia nele – assim se justifica – "uma esperança sempre renovada, uma excitação, uma expectativa que não se explicam apenas pelo desejo físico, mas também por um anseio muito maior!"

Partir urgentemente daquele lugar seria encerrar o desejo de voltar à rua, trazer a menina ao seu quarto, "nem que fosse para contemplá-la dormindo, inerte e delicada como uma boneca, coberta e protegida. Mas quem poderia dizer que não nua, quem sabe em seus braços? É isso mesmo" – assim se explica o narrador – "que ninguém se espante, pois os sentimentos humanos são sempre partidos no mínimo em dois, e, se há homens dignos, são apenas seres que conseguem vedar seus compartimentos secretos". Ou, como procede o narrador-escritor, permitir a emergência dos espectros, confrontá-los e superá-los no ato de pensar e escrever o conto – a superação pela arte e pelo amor.

Ainda nesta linha, talvez a atração perversa pela menina derive das frustrações amorosas e dores psíquicas do personagem-narrador que, em uma certa medida, vislumbra a sexualidade como consolação de dores retrospectivas. Mas é importante ressaltar a sua plena consciência, várias vezes revelada, de que verdadeiramente o que anseia é algo muito maior, ou seja, sumir no abismo celestial do indivisível e indiferenciado.

Voltar para a metrópole, onde morava e fora abandonado pela mulher, fazia-o sentir-se oprimido pela solidão e pelo tédio. Na aeronave, deslocando-se velozmente na noite, era como pairar acima das

O VOO DA MADRUGADA

agruras e dores terrenas para ser engolido pelo infinito e pelo caos intemporal. A ideia de perder-se neles, que a alguns aterroriza, era-lhe inebriante e, naquela noite, a companhia dos mortos no compartimento de carga, sua paz inexpugnável, estimulava-o.

Nesse estado de mente, o personagem oscila entre o suicídio e o escrever o conto, simplesmente escrever, talvez para estancar ou transformar, melhor dizendo, o desejo de autoextinção em criação literária. Somos levados a pensar que o jogo imaginário, a superação da violência pela criatividade, pelo amor, concederam-lhe uma escritura poética menos contaminada pelo terror e pela destrutividade, salvando-o do suicídio. Mas mesmo o ato de escrever é vivido como uma das maiores maldições entre todas, "por nunca alcançarmos verdadeiramente, pelas palavras, a fusão que tanto almejamos". Não obstante, sentimo-nos consolados e permitimos que a vida siga o seu curso natural, "carne devorando carne, ou, com a ajuda dos vermes, a carne consumindo a si mesma".

Ao aproximar-se o apogeu da madrugada, o narrador viu, como se surgida de lugar nenhum, uma jovem mulher caminhando em sua direção, o vestido preto sobriamente elegante, e, sem nenhuma explicação e sem lhe pedir licença, sentou-se ao seu lado, pousou a cabeça em seu peito, com toda naturalidade, concedendo-lhe que acariciasse os seus cabelos e seios. Ela vinha do mundo dos mortos, talvez das regiões sepulcrais da mente do narrador, consubstanciando-se em um delírio alucinatório, em um sonho, presentificando-se, finalmente, no conto. Embora estranhos, "sintonizavam um do outro o ser mais oculto, entretanto, potencializado de faíscas como um diamante enterrado". Ele deitou a cabeça em seu peito para que ela o acariciasse; sentiu que retrocedia muitos anos e que milhares de faltas foram aplacadas naquele exato instante de amor e carinho. Pensou que ela pudesse amá-lo porque atravessara a sua aparência melancólica, a face vincada, o olhar sem brilho voltado para dentro, para enxergar aquele que poderia ser ele, aquele que desejava ser, ou aquele que verdadeiramente era ele, agora refletido naquele semblante amoroso e – por que não dizê-lo? – maternal.

Quando a comissária o despertou, pedindo-lhe que apertasse o cinto e voltasse seu assento à posição vertical, viu-se novamente só e foi tomado por um sentimento de grande perda e de grande felicidade, pois sentiu que aqueles momentos haviam sido dos mais felizes e plenos de sua vida e ficariam marcados para sempre em sua lembrança, fixados na sua completitude, calor e aconchego, como em um êxtase jubiloso.

No retorno ao seu apartamento, pressente a presença de alguém em seu quarto, calmamente sentado na beira da cama, que identifica como sendo ele próprio. Como se fosse possível se repartir em dois: "aquele que viajara e aquele que aguardava tranquilamente em casa, ou, talvez, num espaço fora do tempo", talvez um espectro. Em um átimo, percebe as duas faces de si mesmo.

> Numa delas, à porta, estavam marcados os vincos de um cansaço mortal; da melancolia e solidão exasperadas, como as vividas no Hotel Viajante. Na outra face, porém, [viu-se] como o teria visto e sentido a [sua] companheira de voo, atravessando a [sua] máscara crispada para poder amá-lo do jeito que a amava.

> Senta-se à mesa e escreve:

> Nesta escrita, em que sinto em minha mão a leveza do "outro", há, sobretudo, um voo na madrugada com seu carregamento de mortos e a passageira que veio estar comigo. Exultante, dou-lhe novamente à luz, materializo-a. Aqui ela será para sempre minha, renovando-se a esperança de alcançar, desta vez, na escrita, a fusão tão almejada; satisfazer o anseio maior!

Na opinião de Eliot, o poeta não tem a mínima ideia daquilo que quer dizer até que tenha achado as palavras de seu poema ou texto ficcional, e "quando você acha as palavras, a coisa para a qual as palavras tiveram de ser achadas desaparece, sendo substituída pelo poema". A poesia começa a partir de um ritmo enraizado no inconsciente, e é

O VOO DA MADRUGADA 247

liberada em consequência do relaxamento das inibições normais da consciência. A percepção consciente desse ritmo nos leva à imaginação auditiva, ao sentimento de sílaba e cadência, ao encadeamento das palavras e das sentenças no passo certo, constituindo-se, assim, a linha sonora e rítmica do poema, a estrutura e finalmente a forma: ordem, harmonia, sequência e movimento.

No "Itinerário de Pasárgada", Bandeira (1967) nos diz que foi intuitivo nele "buscar no que escrevia uma linha de frase que fosse como a boa linha do desenho, isto é, uma linha sem ponto morto". E que cedo compreendeu "que o bom fraseado não é o fraseado redondo, mas aquele em que cada palavra tem uma função precisa, de caráter intelectivo ou puramente musical, e não serve senão a palavra cujos fonemas fazem vibrar cada parcela da frase por suas ressonâncias anteriores e posteriores".

A prosa de Sérgio Sant'Anna guarda essas características rítmico-sonoras, visuais e poéticas apontadas por Eliot e Bandeira. Tem-se a impressão – tátil, sensorial – de que os sons, ritmos e imagens emergem das regiões abissais mais primitivas do escritor, provavelmente psicobiológicas, exigindo transformação estética, poética, isto é, vida virtual impregnada de energia vital e vibração emotiva. Assim, a coisa referida por Eliot dois parágrafos acima – o caos, a frustração pela perda da unidade monádica, as emoções, imagens e sons, o magma amorfo, essa coisa quase sensorial e somática – é acolhida e transformada pela função criativa, ficcional e poética do escritor. Algo quase sensorial e somático é transubstantivado em algo mental por meio do pensamento e da palavra, deslocando-se para o plano estético da experiência. Em síntese, a inserção do sentimento de ritmo, de sílaba, de som e de imagem, no contexto psicobiológico, confere-nos a possibilidade de senti-los, táteis, no espaço virtual-ficcional.

Lendo Sant'Anna, sentimo-nos como que transportados pelos sons e pelas texturas, pelo ritmo algumas vezes veloz, pelo seu fraseado intenso, forte, visual e extremamente sensorial, o que permite que leiamos os contos inúmeras vezes com o mesmo prazer, expectativa e suspense. Lendo-o, sentimos os ritmos da vida orgânica, emocional e mental, como acontece, por exemplo, na leitura de "Um conto abstrato": puro som, sílabas, palavras, frases que se cruzam e se combinam como em uma pastoral, permitindo a criação de imagens dotadas de intensa carga poética. Na imaginação literária de Sérgio Sant'Anna um conto abstrato é:

> Um conto de palavras que valessem mais por sua modulação que por seu significado. Um conto abstrato e concreto como uma composição tocada por um grupo instrumental; límpido e obscuro, espiral azul num campo de narcisos defronte a uma torre a descortinar um lago assombrado em que o atirar uma pedra espraia a água em lentos círculos sob os quais nada um peixe turvo que é visto por ninguém e no entanto existe como algas no fundo do oceano; [...] um conto em que os vocábulos são como notas indeterminadas numa pauta; que é como o bater suave e espaçado de um sino propagando-se nos corredores de um mosteiro; um conto que é como uma ponte de ornamentos num rio enevoado em cujo curso um casal se beija num bote que desliza à deriva vagarosamente. Um conto recendendo a nenúfares e jasmim, vicioso como um círculo vicioso, às vezes agudo como um estilete que desenhasse formas sobre uma pele sem feri-la.

Mas existe também, no livro – para nossa surpresa, deleite e prazer – um conto obscuro que:

> Tangencia e corteja o nada. Mas com haver um nada, ainda mais sem alguém a concebê-lo, esse não tempo e não lugar de que tudo e todos estarão ausentes? Muitos o temem como temem a morte, mas há também quem possa se regozijar com a sua antecipação – algum enfermo ou suicida, por exemplo, antegozando esse nada pleno e aconchegante e, portanto, de algum modo dele desfrutando, desse nada ser depois. [...] De todo modo, para escrevê-lo, o contista busca em si forças misteriosas, obscuras, que lhe concedam um texto belo que o compense de sua tamanha solidão, fazendo-o sentir-se, por meio dele, amando e sendo amado, ainda que esteja absolutamente só em seu apartamento.

E até talvez por estar absolutamente só em seu apartamento, o contista traz para o seu conto obscuro a memória dos seus doze anos, em que vemos:

> A moça que se despe no quarto à noite com a janela aberta numa casa em Botafogo, guiando-se apenas pela iluminação de um poste na calçada. Um dos postes que, naquele tempo, com suas luminárias e globos de luz tão formosos, tornavam as ruas do Rio uma espécie de cenário encantado. De seu quarto, um pouco mais elevado, na casa em frente, o garoto, coração disparado, fixa para sempre aquele vulto que parece emitir uma pálida fosforescência, com seu rosto de cabelos longos, seus seios, suas coxas guardando entre elas uma outra obscuridade, um segredo, a despertar o desejo e as emoções do menino.

Em quase todos os contos do livro ocorrem essas duas vozes: uma que deseja a morte, o não tempo, o não lugar, o nada-pleno, o abismo celestial, onde se realiza o anseio maior de um amplexo infinito e do desejo de fusão com o objeto de amor; e a outra que lhe concede a realização do conto, onde o contista cria e fixa as imagens que o consolam. A infinita dor, o sofrimento, a solidão e o desejo de autoextinção são transformados pela criatividade poética do contista, transubstantivados em peças literárias de intensa e profunda beleza. As forças misteriosas e obscuras do contista – o amor e a sua potente criatividade – criam, no espaço virtual, a sensação de presença, quem sabe dos espectros materializados no conto. Os espectros transitam entre o mundo dos mortos e dos vivos, e entram em cena, parece-me, como fazendo parte de um processo de luto do contista:

> A voz é também erótica, de uma noiva fatal e celestial, abrindo as pernas e dizendo: deite o rosto em meu ventre, como se à matriz retornasse; depois me abrace e me coma, se perca em meu corpo, afunde-se em minha vagina, goze e esporre, torne-se um comigo – a voz cicia em seu ouvido, a voz baila, a voz balbucia, ternamente, agônica, e você rejubila.

Mas é também violenta, nefanda, como no conto em que um rapaz de dezessete anos, viciado em drogas (já tendo roubado e se prostituído para comprá-las) e com pretensões rimbaudianas a poeta maldito, em uma cena de ciúme – descrita com precisão e minúcia psicológica – tenta violentar a mãe, no instante crucial é consentido, e o ato é realizado em um momento orgástico em que se misturam dor e desespero trágicos.

Num sentido primeiro, o gesto da mãe pode ser explicado pelo medo, pelo torpor, pela desistência da luta. Mas ela sabe, de forma bruta, que sua entrega encerra outras razões muito poderosas. Sabe que, se resistir e o filho a possuir pela força, talvez venha a considerar o seu crime tão nefando que, para ele, nunca haverá remissão e não encontre outra saída senão o suicídio. Já ela se abandonando ao ato, ao crime (seja lá como o queiramos chamar), será cúmplice dele.

E ela sente em seu íntimo mais escondido que alguma coisa em seu modo de relacionar-se com o filho, desde sempre – talvez um quê a mais, indevido, na ligação com ele –, esteja na origem mesma de tudo aquilo que os levou a estarem a sós naquele apartamento e naquele quarto, naquele preciso momento. Tem ainda uma esperança vaga, quase irracional, de que a escalada dele rumo à vileza, à destruição, uma dádiva tão extremada dela possa ter algum poder transformador. E como se neutralizasse toda a violência contida naquele ato, ela afaga a nuca dele e pronuncia: "Meu filho, meu filho". E ele a penetra, sim, e ela está úmida o suficiente para que isso possa acontecer e há um espanto nele, e nela, de que isso esteja ocorrendo, e o mundo continue girando no eixo e cheguem ali no quarto os ruídos dos carros na rua, das vozes numa tevê ligada em outro apartamento, dos latidos de um cão. E ela continua tão lucidamente louca que diz: "Não goza dentro". E ele obedece.

Ele sente que cometeu um pecado tão desafiador aos deuses que eles o afundam num pântano, onde o seu corpo é devorado por vermes e caranguejos, mas, de sua podridão, nascerão flores e, durante as noites, ele aí paira como um anjo cujas asas são pétalas e tem a fronte cingida por uma coroa de lírios e, ao seu redor, como que formando uma veste, voam vaga-lumes ao som de um coro de pássaros noturnos tão negros que se confundem com a escuridão.

Das palavras que constituem as sentenças acima, algumas delas foram escritas pelo rapaz em seu braço após a transgressão edípica, talvez na esperança de superar o crime pela criação poética à maneira de Rimbaud, no anseio de que daquela atmosfera negra e putrefata brotasse alguma pureza. Apesar da vergonha, do medo e até da repulsa pelo que acabou de fazer, há, em sua mente febril, "uma exaltação e desafio por ter empurrado o seu fascínio ambíguo e obcecado pela mãe para além de todos os limites e convenções, e uma espécie de encantamento por ter ela, sem dúvida, se entregado". Sente-se triunfante diante dos eventuais amantes da mãe, principalmente do mais jovem, como se tivesse, para seu júbilo maior, triunfado sexualmente sobre si mesmo, filho, frágil, um menino, sobre as convenções que ditam a interdição ao incesto, talvez proferidas pelo Pai desde os tempos ancestrais, próximo do início das coisas.

No próximo momento vemos, – sim, vemos, porque Sant'Anna suscita em nós imagens visuais terroríficas – a mãe entrando em seu quarto para consolá-lo, talvez redimi-lo da culpa pelo ato cometido. Ele está abatido, quebrado, desculpa-se; ela propõe esquecerem o ocorrido; ele diz que ela é boa; ela passa a mão em seus cabelos; ele adormece e parece um menino mais novo.

A mãe, agora em seu momento de triunfo, na verdade uma defesa contra o sentimento de desastre, de culpa e dor, responsabiliza Deus por permitir que a lama negra do pântano da alma acordasse de seu negro sono e infectasse, irremediavelmente, a relação com o filho, como se a Ele, Deus Pai, coubesse o desígnio da proibição do incesto. Nessa circunstância a mente da mãe "é atravessada pela figura de uma mulher selvagem agarrada com um filho em uma caverna escura rodeada por um mundo cheio de feras e perigos, como é também, de outra forma, o mundo de agora [...]

Somos levados a pensar que essa imagem hedionda e persecutória representa o mundo mental e o emocional da mãe, que se reflete na mente do menino, desde o seu início, enchendo-o de terror e conduzindo-o a um apego animal, corporal, sensorial e radical a ela, fazendo emergir o desejo de "libertar-se do cárcere de sua pessoa, para retornar ao tranquilo lago materno, ou muito aquém ou além deste, ao oceano límpido e plácido do indivisível ou indiferenciado". É possível, ainda, imaginar que a mãe, cercada desses horrores inomináveis, deseja, agora identificada com o filho – e sentindo o mundo fenomênico como um vale claustrofóbico de dor e lágrimas – retornar ao momento embriônico.

Nessa circunstância, a morte ou a autoextinção é desejada e idealizada, e a voz anuncia

> não a tragédia e sim uma boa nova, a sua libertação da barriga, das tripas, da flatulência, da depressão, o fim da merda, enfim, mas que antes atingirá o seu paroxismo na putrefação e pode-se dizer que nela a terra já viceja e anuncia que você será parte do ar fresco, da chuva, das borboletas, das flores, você será perfume.

A voz ainda poderá dizer-lhe sedutora e idealizada, enfim, que o mesmo poderá

> "Acontecer com o seu cérebro que, livre de suas travas, será capaz, então, quem sabe, de combinar palavras e sons tão melodicamente quanto numa composição ou poema, que dividem tempo e espaço, peso e imponderabilidade, numa pauta simultaneamente concreta e abstrata, harmônica e dissonante, musical e silenciosa – e que no máximo daqui a cem anos, mortos nos encontraremos todos, num amplexo com o infinito, os que agora aqui estamos.

Seguindo algumas ideias de Edgar Allan Poe apresentadas em *Filosofia da composição*, sugiro que a prosa poética de Sérgio Sant'Anna atinge a província do Belo por meio da melancolia, o mais legítimo de todos os tons poéticos, transformando a impossibilidade de viver em possibilidade de dizer, trazendo para a sua prosa as mais sofisticadas armações do raciocínio e da composição literária, convocando o leitor, pela expressividade de seu fraseado e imagens, a uma identificação intuitiva e emocional imediata com o texto e com as vozes em conflito. Há, percorrendo toda a extensão do livro, um propalado e intenso desejo de escrever um texto bonito ou belo, que traduzisse em imagens a ruína interior do contista, salvando-o do vazio, da solidão e da depressão profundos, impedindo a realização do desejo de autoaniquilamento.

A forte relação que se estabelece entre o leitor e o contista--narrador permite-nos sentir que construímos o texto em íntima relação com ele. Essa impressão é também reforçada pela constante preocupação metalinguística do escritor, ou seja, pelos comentários críticos que faz sobre suas fantasias e esperanças de fundir-se com a mulher no doce nada – mas como doce, se nada haverá? – ou sobre as possibilidades da escrita de construir um texto que materialize a amada ausente e idealizada a ponto de libertá-lo de sua imensa solidão.

O voo da madrugada, nesse sentido, é o livro de um sobrevivente, de alguém (o contista?) que tem a doença da morte e que ativou, no âmago de sua imensa fragilidade, a força criativa necessária que impediu o desastre de sua personalidade. Criou, ainda, uma voz cheia de vida e luz para cantar a sua desdita.

A voz do narrador e o som de sua voz

A voz do narrador no conto "O voo da madrugada", de Sérgio Sant'Anna, se revela como a de uma pessoa insípida, melancólica, vivendo uma existência desprovida de atrativos; uma pessoa de fisionomia crispada, comum e melancólica – assim a voz se descreve. Mas o faz em uma escrita viva, insinuante e sedutora, uma voz em vibração emotiva. O som na página é o resultado do empenho do escritor em manter-se vivo, respirando nas frases e nos ritmos que cria. A escrita, densamente poética nas imagens, no colorido e na musicalidade que engendra, funciona como uma moldura, ou pele, que confere ao escritor a integração de sua personalidade e a coerência necessária para escrever um texto que o signifique. O fraseado parece enlevar o narrador – sons e ritmos que o acalantam e consolam.

Kandinski disse que a forma é a pele vibrante do conteúdo. E a forma, em "O voo da madrugada", está de tal modo viva que parece falar diretamente ao leitor, como um convite aos movimentos expressivos da linguagem. Antonino Ferro (1998) considera a narração uma resposta aos medos e às angústias (antes inomináveis), evitando que se transformem em sintoma. Daí se dizer, como o faz Ferro, que a necessidade de narrar ou criar constitui um fator terapêutico em relação às angústias, aos terrores e aos medos. O narrar pode ser visto, pois, como uma necessidade basilar da espécie humana, uma resposta a uma dimensão primitiva e desconhecida em nós. Uma resposta aos mistérios inefáveis de nossa existência.

A voz, em alguns contos de *O voo da madrugada*, deseja que "o cérebro – livre de suas travas – seja capaz de combinar palavras e sons tão melodicamente quanto numa composição, ou poema, que dividem tempo e espaço, peso e imponderabilidade, numa pauta simultaneamente concreta e abstrata, harmônica e dissonante, musical e silenciosa".

A voz pode ser

rouca, arranhada, cava, como que saída de uma vitrola de antigamente, igual às que, em sua infância, tocavam boleros, tangos, sambas-canção melodramáticos. Anuncia, porém, a voz, não a tragédia e sim uma boa nova, a morte, e a sua libertação da barriga, das tripas, da flatulência, da depressão, o fim da merda, enfim, mas que antes atingirá o seu paroxismo na putrefação e pode-se dizer que nela a terra já viceja e anuncia que você será perfume. E aqui o aguardo, então, para você gozar a contemplação divina, você em forma de alma, espírito ébrio e sedento de um amor absoluto. Ou então, se não existir Deus, ou o além, ou a alma, poderei lhe oferecer as delícias do nada. Mas como delícias do nada, se nada haverá? Mas é que somente tendo você existido, terá adquirido as doces prerrogativas do não ser.

Ânsia pelo divino

Sede, embriaguez, ânsia pelo Divino, pela plenitude, pelo indiviso, são expressões do impulso para reconstituir, enfim, a unidade perdida. A voz no texto é angustiada, sedenta, imperiosa, mortalmente sofrida, e para compensar as perdas ou faltas que sente, procura o amor idealizado, a mulher que lhe propicie a satisfação absoluta de todos os anseios e desejos. E nada mais haverá. O que a voz, então, anuncia é a intensa nostalgia de um estado pleno de satisfação que se teve e se perdeu – a unidade pré-natal, a sensação de ser indiviso – mesclada pelo ódio e pelo ressentimento de algo que se tornou para sempre inalcançável. A voz, em consequência, torna-se voraz, na pura ânsia pelo absoluto. Elisa Maria Ulhoa Cintra (2004) sugere que a voracidade expressa uma forma desmesurada da pulsão de vida, ao passo que o desejo de destruir, ou destruir-se, decorre da pulsão de morte, "que é a expressão do sentimento de ter sido lesado em termos de satisfação, sem que o sujeito se dê conta de que uma parte da frustração é continuamente criada por sua própria voracidade".

Na visão de André Green,

O trabalho da escritura pressupõe uma chaga e uma perda, uma ferida e um luto, cuja obra será a transformação com o objetivo de encobri-los pela positividade fictícia da obra. Nenhuma criação ocorre sem mágoa, sem um doloroso trabalho cuja pseudovitória tal criação representa. Pseudo porque essa vitória dura apenas um tempo limitado, pois é sempre contestada pelo próprio autor e pela realidade. E tal constatação – e a frustração desesperada que o contista sente – compelem-no a retomar incansavelmente a escrita. Ler e escrever, portanto, representam um trabalho de luto ininterrupto (GREEN, 1994).

O prazer que sentimos pela realização do texto é a compensação substituta de uma satisfação perdida, que tentamos encontrar por outros caminhos.

O escritor-narrador, em "O voo da madrugada", é movido pelo desejo de algo muito maior, perder a sua individualidade no nada pleno, no abismo celestial, no doce nada, no espaço infinito, no cosmos, e – por que não dizê-lo? – no útero materno. O estilo é altamente refinado, envolvente, sedutor, tátil, sensorial; os ritmos e sons envolvem-nos, e convocam a nossa emoção e os sentimentos ao êxtase, ao presente atemporal, aos momentos sem tempo. E temos a sensação de que tudo está presente ao mesmo tempo.

A voz deseja a Coisa, o inefável, algo que se situa além ou aquém da palavra, a palavra-coisa, a palavra que é a própria coisa e não uma reles representação; a Coisa-objeto-sensação que nos acolheu, outrora, em seus ritmos, que nos envelopou com a pele e com o calor que expandia de seu corpo. Os sons e ritmos criados por Sant'Anna cumprem a função de enlevar, extasiar, cingir-nos e organizar as aflições disruptivas vividas desde o início da vida.

Assim, anelando o envolvimento amoroso e envelopando-se no som e no encadeamento das sentenças, o contista deseja criar

um conto de palavras que valessem mais por sua modulação que por seu significado. Um conto abstrato e concreto como uma composição tocada por um grupo instrumental; límpido e obscuro, espiral azul num campo de narcisos defronte a uma torre a descortinar um lago assombrado em que o atirar uma pedra espraia a água em lentos círculos sob os quais nada um peixe turvo que é visto por ninguém e no entanto existe como algas no fundo do oceano. Um conto em que os vocábulos são como notas indeterminadas numa pauta; que é como o bater suave e espaçado de um sino propagando-se nos corredores de um mosteiro; um texto gongórico feito de literatura pura, tedioso e entorpecedor em suas frases farfalhantes, lantejoulas fúteis e herméticas, condenado por aqueles que exigem da literatura uma mensagem clara e são capazes de execrar em nome disso.

É isto:

o contista busca em si forças misteriosas, obscuras que lhe concedam um texto belo que o compense de sua tamanha solidão, fazendo-o sentir-se, por meio dele, amando e sendo amado, ainda que esteja absolutamente só em seu apartamento. Durante a escrita do conto há sempre a iminência do fracasso, do contista não conseguir manifestar os seus fantasmas, entes, pensamentos mais soterrados, e não lograr traduzir em imagens uma ânsia desesperada de poesia, como salvação de um vazio, angústia, solidão e depressão profundas que clamam por um aniquilamento do próprio contista.

Luto, dor e elaboração

Seguindo Freud, Melanie Klein (1940) sugere que durante o trabalho de luto é preciso tempo para que o ego liberte a sua libido do objeto perdido. Cada lembrança ou expectativa que liga a libido ao objeto vem à tona e é hiperinvestida, obtendo-se, assim, o desligamento da libido do objeto perdido. "[...] Confrontado com a questão de compartilhar ou não da morte ou perda do objeto, o eu é persuadido, narcisicamente, a romper o seu apego ao outro".

Para Klein, há uma ligação íntima entre o teste de realidade no luto normal e os processos arcaicos da mente. Ela sugere que a criança passa por estados mentais comparáveis ao luto do adulto. Ou seja: o luto arcaico é revivido sempre que sentimos algum pesar na vida ulterior. Nessa perspectiva, o objeto que provoca o luto é o seio da mãe por ocasião do desmame. Para Klein, trata-se de uma melancolia em *statu nascendi*. O seio e o alimento representam, na mente do bebê, o amor, a bondade e a segurança. No luto normal, o sofrimento pela perda da pessoa amada é ampliado pelas fantasias inconscientes do sujeito, que acredita ter perdido os seus objetos bons internos protetores, e ele sente-se no caos absoluto, em completo desamparo. O mundo interno despedaçou-se e destruiu. E o período do luto consiste na reinstalação dos bons objetos internos, não apenas da pessoa que acabou de partir, mas de todos os objetos bons desde a infância remota. Esse processo introjetivo de recuperação produz um sentimento de renovação que está associado à recuperação da capacidade de amar, interessar-se e investir no mundo depois da longa hibernação do luto (CINTRA, 2004).

Nas palavras de Melanie Klein (1940),

> Quando o sofrimento é vivido ao máximo e o desespero atinge o seu auge, o indivíduo de luto vê brotar novamente o seu amor pelo objeto. Ele sente com mais força que a vida continuará por dentro e por fora, e que o objeto amado perdido pode ser preservado em seu interior. Nesse estado de luto o sofrimento pode se tornar produtivo.

A realidade mostra-nos que experiências dolorosas de todos os tipos às vezes estimulam as sublimações, ou até despertam novas habilidades nas pessoas que começam a pintar, escrever, desenvolvendo talentos antes insuspeitados, como vimos ocorrer com a pintora Ruth Kjärr, cujo processo criativo foi estudado por Klein no artigo "Situações de ansiedade infantil refletidas em uma obra de arte e no impulso criador" (1929).

Para Klein, portanto, qualquer dor trazida por experiências infelizes, qualquer que seja a sua natureza, reverbera em nosso núcleo enlutado. E arremata assinalando que a superação de qualquer adversidade, perda e dor envolvem um trabalho mental semelhante ao do luto. E é esse trabalho de superação de uma perda dolorosa e do caos consequente que surpreendemos e acompanhamos nos contos de Sérgio Sant'Anna. Vejamos o que ele nos fala do caos e da palavra, quando o contista, em desespero e em luta contra a desistência simbólica, apela, seja isto ridículo ou até inútil, como o autor assinala, para invocações, por exemplo, a mãe morta:

> Mãe, esteja onde estiver, escuta este seu filho e faça-o escrever um conto bonito que transforme a sua solidão e angústia em amor e alegria, afastando-me, assim, do sol negro da melancolia, da vida desvitalizada e sem partilha, pesado fardo que a cada instante me parece insustentável e que constantemente sinto que me conduz para a morte (KRISTEVA, 1989).

Julia Kristeva, no seu modo muito particular de se expressar, ecoando as vozes de Freud e Klein, nos diz que

> [...] examinando o desencanto, mesmo cruel, que sofro aqui e agora, este parece entrar em ressonância com traumas antigos, a partir dos quais percebo que jamais soube realizar o luto. Posso, assim, encontrar antecedentes do meu desmoronamento atual numa perda, numa morte ou no luto de alguém ou de alguma coisa que amei outrora. O desaparecimento desse ser indispensável continua a me privar da parte mais válida de mim mesmo e transformou a minha voz em queixa repetida (KRISTEVA, 1989, p. 12).

Kristeva assinala que a experiência da separação da mãe após o nascimento conduz o sujeito a tentar reencontrá-la, da mesma forma que outros objetos de amor, primeiro na imaginação e depois nas palavras, como vimos acontecer nos contos de Sérgio Sant'Anna.

No início da vida pós-natal, o eu do bebê apresenta ampla falta de coesão acompanhada de uma tendência à integração que, por sua vez, se alterna com um movimento à desintegração, a cair em pedaços ou a desaparecer no nada, caso as necessidades básicas de acolhimento e contensão não sejam atendidas pela mãe em sintonia afetiva com o filho.

A criação literária concede um poderoso recurso ao escritor em sua luta contra o desmoronamento simbólico, na medida em que permite, no plano ficcional, a recriação do objeto perdido e a integração ou reintegração do seu mundo interior. A condição essencial para a ocorrência da criação artística consiste – além do talento inato – na necessária coesão e força do ego para que o escritor possa confrontar-se com o caos e a desorganização interior, com o amor e o ódio, vindo a empreender o processo de doação de forma e restauração dos escombros da alma. Com resignação e amor.

Referências

BANDEIRA, M. *Poesia completa e prosa*. Rio de Janeiro: Aguilar, 1997.

ELIOT, T. S. *On poetry and poets*. London: Faber & Faber, 1957.

FERRO, A. *Na sala de análise*. Rio de Janeiro: Imago, 1998.

GREEN, A. *O desligamento*. Rio de Janeiro: Imago, 1994.

_____. *A psicanálise como literatura e terapia*. Rio de Janeiro: Imago, 2000.

KLEIN, M. O luto e a sua relação com os estados maníaco-depressivos. In: _____. *Amor, culpa e reparação*. Rio de Janeiro: Imago, 1996.

_____. Situações de ansiedade infantil refletidas em uma obra de arte e no impulso criador. In: _____. *Amor, culpa e reparação*. Rio de Janeiro: Imago, 1996.

KOCH, S. *Oficina de escritores*. São Paulo: Martins Fontes, 2008.

KRISTEVA, J. *Sol negro, depressão e melancolia*. Rio de Janeiro: Rocco, 1989.

MAHONY, P. Psicanálise: o tratamento pela escrita. *Revista Brasileira de Psicanálise*, v. 24, n. 4, 1990.

MORITZ-KON, N. *Freud e seu duplo*. São Paulo: EdUSP, 1996.

POE, E. A filosofia da composição. In: _____. *Ficção completa, poesia e ensaios*. Rio de Janeiro: Nova Aguilar, 1997.

SANT'ANNA, S. *O voo da madrugada*. São Paulo: Companhia das Letras, 2003.

_____. *Breve história do espírito*. São Paulo: Companhia das Letras, 1993.

ULHOA CINTRA, E. M.; FIGUEIREDO, L. C. *Melanie Klein*: estilo e pensamento. São Paulo: Escuta, 2004.

CESURA E IMAGINAÇÃO RADICAL: OBTENDO IMAGENS PARA A RESSIGNIFICAÇÃO DA HISTÓRIA PRIMITIVA NO PROCESSO ANALÍTICO

ARNALDO CHUSTER[1]

O ponto de partida deste trabalho é a investigação que venho realizando sobre estados mentais primitivos, aplicando o conceito de imaginação radical, um mecanismo que considero mais primitivo e anterior à identificação projetiva (CHUSTER, 1999, 2001, 2005a, 2008, 2010). O objetivo do conceito é abranger o mundo psíquico pré-cesura, ou o que Bion chama de mente embrionária. Procuro também ressaltar sua aplicação prática na psicanálise.

No presente trabalho, tentarei desenvolver mais alguns pensamentos sobre este mecanismo, postulando-o como característico da primeira etapa da realização da pré-concepção em seu caminho para dar à luz uma concepção – modelo de funcionamento mental formulado por Bion (1962). Reservo o termo identificação projetiva para a segunda etapa da realização, a etapa pós-natal.

De um modo geral, a crítica que o conceito me proporcionou trouxe outros vértices de reflexão, destacando um aprofundamento na questão da realização. Foi surpreendente e gratificante quando investiguei o conceito de uma forma ampla e deparei com o fato

---

[1] Arnaldo Chuster é médico psiquiatra, psicanalista, membro efetivo e analista didata da Sociedade de Psicanálise do Rio de Janeiro (SPRJ), membro titular e analista didata da Associação Psicanalítica Rio 3 (APRIO3) e membro honorário e professor do Instituto W. Bion, de Porto Alegre.

de que a realização em Bion é basicamente um conceito matemático, significando a sucessão de conjuntos infinitos com repetição de signos. Pude confrontar extensivamente essa definição com os trabalhos de Matte-Blanco (1975, 1988) a respeito do inconsciente definido como conjuntos infinitos. Sendo assim, o conceito de realização é sinônimo da ideia de inconsciente em Bion. Temos então, de um lado, o inacessível, que é a pré-concepção, o inconsciente que é a realização, e, em seguida, as concepções (pensamentos), que podem ser inconscientes, pré-conscientes e conscientes.

O conceito matemático de realização aplica-se originariamente no desenvolvimento de sistemas não lineares, sobretudo quando existe necessidade de se criar algo novo, ou expandir uma teoria além de seus limites. O conceito é utilizado na Física como um modelo sigma, que precisa ser aplicado quando os convencionais não funcionam, e tem sido significativamente empregado na investigação das chamadas forças eletrofracas, a quarta força da natureza, relacionada com a existência de organismos vivos.

Os organismos vivos, em tese, teriam surgido da ação dessas forças sobre uma matéria-prima orgânica, e dependem de indicadores dinâmicos de simetrias ocultas, isto é, determinadas partículas que apontam direções espiraladas (como na molécula de DNA) para que a matéria viva possa organizar-se, criar condições de aprender a se relacionar com o meio, tal como se os organismos vivos fossem por definição sistemas cognitivos (MATURANA, 1989). As simetrias em si não definem estas direções; uma vez que podem alterar-se o tempo todo, elas são transitórias e fazem parte de um sistema à beira do caos (ou um sistema em estado de turbulência máxima), ou seja, um sistema que está na encruzilhada de uma decisão entre se tornar autopoiético, capaz de gerar soluções, ou de se degenerar e morrer (MATURANA, H., 2004).

Num exercício de conjecturas imaginativas, ou de ficção, fiz uma analogia desses indicadores com determinados "conjuntos", que podem ser também chamados de conjuntos de alta intensidade sensorial (equivalentes aos atratores estranhos da teoria do caos) presentes no trajeto da realização. A ficção psicanalítica que desenvolvi baseada em diversas citações de Bion sugeriu a existência de dois estágios no processo da realização – um estágio que seria embrionário ou pré--natal, a mente embrionária, e um estágio pós-natal, a mente simbólica ou mente social-histórica. A concepção seria, portanto, o produto final da combinação de elementos deste trajeto de conjuntos infinitos. Os elementos combinados podem ser vistos como figura e fundo, tal como na famosa imagem de Escher, *Anjos e demônios*.

No primeiro estágio de realização da pré-concepção, formar-se-iam as molduras de uma espécie de "janela" para o mundo. Uma janela "vazia de paisagem", tridimensional, ou janela protoedípica. Após cruzar a cesura do nascimento, essa moldura recebe progressivamente e de forma singular a "paisagem" edípica. Na cesura, entra em ação a função-alfa para realizar este processo de saturação de elementos provenientes dos dois mundos em contato: a experiência emocional (BION, 1962).

As citações de Bion encontram-se nos artigos "Cesura" (1977), "Evidência" (1976), "Sobre uma citação de Freud" (1976), "Como tornar proveitoso um mau negócio" (1979). São diversas citações do assim chamado último Bion (1987). Selecionei algumas que compõem o contexto deste trabalho:

a - É possível para nós, como psicanalistas, pensar que pode haver vestígios, no ser humano, que sugerem a sobrevivência na mente humana, análoga àquela no corpo humano, de indícios no campo da ótica, de que uma vez existiram fossas óticas, ou no campo da audi-ção de que uma vez existiram fossas auditivas? Há alguma parte da mente humana que ainda traz sinais de uma intuição 'embriológica', quer visual, quer auditiva?

b - [...] partes do corpo como as fossas óticas podem responder às pres-sões físicas, o que parece ser alguma coisa que poderia ser somente uma resposta do aparelho ótico. Se isto é assim, então talvez as fossas óticas respondam à pressão mesmo antes da dramática cesura do próprio nascimento.

c - A primeira e mais importante destas conjecturas imaginativas é que as glândulas suprarrenais não pensam, mas as estruturas que as rodeiam se desenvolvem com antecipação física para preencher as funções que conhecemos como pensar e sentir. O embrião ou suas fossas ótica, auditiva e suprarrenal, não pensam, não veem, não ouvem, lutam, nem fogem, mas o corpo se desenvolve na previsão de ter que prover os aparelhos que irão realizar as funções de pensar, ver, ouvir, fugir e assim por diante.

d - Os embriologistas dizem que as fossas orbitárias e auditivas aparecem no terceiro somito. Não gostaria de sugerir que, devido a esse fato, o feto seja capaz de ver e ouvir por volta desta idade; seria mais plausível se fosse um feto a termo. Mas qual seria a época razoável de se supor que os olhos e ouvidos já se tornam funcionais? Não tenho a menor dificuldade em supor que existem oscilações na pressão do fluido amniótico – afinal de contas, o fluido pode transmitir comprimentos de onda variáveis que se impõem sobre qualquer órgão receptor que esteja presente.

Penso que podemos falar de vestígios do primeiro estágio da realização como aqueles provenientes de "conjuntos" que têm a ver com o vínculo entre os ritmos corporais da mãe e do bebê, tais como os ritmos do coração, dos intestinos, da bexiga, e as influências das rotinas sociais nesses ritmos, portanto, considero como conjuntos rítmicos intrauterinos os conjuntos táteis, olfativos, auditivos e sinestésicos. Coloco ainda, por razões epistemológicas, um conjunto vazio para que se possa acrescentar mais algum objeto. Temos aqui uma clínica dos ritmos humanos, plenamente aberta a investigações.

Esses conjuntos que, do ponto de vista da imaginação radical (e não da imaginação propriamente dita que é pós-natal), podemos chamar também de imagens táteis, auditivas, olfativas e sinestésicas, funcionariam como indicadores dinâmicos e vão combinando-se e criando a singularidade da moldura triangular da pré-concepção pela ação de "forças" em relação com simetrias ocultas e que nos são inacessíveis.

De um modo geral, os "conjuntos" pré-cesura podem estar relacionados na prática analítica com o que habitualmente identificamos como intuição cega (na expressão de Kant), isto é, a intuição sem conceito, sem significações, ou sem a "paisagem" (conceito) que preencha a moldura.

Na prática analítica, a intuição (atividade psíquica não sensorial) torna-se operacional quando é possível alcançar um estado mental sem memória, sem desejo, sem necessidade de compreensão nos termos descritos por Bion (1967, 1970), e apenas neste estado é possível combinar a intuição cega com o conceito vazio, formando um vínculo para a experiência analítica.

Considerarei agora a aquisição da paisagem conceitual (concepção –conceitos – visão de mundo por meio de um objeto) como sendo o segundo estágio da realização, produzida por conjuntos que têm a ver com o desenvolvimento simbólico, ou com o desenvolvimento das significações social-históricas, que são os objetos visuais, orais, anais e fálicos, descritos por Freud. Os termos clássicos para se falar desses conjuntos são zonas erógenas, pontos de fixação da libido, traduzindo um dado manifesto da experiência que é a ligação a tipos arcaicos de objetos ou de relação.

A teoria geral de tais conjuntos pode ser colocada graficamente da seguinte forma:

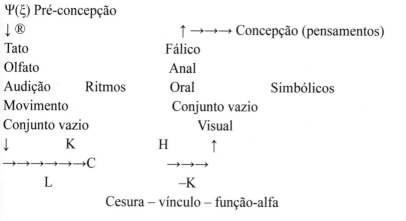

Cesura – vínculo – função-alfa

Consideremos agora um tipo de realização que prematuramente gera uma concepção no primeiro estágio da realização: uma saturação prematura de paisagem antes de cruzar a cesura do nascimento. A janela fica então precocemente fechada para o que vem depois, obstruída para o desenvolvimento do simbólico e das significações social-históricas. Não seria isso o autismo? Por exemplo, quando observamos o autismo infantil, não é fato que observamos uma criança presa a uma repetição de ritmos, a princípio não integrados, em que há uma recusa ferrenha em alterar o padrão desses ritmos?

A esse propósito, acrescento agora mais uma citação de Bion: "[...] pensar em alguns dos sentimentos que o paciente está expressando como sendo subtalâmicos, ou simpáticos, ou parassimpáticos", a qual abre uma nova reflexão sobre distintas situações clínicas muito primitivas, sobretudo quando o vértice são os sentimentos subtalâmicos.

Poderia usar aqui o que se denomina de nocicepção: uma vaga consciência vaga ou percepção não integrada do que é ruim para si mesmo.

A via nociceptiva leva ao cérebro a informação da dor, mas isso ocorre de uma forma que está apenas relacionada com a memória recente. É um nível de experiência que ainda não faz parte da história do sujeito, portanto, é um nível não integrado à história, mas que pode vir a ser incorporado, isto é, integrado à história do sujeito. Então, quando falamos de sentimentos subtalâmicos, estamos referindo-nos a um nível da experiência humana não integrada à história do sujeito, que pode vir-a-ser parte da história. A chave do problema parece estar na conexão que perpetra essa integração, isto é, nas distintas transformações que Bion descreve, o que também significa distintos desenvolvimentos históricos e ciclos de desenvolvimento que precisam ser investigados e observados na relação analítica.

Podemos colocar tal teoria no seguinte esquema gráfico:

	Transformação em O
Pré-concepção	Transformação em K
	Transformação psicanalítica
$\Psi(\xi)$	Transformação em moção rígida
	Transformação projetiva
	Transformação em alucinose
	Transformação autística

A importância da distinção de duas etapas no processo de realização reside no reconhecimento de que a intuição cega está presente quando produzimos uma conjectura imaginativa, enquanto o conceito vazio está presente na produção de uma conjectura racional. Em outras palavras, a imaginação movimenta-se pela intuição, enquanto o conceito vazio se movimenta pelas teorias, e por isso se torna veículo de instalação das fantasias inconscientes (CHUSTER, 2005a). A fantasia fixa-se nas teorias e só volta a se movimentar pela ação da imaginação produtora, isto é, a capacidade para fazer trabalhar elementos aparentemente incompatíveis entre si até recuperar a intuição (descrição equivalente ao conceito de Capacidade Negativa, conforme Bion, 1970). Sabemos que os estados não integrados primitivos, sendo predominantemente extensivos a expressões mais rítmicas do que simbólicas, dificultam a capacidade imaginativa do analista. São frequentes as descrições de estados de sonolência intensa, de escuta dolorosa, dificuldades diversas para manter a atenção livremente flutuante, pontos cegos, estados físicos diversos que surgem inesperadamente na sessão.

Em resumo, a intuição cega (sem conceito) é acionada pelos conjuntos rítmicos embrionários que são conduzidos pela imaginação radical.

Quando se cruza a cesura – que sempre ocorre no encontro com o outro – a imaginação radical transforma-se pela realidade bruta da experiência tridimensional e temporoespacial, em identificação projetiva, e liga-se inevitavelmente a um objeto pós-natal. Neste ponto, os objetos em ação são os objetos que nomeamos de produtores ou usuários simbólicos. Também aqui podemos observar como a história do sujeito pode tomar direções distintas em função do tipo de transformação que ocorre devido à intensidade da identificação projetiva – que, por sua vez, é antecedida pelos sentimentos subtalâmicos (vide gráfico p. 6). Postulo então que a intensidade da identificação projetiva, ou o que se denomina de identificação projetiva excessiva, é influenciada pelos sentimentos subtalâmicos ou pré-natais que a antecedem. A combinação de "conjuntos" derivados do estado pré-natal com "conjuntos" do estado pós-natal é que fornece a singularidade das concepções.

Outra forma de descrever estes movimentos pode ser feita por meio de uma forma mítica ou onírica. Selecionei de minha experiência pessoal clínica duas histórias (teorias) que me permitem um "sonhar" com estes estados primitivos relacionados com as vivências da presença de uma mente embrionária. São imagens úteis para ressignificar a história primitiva que surge no processo analítico, sobretudo quando se trata das transformações analíticas e das transformações em "O".

A primeira história é a queda de Satã, descrita por John Milton, em *Paradise lost*.

Trata-se da história de uma luta que segue a tradição mítica de Ícaro e Prometeu. Satã, ao alçar voo, coloca suas asas, sua engenhosidade e sua sutileza a serviço de dois objetivos: sua curiosidade e a busca de autonomia. Para tal, precisa desconhecer o direito de Deus de limitar-lhe a experiência estética da conquista do espaço de seus sonhos. Por isso, aos olhos do Todo Poderoso, é visto como destruído, anjo caído, o próprio símbolo de Hubris. Sonhar é pensar, ultrapassar o *métron*, ir além de si mesmo em direção ao enigma. Tal como Édipo, sua curiosidade é tratada como crime, sendo acusado de arrogância, volúpia e megalomania. Mesmo assim, ele não recua e paga o preço para conhecer o prazer e a liberdade: é expulso do Éden.

Perdendo o Paraíso, Satã entra em um novo mundo, *"rising from Waters dark and deep, won from the void and formless infinite"* (o mundo ergue-se de águas lôbregas e profundas, conquistado do vazio infinito sem forma). Nesse momento, ele sente-se invadido por dois sentimentos dolorosos, que revelam a cortante vulnerabilidade de seu ser separado de Deus: ele sente-se absolutamente só e, ao mesmo tempo, dependente. Sua consciência torna-se cada vez mais plena de incertezas e dúvidas. Mas a escuridão que elas trazem não é uma mera exclusão da glória celeste: é um princípio científico e é função mesma da vida – tudo se movimenta; tudo fica precário, nada é dado simplesmente; nada é estabelecido em definitivo. Somente a morte é certeza, e a busca da certeza é metaforicamente um desejo de morte. Quanto mais ele cai, mais cai em si mesmo – trata-se do tornar-se o que se é a partir do conhecer a si mesmo (transformação K–>O).

A segunda história é o relato que Walter Benjamin fez do trajeto criativo da gravura *Angelus novus*, o anjo da máquina, de Paul Klee.

O artista tentou criticar o Kaiser da Alemanha, numa série de caricaturas, que o apresentariam como um cruel devorador de ferro. Da sequência de trabalhos que não lhe satisfaziam, surge a figura de olhos arregalados, enigmáticos, que já não exibem mais a emblemática da caricatura.

Em vez disso, o anjo, com suas asas abertas, força o contemplador a se perguntar se ele traz a desgraça ou a salvação. O anjo sofre os efeitos de um vento forte que sopra do paraíso, empurrando-o para cada vez mais longe. Apesar de seus esforços para retroceder, ele cai incessantemente de costas para o futuro. A sua frente, o passado vai sendo exposto como uma trilha de perdas e mortes. Diz Walter Benjamin que esse vento é a História, o progresso, a modernidade. O ser em queda para o infinito não é um personagem capaz de trazer, mas apenas levar adiante. Tudo que pode fazer é criar, abrir mão de sua necessidade de restaurar o paraíso perdido, e reparar a perda por meio de uma evolução. A integração reparadora impede que ele se dissolva ou se dilua no vazio infinito sem forma. A negociação entre as posições (EP↔D) neste ponto seleciona a História humana. Não se pode mudar o passado e, ainda que se tente fazê-lo, seria perverter os registros históricos existentes. Como o passado não é senão aquilo que aconteceu, é trivialmente verdade que o passado é completamente determinado por aquilo que aconteceu. Por contraste com o passado, que é fechado, o futuro está sempre aberto à influência, pois ainda não está completamente determinado, apesar de lançar uma sombra no presente.

Em síntese, a História é criação. A condição humana é constitutivamente histórica: trata-se de um atributo fundamental que o conceito de pré-concepção em Bion veio ressaltar. Somos autores e produtores de constelações de sentido, pois este é o caminho inevitável da pré-concepção. Os seres humanos, quando fazem a história, não são instrumentos da razão absoluta, como queria Hegel. Não somos atores de um diretor oculto. Somos muito mais personagens em busca de um autor, pois somos autores originários de significações. E podemos não encontrar este autor, o que nos leva a cair no vazio, numa diluição de nós mesmos, em outras transformações que não a T em O.

A história somos nós, nós a criamos, mas também podemos não encontrá-la em alguns pontos. Por isso não podemos creditar essa ação criativa apenas a indivíduos geniais, nem a forças sociais, nem a classes sociais. Todos os indivíduos têm este movimento místico/genial em direção a algo desconhecido. Quando estabelecemos uma cesura passado/presente ou presente/futuro, inevitavelmente ressignificamos a seta entre os dois lados.

As ideias de Bion permitiram entender que existe uma espécie de "coletivo anônimo", um estado inacessível, mas que é fonte de todas as significações e que está presente em todos nós. Bion o denominou de "O", e, quando falamos da transformação em "O" e de transformações de "O", nos referimos a uma história, seja do desdobramento de nossas concepções e conceitos, seja a do desdobramento de nossas concepções em direção de ser aquilo que somos, ou, como Nietzsche colocou, de como chegar a ser o que se é. São imagens ressignificando as histórias primitivas no processo analítico.

"O" tem seu primeiro movimento pela imaginação radical. Por isso não pode ser pensado como uma espécie de substância, de coisa oculta que estaria em nós e sendo distinto propriamente da ação dos seres humanos. "O" só pode existir numa interação, num vínculo, numa sinapse. Também é alguma coisa que jamais pode ser aprisionado por algum de nós em particular, nem por algum grupo social específico.

A nossa história é a evolução de "O", mas é também a nossa transformação em "O", e ambas se fazem ao longo do tempo. O tempo, ele próprio, é determinado e constituído num processo de produção de significações. E esta é uma questão importante, pois se efetivamente a história deve ser compreendida neste registro, ela não tem nenhum fim pré-determinado, não existe final dos tempos, e não tem origem. Quando entra a questão do tempo, estamos no domínio do objeto complexo.

O objeto complexo é exatamente o que penso ser o modelo adequado quando lidamos com situações muito primitivas e com as transformações de aspectos muito arcaicos da mente.

Particularmente os enfocaria a partir de outra citação de *Transformações* (1965), que traduzi da seguinte forma: "Se a análise for bem-sucedida na reparação evolutiva do *Self*, ele (o paciente) aproxima-se de ser a pessoa que sempre deveria ter sido. Isto só ocorre na transição de 'sabendo sobre' a realidade da própria vida para 'tornar-se' essa realidade na vida".

Essa simetria entre evolução e reparação é também o que Bion descreve como a "Language of Achievement" (1970), um duplo movimento integrado que permite que uma análise seja bem-sucedida. Se essa integração não ocorre, a mente ocupa apenas uma das posições do movimento, o que significa processos intermináveis e processos que fazem parte de uma Grade negativa – que é o campo onde aparece o medo subtalâmico, ou a não história.

O papel do analista envolve a busca desta linguagem, que nunca será alcançada sem o uso das ideias transitivas que dependem do emprego de três funções: sentidos; intuições; capacidade de captar reações primitivas.

Podemos falar também aqui dos três princípios de vida (1987) que Bion propõe que utilizemos em substituição aos dois princípios de funcionamento mental: sentimentos; pensamentos antecipatórios; sentimentos + pensamentos + Pensamentos (Previsão ou prudência na ação).

Essas funções indicam uma nova maneira de trabalhar no campo analítico, pois se referem a funções aptas a receber personagens variados que podem estar aptos ou não para ocupar os vértices da janela psíquica. Com o uso dessas funções, é possível sonhar e introduzir uma história que estabelece o *link* entre os fatos que produzem o medo subtalâmico e a história do sujeito. É quando os analisandos se sentem escutados por nós, analistas.

Material clínico ilustrativo

O paciente, um homem de 55 anos, foi-me indicado por uma colega que o recusou e me alertou para o fato de ele ter ido a vários analistas sem conseguir ficar com algum por colocar-lhes defeitos graves.

Ele é uma pessoa que obteve precocemente um expressivo e reconhecido sucesso profissional em área de elevado grau de intelectualidade. Todavia, é tido nesta área como um indivíduo cujo talento chega quase a se perder por acusa de sua rigidez e arrogância. Assim, não se deu conta de que seu sucesso profissional cresceu simultaneamente ao que relata como medos intensos ou "assaltos" por "ondas de angústia" que lhe fazem perder a capacidade para pensar. Relata também problemas de "alergias na pele", que dificilmente se resolvem indo ao dermatologista. Já percorreu todos os "medalhões", e irrita-se quando eles dizem que é um problema psicológico. Acha que são "explicações espertas" para as falhas médicas em tratá-lo. Obviamente consultou psiquiatras, que diagnosticaram "síndrome do pânico" e prescreveram antidepressivos e ansiolíticos, que funcionaram durante certo tempo e depois não funcionaram mais.

Há alguns anos, começou a beber intensamente para se livrar dos estados mentais de "pânico" que se agravaram. Foi essa a razão principal que forneceu para procurar análise, ressaltando a indicação de análise por seu médico clínico, que lhe alertou sobre alterações físicas importantes por causa do alcoolismo.

Diz que muda de humor subitamente. Sua ex-mulher, com quem esteve casado por doze anos, dizia que dormia com um homem atencioso que a desejava e acordava com outro, cruel, frio e metódico, o que a assustava. Acabaram separando-se por conta de conflitos derivados destas oscilações que foram piorando com o tempo. Ocorreram agressões físicas no final da relação.

Um dos psiquiatras consultados diagnosticou o quadro como "transtorno bipolar" e prescreveu estabilizadores de humor. Os efeitos colaterais fizeram-no parar o medicamento por conta própria. Conta que um dos psiquiatras disse para sua ex-mulher que sem medicação ele era perigoso. Responsabilizou o psiquiatra durante anos pelo divórcio.

Depois da separação, passou a se envolver com um número grande de mulheres. Relata que no início se envolve com intensidade, acha "que é a mulher da vida dele", mas perde subitamente o interesse e não sabe explicar o que acontece, nem para si, muito menos para as mulheres, que obviamente querem saber o que ocorreu. Diz com um sentimento de pesar – parece sincero – que "vem deixando um rastro de mágoa e ressentimentos; uma fábrica de ódios". Não tinha se dado conta de que estava mergulhado nessa situação "boêmia" há mais de dez anos: "o tempo passa rápido com bebida e mulheres"; "dizem que a bebida mata aos poucos, mas não tenho pressa de morrer". Acha que "acordou" pelo fato de as duas filhas adultas passarem a se recusar a falar com ele. Está sendo penoso, diz, mas se tiver que ser assim para sempre "que se dane...".

Foi uma das poucas vezes em minha vida profissional que fiz um contrato de experiência. Não sabia se nosso acordo terapêutico iria funcionar, e me dispus a cancelá-lo da mesma forma que o paciente poderia fazê-lo a qualquer momento se sentisse que não estava acontecendo uma análise, embora eu não pudesse definir o que seria isso.

Na primeira sessão, quando o encontrei na sala de espera e o convidei a entrar, ele estava balançando a perna intensamente.

Percebendo que eu me detive a observar o ato, e era impossível não deixar de fazê-lo, surpreendi-me quando ele disse: "Sou muito inquieto, por isto já vou avisando que não posso usar o divã".

Tenho por conduta não indicar o divã como algo imperativo, mas apenas informar ao paciente que ele pode livremente se deitar ou se sentar e que o divã está lá para facilitar o processo para ambos. Todavia, quando o paciente precipitadamente assinala com ansiedade um impedimento desde a primeira sessão, e sem perceber o relaciona a um movimento rítmico dizendo que não pode mudar (o que imaginativamente relacionei com quadros de autismo), parece-me que nessa comunicação existe algo a mais a ser investigado. Naquele momento me veio à mente a imagem do quadro de Paul Klee.

Pensei em voz alta, para não esconder-lhe nada, que a existência do divã era parte do processo analítico e que talvez, ao não usá-lo, uma parte ficasse de fora. Ele respondeu, tentando esconder sua irritação, que "jamais conseguiria deitar-se". Disse que precisava manter contato visual quando falava com alguém.

Ocorreu-me que seria inútil explicar-lhe que, em análise, lidamos com aspectos não sensoriais da personalidade e que o divã facilitaria esse contato. Decidi então consultar-lhe: "Que falta do visual é esta? Não haveria uma relação entre aquilo que não se vê com aquilo que não é dito?".

Ele ficou em silêncio. Após algum tempo, começou a falar sobre uma mulher muito atraente que conhecera na academia de ginástica e passou alguns minutos descrevendo a atividade dela, aliás bem intensa, dedicada a modalidades diversas de exercícios físicos. E disse ironicamente: "Ela fica tão ocupada que não consigo uma brecha para abordá-la. Até aí consigo entender o que você disse: do que não se vê, não se fala".

A hipótese de o paciente estar retido num estado mental de ações consecutivas e num simulacro de pensar me ocorreu. Que tipo de academia ele acha que está frequentando quando está ali comigo? Para que tipo de eventos estaria preparando-se ao vir à academia psicanalítica? O que é que não se desenvolve por não entrar no nosso vínculo?

Chamava-me atenção o fato de este paciente exalar sempre um forte cheiro de perfume quando entrava no consultório. As ascensoristas do prédio comentavam o mesmo comigo. Uma paciente que vinha no horário posterior assinalava a marca comercial do perfume.

Este paciente sempre fica em silêncio nas sessões por longos períodos quando, então, faz ruídos com a garganta como se a tivesse coçando. No momento em que descrevi o fato para ele, respondeu que era uma alergia, como muitas que tinha. Indaguei se algum dermatologista já havia feito a correlação com o perfume forte que ele usava, ao que retrucou que nem ele e nem os dermatologistas haviam percebido tal coisa e se sentiu criticado. Apontei que confundia minha observação inadequada com uma crítica depreciativa e que isso, no meu entender, poderia estar assinalando algum estado de confusão em sua visão de mundo, estado mental que poderia estar vindo dos primórdios de sua vida, quando tentava falar, mas só saíam ruídos. Ele pareceu-me curioso com o que eu havia dito e relatou-me que era muito frequente confundir a cortesia de uma mulher com sedução, e, como exemplo, disse que sentia que todas as vendedoras de loja eram "putinhas" que queriam seduzi-lo. Mas não podia dizer isso para elas, embora ficasse excitado e quisesse "comer todas".

Algo está falhando na comunicação, assinalei. O que significa isso? Que história está sendo contada entre nós? Em certos momentos, ele entende o que eu digo, mas, em outros, ofende-se. Qual fato é escolhido para que se modifique a compreensão?

Na sessão seguinte, ele chega, senta-se, faz o habitual silêncio prolongado e diz que lhe ocorre um conto, mas não consegue se lembrar do título, e nem do autor. Fala então sobre o trecho do conto quando um louco obtém um maço de cartas escritas pelo cão de estimação da jovem pela qual está perdidamente apaixonado. Ele começa a ler todas as cartas absorvendo as palavras escritas pelo cão brilhante, tentando encontrar alguma referência escrita sobre ele. Mas tudo que encontra é sobre alguém que não é ele. Este que deveria existir se diluiu; desapareceu. Associa o conto com o fato que tanto se repete com ele: apaixona-se, faz a moça apaixonar-se, aí perde subitamente o interesse e rompe com ela. Conta que sua última namorada, uma moça bonita, rica, inteligente, bem-sucedida, ou seja, que não tinha defeitos para colocar, desesperada lhe escreveu diversos e-mails indagando para onde tinha ido o homem que conhecera.

"Diário de um louco", de Gogol, é o nome do conto. O nome do autor me ocorreu, mas naquele momento da sessão também não conseguia me lembrar do título.

Posso aplicar aqui um princípio de indecidibilidade, isto é, um momento em que diversas coisas importantes estavam acontecendo e não se podia dizer o que era do analista e o que era do analisando. No meu entender, esse momento indica que "O" está presente e disponível para uma evolução *vis-a-vis*, uma inacessibilidade a "O".

Vieram-me à mente as imagens da coleção de livros *Antologia do conto russo* que ganhei de meu pai quando fiz onze anos. Os livros de capa amarelo-clara com letras vermelhas, dispostos na biblioteca da casa, surgiram como se eu fizesse um *scanning* do volume. Em seguida me surgiram as conjecturas de Diógenes dialogando com Alexandre, o Grande, quando Diógenes responde: "Muito prazer em conhecê-lo, eu sou Diógenes, o Cão".

Eu pensei, em função do encontro de minhas conjecturas imaginativas e racionais, que naquele momento eu buscava estabelecer uma cesura que são os livros e o diálogo de Diógenes. A cesura é como uma tela (*screen*) captada pela função alfa (*scanning*) e que realiza a ligação entre os dois lados, ao mesmo tempo em que os separa. Os dois lados são identificados dentre uma série extensa de fenômenos psicanalíticos, sempre duais. A cesura indica também que uma mudança está ocorrendo, quando a coisa representada pelos dois fenômenos é uma mudança dinâmica de um estado mental para outro sem mostrar a direção da mudança. Pode ser consciente/inconsciente, natal/pré-natal, separação/vínculo, memória/desejo, sonho/vigília, arrogância/ingenuidade, inveja/gratidão, amor/ódio, etc.

Uma vez realizado este campo, a escuta analítica pode captar o personagem edípico na fala do analisando, assessorada por teorias psicanalíticas pessoais.

Penso que ali, na sessão, estava o personagem Laio falando-me ao ouvido por meio da fala do analisando. A questão entre Pai presente versus pai ausente parecia colocar-se. Pai ausente, reconstituído (restauração) como um espectro ameaçador: "O diário de um louco". Todavia, muitas outras coisas vinham juntas nesta configuração: o louco era também a imaginação do autor, que podia falar de ser louco para tornar-se autor.

Decidi então mencionar o título ao paciente e estabelecer um pensar transitório para o meu mito de escolha: Édipo, com ênfase na arrogância dos personagens.

Quando lhe mencionei o título, o paciente ficou visivelmente angustiado. Fez um silêncio e disse irritado: "Estás insinuando que eu sou louco? Acha que vim aqui fazer consulta psiquiátrica e perder meu tempo?".

Indaguei-lhe: "Por que tenho de insinuar? Por que não posso ser sincero contigo e dizer o que penso mesmo estando errado?". E prossegui, sem esperar a resposta: "O que faz com que o louco de Gogol seja louco e Gogol não o seja? O que faz com que o analista seja o analista e o analisando o analisando naquele momento? A loucura? O conto que nos une como linguagem? Ou o fato de ambos sermos autores de nossas próprias histórias?".

E respondo ainda minha própria indagação, como parte da interpretação: "O louco de Gogol é louco, por não ouvir a própria voz, por ser incapaz de pensar, mas Gogol possui algo que identifica sua personalidade de autor e dá continuidade ao pensamento".

Esse paciente que tem uma relação intensa com o sensorial ouve o som da própria voz, mas não consegue escutar o que essa voz diz. Precisa ver, mas não consegue enxergar o significado do que vê. Para ele, as pessoas em sua vida íntima tornaram-se cheiros que se esvaem com o vento, ou sons cheios de fúria sem significado algum, como um objeto descartável; as coisas são breves e passageiras, não se aprofundam, ficam na pele e, às vezes, à flor da pele.

Os elementos sensoriais participam da área emocional de sua vida de uma forma tão intensa que nada além deles pode fazer parte.

Quando precisa fazer uma transição da relação sensorial para os objetos simbólicos, algo falha profundamente. Digamos que a pré-concepção edípica não entra em contato com objetos do segundo estágio da realização que a satisfaçam. O desenvolvimento se detém no plano superficial dos sentidos primitivos: sons, cheiros, tatos e movimentos ocupam toda sua visão de mundo, revestem os personagens que deveriam ser simbólicos e parte do pensar. Forma-se um vínculo em que os sentimentos subtalâmicos ou "conjuntos" embrionários estão contidos em ações que se reproduzem incessantemente. O Vínculo é intenso, mas quebra-se quando o interesse amoroso precisa ser cultivado pelo simbólico; a transformação de um plano para outro está presa no ciclo das transformações em alucinose, em outros momentos no ciclo das transformações autísticas.

Podemos indagar ainda: falha progressiva da função alfa? Falha desde os estágios mais primários da *rêverie* materna?

Na história do analisando, uma mãe deprimida com a separação do marido aos três meses de gravidez, o que a levou a pensar em abortar até o final da gestação. Quando o paciente nasceu, sua mãe registrou-o com pai desconhecido. No início da vida adulta, soube quem era seu pai, mas nunca o procurou. Fez uma intimação judicial recentemente para reconhecimento de paternidade por meio de exame de DNA. O medo de aniquilamento iminente (os estados de pânico) poderia ter origem nesses estados mentais remotos?

Quanto à necessidade de contato visual, será que passava muito tempo sozinho no berço sem ver a mãe ou outra pessoa? Ele consegue saber que a mãe o deixava por vários dias com uma empregada idosa, que dormia muito. Mas será que o bebê ficava ligado ao mundo pelo cheiro das fraldas e das roupas como sinal da presença do humano?

O perfume excessivo poderia estar neutralizando a existência de predadores percebidos no meio líquido pré-natal, estimulando a fossa olfativa e depois no meio extrauterino? Eu pensei que a continuidade de qualquer relação traz também outros cheiros além do perfume dele, cheiro de um ser que falha em ser perfeito. A questão da sexualidade neste paciente é bem expressiva desse problema. O dia seguinte não tem o perfume que impedia os outros cheiros do humano.

Como esses dados da história do paciente, os quais estão no plano da ficção e da frágil argumentação, podem ser pensados e participar de sua vida e de nossa relação? Podem essas conjecturas imaginativas criar uma história que ajude o analisando a produzir uma queda em si mesmo?

Sobre as mudanças súbitas nas relações íntimas, uma cisão entre um seio material e um seio amoroso é nítida, e pode ser aventada também como hipótese. É nítida a busca desesperada de encontrar no material aquilo que deveria vir do simbólico (BION, 1962).

Quando usei para esta "dupla personalidade" o mito de Dr. Jekyll e Mr. Hide, a interpretação lhe pareceu fazer muito sentido. A partir disso, a construção psicanalítica para o problema do alcoolismo não foi recusada – o leite do seio material, substituído pela poção do álcool (também o cheiro do álcool), modificava-lhe a personalidade, permitindo uma transição de um estado mental para outro sem controle do resultado que se repete como falso. E indaguei-lhe: "E se, em vez de álcool, pudéssemos ter um sonho, um projeto de vida, uma imaginação sobre o futuro?"

Na sessão seguinte, sonhou que vinha para a análise e encontrava o analista deitado no divã, visão que lhe tirava o "asco" de se deitar. Parecia que o analista podia sentir (enfrentar) aquilo que ele sentia e modificar para ele. Nesse dia, pôde deitar-se no divã e falar de outra perspectiva que não se permitia experimentar.

Referências

BION, W. R. *A theory of thinking in second thoughts*. London: Heinemann, 1967. p.110-119.

_____. *Learning from experience*. London: Heinemann, 1962.

_____. *Elements of Psychoanalysis*. London: Heinemann, 1963.

_____. *Transformations*: Change from learning to growth. London: Heinemann, 1965.

_____. *Attention and interpretation*. London: Tavistock, 1970.

_____. *Two papers*: The grid and caesura. Rio de Janeiro: Imago, 1971.

_____. *Bion's brazilian lectures*. Rio de Janeiro: Imago, 1973.

_____. *Clinical seminars and four papers*. Abington: Fleetwood Press, 1987.

_____. *Cogitations*. London: Karnac Books, 1992.

_____. *Taming wild thoughts*. London: Karnac Books, 1997.

CASTORIADIS, C. *As encruzilhadas do labirinto*. Rio de Janeiro: Paz e Terra, 1997.

CHUSTER, A. *Um resgate da originalidade*. Rio de Janeiro: Degrau, 1989.

_____. *Diálogos psicanalíticos sobre W. R. Bion*. Rio de Janeiro: Tipo e Grafia, 1996.

_____. Bion cria de fato uma nova psicanálise? *Revista da SPPA*, v. V, n. 3, 1998.

_____. *W. R. Bion – Novas leituras*. v. I. Rio de Janeiro: Companhia de Freud, 1999.

_____. *An Oedipal grid*. Paper presented at the International Conference on the work of W.R.Bion, Los Angeles, California, 2002.

_____. *W. R. Bion – Novas leituras*. v.II. Rio de Janeiro: Companhia de Freud, 2003.

_____. *Os princípios ético-estéticos de observação*. Trabalho apresentado na Conferência Internacional sobre a Obra de Bion em São Paulo, São Paulo, 2004.

_____. *A brief survey in the difference between fantasy and imagination in the light of Bion's ideas.* Paper presented to Minnesota Institute of Psychoanalysis, Feb. 2005a.

_____. *Interpretações analíticas e princípios ético-estéticos de observação.* Trabalho apresentado no 44º Congresso da Associação Psicanalítica Internacional, Rio de janeiro, Julho 2005b.

_____. The origins of the Unconscious. In _____. BUREN, J. van; MITRANI, J. (Eds.). *Primitive Mental States III.* New York: Routledge, 2010.

_____. *A new perspective on Bion's Grid, complexity and simplicity on a unconscious notebook.* Trabalho apresentado ao grupo de estudos sobre as ideias de Bion, Los Angeles, inédito, 2010.

CHUSTER A.; TRACHTENBERG R. *As sete invejas capitais.* Porto Alegre: Artmed, 2008.

DOUTEL DE ANDRADE, F. *Comunicação pessoal.* 2009.

FREUD, S. *A interpretação dos sonhos.* ESOPC: Imago, 1969.

_____. Interview to the Press, George Viereck. *New York Times*, 1926.

GREEN, A. *O complexo de castração.* Rio de Janeiro: Imago, 1991.

IMBASCIATI, A. The Unconscious as symbolopoiesis. *Psychoanalytic Review*, v. 88(6), December, 2001.

KORBIVCHER, C. F. *O referencial de Bion e os fenômenos não integrados*: diluição e queda. Trabalho apresentado em reunião científica da SBPSP. Inédito. 2009.

LAPLANCHE, J.; PONTALIS, J. B. *Vocabulário da Psicanálise.* São Paulo/Lisboa: Martins Fontes, 1983.

MATTE-BLANCO I. *The Unconscious as infinite sets.* London: Karnac, 1975.

_____. *Thinking, Feeling and Being.* London and New York: Routledge, 1988.

MATURANA, H. R. *Desde la Biologia a la Psicologia.* Paperback, 2004.

_____. Lenguaje y realidad: El origen de lo humano. *Arch. Biol. Med. Exp.*, v. 22, p. 77-81, 1989.

MELTZER, D. *Meltzer in São Paulo.* São Paulo: Casa do Psicólogo, 1997.

_____. *Sincerity and other works-collected papers of Donald Meltzer*. Karnac, 1997.

_____. A relação da psicanálise com as ciências e áreas afins. *Revista SPPA*, dez. 2004.

ROCHA BARROS, E .M. Affect and pictographic image: the constitution on meaning in mental life. *International journal of Psychoanalysis*, v. 81, p. 1087-1098, 2000.

WALDROP, M. *Complexity*. New York: Simon and Schuster, 1992.

Sobre a dimensão linguística da imagem

LUIZ ANTONIO L. COELHO[1]

Introdução

Partindo de estudos de Comunicação e *Design*, este trabalho discute a natureza da imagem encontrada em suportes de materiais bibliográficos e de mídia eletrônica usados em sala de aula. Busca-se aqui a reflexão no uso de figuras pelo docente. O trabalho tem foco especial na imagem realista, utilizada na maior parte dos materiais didáticos e paradidáticos. Discute, também, a situação da imagem como resultado de uma linguagem específica. Finalmente, discute o que seria um letramento visual a ser alcançado em relação ao aluno.

A natureza da imagem

Ao se pensar o *locus* da imagem na cultura, compreendido aí seu papel nos mais diversos âmbitos, como educação, entretenimento e arte, e suportes como o livro e as várias telas que estão presentes em nosso dia a dia (cinema, televisão, computador, celular, *outdoor*, entre outras), algumas questões devem ser levantadas.

---

[1] Luiz Antonio Luzio Coelho é doutor em Comunicação Social pela Universidade de Nova Iorque e professor associado da Pontifícia Universidade Católica do Rio de Janeiro (PUC-Rio), lotado no Departamento de Artes & Design e na Cátedra UNESCO de Leitura.

Antes de prosseguirmos, faz-se mister esclarecer que, quando falamos em imagem aqui, temos em mente o produto do pensamento figurativo com intenção de representar. Estão afastados, portanto, conceitos tais como o do fenômeno fisiológico da percepção, bem como aquele que se refere à imagem mental em si. Referimo-nos, mais especificamente, à representação icônica convencional tipificada na pintura e no desenho (caracterizada por construções figurativas) em contraste com a imagem esquemática.

A discussão de imagem e cultura problematiza, além da própria noção de imagem, como vimos, outras questões, como as que se referem à noção de imagem e leitura, na relação entre texto alfabético e figura, e na própria discussão sobre a possibilidade de a imagem constituir um tipo de linguagem a exemplo das línguas oral e escrita, o que envolveria uma pedagogia da imagem, isto é, trabalhar imagem enquanto texto, imagem para ser lida. Quando essa imagem é de natureza esquemática – como no caso dos gráficos e, entre eles, os de barra e aqueles em formato de pizza, ou ícones de computadores –, a noção de signo de natureza simbólica surge de maneira óbvia (fazendo referência aqui à tríade de Peirce na relação do signo com o objeto representado) e, com ela, a noção de aprendizado (PEIRCE, 1997, 1965). Mas dificilmente se aplicaria o mesmo raciocínio para a imagem figurativa, motivada (usando o sentido semiótico para a imagem icônica).

A imagem mimética de feição realista é aquela que mais ilude. Há uma crença de que esse tipo de imagem é a própria realidade ou sucedâneo desta. Como costumamos reagir quando diante dela: "Parece real!". Também costumamos chamá-la de janela para o mundo, cuja absorção se faz sem esforço, e que vale mais do que mil palavras. Eu diria que ela equivale a mil palavras, assim como determinada palavra corresponde a mil imagens. Peguemos uma palavra como cadeira: ela engloba a noção de cadeirice, o que equivale a dizer que representa todas as cadeiras do mundo, estejam elas no sistema dos objetos ou nos sistemas de signos (mil imagens, mil objetos diferentes).

Outra falácia é pensar que todos entendemos a imagem da mesma maneira, como se o sentido dela fosse universal. Estudos mostram que nem chegamos a perceber imagens que não conhecemos por meio de uma exposição prévia, seja de um conceito trazido por objetos anteriores, seja por outras imagens relacionadas ou mesmo fruto de abstração introduzida por expressões linguísticas que já dominamos. Objetos são representados de uma maneira em determinada cultura e apresentados com feições distintas em outra cultura.

Nesse processo de significação, o que se coloca entre a imagem figurativa e nossa percepção na construção do sentido, algo culturalmente determinado, é o Realismo.

O realismo é um dos resultados da problematização do real a partir do pensamento platônico de que só atingimos o real indiretamente, por meio do intelecto, mediante o qual construímos a realidade. O realismo passa, então, a ser a representação da realidade por intermédio da mimese. Real, realidade e realismo são, portanto, aspectos de uma mesma questão, mas que constituem diferentes acepções.

Não se pode esquecer de que o realismo nos chega como um gênero literário e como uma escola de pintura. Em literatura, trata-se de modo discursivo que possui uma forma específica de relato, uma construção textual advinda de gêneros anteriores de contação de histórias. Contrasta com o romantismo, exacerba-se no naturalismo, mas se trata de um discurso que se atribuiu a ideia de contar histórias sobre a vida como ela é. Esse foi o propósito, e houve toda uma pedagogia para se evidenciar como isso foi feito e como deveria ser absorvido. Foi, portanto, objeto de aprendizado.

O interessante é que, quando a imagem entra nesse contexto no Ocidente, é justamente a imagem realista que conhecemos que se propôs a passar para os suportes visuais a tarefa de contar histórias. É a imagem realista que se apresenta para tal missão. E justamente o que nos ilude em relação à imagem chamada realista é o fato de termos apagado que ela nos chega historicamente desde as primeiras representações imagéticas, das figuras rupestres às imagens digitais, como um projeto de representação que o Renascimento coroou como a expressão do real. Recalcamos outros sistemas de representação, antigos ou mais recentes, ocidentais ou orientais, como sistemas medievais que optaram por outro tipo de representação e mesmo de outras culturas, como a egípcia ou a chinesa, as quais fundiram imagens com símbolos (no sentido peirceano). Esquecemos, às vezes, que mesmo nosso alfabeto também descende de ícones (também de Peirce) e que foi preciso torná-lo invisível enquanto figura para otimizar seu trabalho de veículo de pensamento. Todos esses esquemas são linguagem; todos representam escrita, cada qual com uma tipicidade, privilegiando este ou aquele sentido. E que todos, finalmente, são objeto de ensino e de aprendizado.

Daí que a expressão de texto visual, quando nos referimos à ilustração de um livro, por exemplo, faz sentido para nós. E tal texto, assim como o alfabético impresso, precisa ser aprendido ao nível do letramento para que se possa saber entendê-lo e usá-lo de maneira eficaz.

A imagem realista na representação dinâmica

Se a imagem mimética estática ilude pela crença generalizada de sua natureza de real, quando ela aparece na linguagem audiovisual, o problema se acentua.

Quando se fala em imagem realista no âmbito dos estudos audiovisuais, é muito comum referir-se à aparência de realidade da imagem de feição fotográfica. Uso a palavra feição no sentido de incluir tanto a imagem materialmente fotográfica (com realidade pró-fílmica ou o instantâneo que existiu, para Barthes, ou a captação de um instante de Bresson), quanto à imagem de síntese, digital, com aparência de fotografia. Vale aqui colocar uma hipótese: essa aparência de realidade que existe na imagem de síntese e que experimentamos de maneira indistinta da imagem materialmente fotográfica (obtida através da câmera fotográfica, que representa o fragmento da realidade) deverá desaparecer em uma geração

SOBRE A DIMENSÃO LINGUÍSTICA DA IMAGEM

que já percebe a aparência de real enquanto construção e não mais fragmento da realidade. Em outras palavras, a imagem de feição fotográfica (mas que, de fato, é digital) só enganará a quem viveu a fotografia como prova de um momento que existiu. Embora a questão seja alvo de muita reflexão nesse contexto (Margaret Mead, Robert Flaherty, André Bazin, Roland Barthes, Philippe Dubois, entre outros), para nós, no momento, não tem maiores consequências e não será tratada. De qualquer maneira, tal noção, ao referir-se a uma construção de extrato icônico, em princípio (a não ser que se discuta a questão de mimese literária) segue em paralelo à discussão do realismo pela literatura, mas não se define em razão de enfoque, tema ou estilo narrativo. É um realismo por força da representação mimética, tanto em termos de aparência quanto de movimento, imagem que, acrescida sinestesicamente do som, passa a impressão de realidade na experiência sensorial do momento da fruição. Essa é a noção corriqueira de realismo no audiovisual. Tal noção de realismo da imagem provém do pictorialismo de feição fotográfica, que se alinha à tradição imitativa encontrada em diversos modelos de representação figurativa, cuja visão mais ingênua se atribuía a missão de fazer um registro do mundo objetivo de maneira neutra (os primeiros registros fotográficos para a Antropologia via Margaret Mead). Em termos narrativos, tais modelos estariam ligados ao folhetim (*novel*), de inspiração romântica, tanto no cinema clássico quanto nas formas dramáticas da televisão.

Acrescente-se aqui o fato de que movimento e som, aliados à imagem, implicam outra noção de realismo, que tem a ver com a maneira (como) que se mostra algo e diz respeito, no caso audiovisual, à atuação/encenação, realismo este historicamente determinado. Apenas um exemplo desse caso: a interpretação de Marlon Brando, em *Sindicato de ladrões* (*On the Waterfront*), de Elia Kazan (1954), foi considerada na época um modelo de realismo (de drama de cais do porto, sindicalismo, filmagem fora de estúdio, etc.) e hoje é visto como um exemplo de interpretação estilizada e maneirista.

Como vemos, estamos diante de acepções distintas do termo realismo, que, ao longo dos eixos tema, narrativa e tratamento formal da imagem e som, remetem a diferentes linguagens. A noção de tema aqui se refere tanto ao assunto quanto ao que se mostra ou enfoca (sem necessariamente mostrar).

Em relação ao realismo pelo tema, acontece quando enfocamos aspectos do cotidiano, como é o caso da telenovela *Páginas da vida*, na qual um dos assuntos tratados é a rejeição aos portadores da Síndrome de Down. Nessa mesma telenovela, assim como na programação do Animal Planet e do Discovery Channel, temos o realismo como estilo documental clássico, que diz respeito ao modo da narrativa. Além do tema como pertencente ao realismo, exemplos do Cinema Novo dos anos 1960 nos levam a um realismo pelo estilo documental naturalista, sem efeitos de imagem, como é o da montagem invisível para dar a impressão de continuidade tão comumente adotada pelo cinema ficcional comercial. Temos aqui a espontaneidade de movimentos, de luz e foco, o que ocorre em parte pelo estilo revisitado pelo movimento dinamarquês Dogma 95, lançado por Thomas Vinterberg e Lars von Trier nos anos 1990.

Ainda em termos de narrativa, podemos falar no docudrama, como é o caso de *Ônibus 174*, que, embora não se mostre como um documentário no sentido clássico do Animal Planet, guarda semelhanças na maneira narrativa e no tratamento da imagem.

Em relação ao tratamento da imagem e do som especificamente, para além da narrativa e do próprio tema, o cinema adotou usos de luz, cor, enquadramento, angulação, detalhamento, foco, formas de diálogo e uso do som, entre outros, que caracterizam a imagem realista a partir, entre outras inspirações, das convenções formais das escolas realistas de pintura. Foi o caso da Escola de Barbizon, nas figuras de Gustave Courbet e Jean-François Millet, que definiram um realismo próprio tanto por meio dos motivos ou dos temas daquela pintura, como no caso das cenas pastorais e laborais, quanto à maneira de retratá-los (luz, cor etc.).

Gostaria de destacar que, apesar de termos afirmado que, em pelo menos uma acepção, o realismo no audiovisual correria em paralelo à pauta literária, tanto o realismo enquanto escola literária quanto a pintura realista acadêmica emprestam suas expressões para a imagem cinematográfica. Esse comentário nos encaminha para a próxima e última acepção do termo realismo na imagem que aqui apresento.

No cinema ficcional, de extrato clássico narrativo, considera-se um tipo de realismo que se alinha à noção de autenticidade, obtida por meio da fidelidade histórico-geográfica de representação. Isso significa que a imagem parece real em sua coerência de representação em relação aos usos, aos costumes e à caracterização do ambiente de época e fidelidade geográfica, todos esses elementos chancelados por pesquisas de iconografia de época das fontes. Nesse caso, a noção de realismo estaria ligada ao valor de documento da representação (inclusive de autenticidade de texto, como no caso de diálogos originais), do qual o cinema muito confortavelmente se arrola como digno representante. Este é um eixo que nos remete aos teledramas em relação ao realismo.

Pode dizer-se, portanto, que a impressão de real própria da imagem audiovisual mimética se dá por força de, pelo menos, seis efeitos: (a) pelo efeito de realidade fotográfica na recepção; (b) pelo efeito de realidade por meio da atuação/encenação; (c) pelo efeito de realidade no tema (o que se mostra ou enfoca, que tem a ver com coisas da vida cotidiana); (d) pelo efeito de realidade pela narrativa – roteiro, diegese (estilo documental) –; (e) pelo efeito de realidade em razão do tratamento formal da imagem e do som (cor, luz, foco, ângulo, forma coloquial de falar, entonação, etc.); (f) pelo efeito de realidade pela fidelidade histórico-geográfica de representação.

O que faz de um sistema uma linguagem?

Subáreas das Ciências Sociais Aplicadas, a Comunicação Social e o Desenho Industrial compartilham algumas visões e preocupações.

Embora exista uma especificidade de olhar em cada área – assim como distintas soluções para um mesmo problema –, encontramos atitudes convergentes por parte dos pesquisadores de ambas as áreas. Uma das preocupações compartilhadas refere-se à natureza da imagem e seu uso nos contextos pedagógico, social e cultural. Questões relativas à pertinência de se referir à produção imagética como constituinte de textualidade semelhante àquela produzida por textos verbais impressos ganham aqui foco central. Nesse sentido, existem algumas perguntas que gostaríamos de colocar, lançando mão de ideias e teorias provenientes de ambos os contextos, Comunicação e *Design*.

A primeira pergunta que apresentaríamos é: as mensagens apresentadas por intermédio de ilustração que encontramos em cartazes, instruções visuais de manuais, anúncios publicitários, aberturas de filmes, vinhetas da televisão, tiras dos quadrinhos ou, ainda, em sistemas baseados em ícones e pictogramas utilizados em portais na *internet* – para citar apenas alguns exemplos – são produtos de uma linguagem visual correspondente à linguagem alfabética? O fato de nos referirmos comumente a um produto como parte de uma programação ou comunicação visual não valida a expressão, também comum, de linguagem visual ou pictórica utilizada por muitos autores com bastante naturalidade (JOLY, 2005; TWYMAN, 1982, 1985). Costuma-se, também, constatar o uso de palavras como leitura ou gramática associadas à imagem (BUORO, 2002; MANGUEL, 2001; KRESS; VAN LEEUWEN, 2000). Pesquisadores falam, ainda, em sintaxe visual (DARRAS, 1996; CARTER, 1972; DONDIS, 1999) ou utilizam palavras como retórica (BARTHES, 1990) associadas ao texto pictórico. Referem-se, inclusive, à alfabetização no *Design* (HELLER; POMEROY, 1997). Embora tais usos sejam recorrentes, não se tem observado uma abordagem sistemática que indique busca no uso com correspondência ao que se entende por linguagem no sentido que se guarda para a linguagem alfabética. A partir daí, uma série de outras perguntas nos surgem: os sistemas de comunicação que utilizam signos visuais teriam a mesma estabilidade de uso da língua alfabética que conhecemos e que manuseamos oral e graficamente? Poderíamos, dessa forma, reconhecer uma gramática visual a partir de um repertório e de regras de utilização baseados em signos imagéticos? O recurso da dupla articulação que tão claramente tipifica a linguagem alfabética oral e escrita, por exemplo, teria lugar nos sistemas visuais? Que tipos de repertórios e códigos caracterizariam uma linguagem visual com a mesma propriedade que atribuímos às linguagens alfabéticas? Se, por um lado, considerarmos que nos lançamos em uma atividade que representa grandes aplicações financeiras como a publicidade (no âmbito da Comunicação Social) ou do *Design* de Informação (no âmbito do *Design*), poderíamos legitimar a expressão linguagem visual pelo simples uso relativamente estável? Seria válido para a finalidade, como já se faz nos casos dos autores citados acima? Mas não teríamos aqui a responsabilidade de uma argumentação teórico-científica mais coesa? O fato de não se ter gramática desenvolvida elimina a possibilidade de defendermos tal postura? Seria lógico afirmarmos que estamos diante de um sistema linguístico, por analogia ao modelo alfabético, se identificamos determinada massa falante que utiliza, de modo coeso, um sistema baseado em signos de natureza não alfabética?

Humanos vêm lidando com distintos sistemas de comunicação por meio de outras bases tecnológicas, de outros sistemas simbólicos e de outras configurações de uso como se constituíssem linguagens, à semelhança das linguagens verbográficas, como é o caso da língua portuguesa, de certa forma pensando-as como linguagens de diferentes naturezas. Que nível gramatical teria atingido? Que estabilidade de uso possuiriam para poder garantir a precisão que se exige, por exemplo, em formulações de que o *Design* necessita em informações visuais de segurança e de emergência, ou toda a gama das mensagens pictóricas produzidas no âmbito de *Design* da Informação? Por outro lado, que precisão se exige de tal linguagem quando se reconhece que mesmo as linguagens desenvolvidas (que lograram atingir o nível de langue, com gramática explícita) carecem de precisão e compreendem muitas exceções às regras? Nesse particular, sabemos que muitas questões carecem de maior estudo, inclusive considerando o grau de imprecisão, entropia e ambiguidade de qualquer texto produzido por meio da linguagem alfabética, que necessita de reforços das outras linguagens, inclusive a visual.

Uma outra preocupação que nos vem ocupando paralelamente à busca da argumentação em prol do reconhecimento de uma linguagem visual diz respeito ao uso da imagem para fins pedagógicos, em suportes como o livro ou apostilas virtuais para o ensino a distância. Nesse sentido – e tendo em mente a busca pela validação de um conjunto de signos (repertório) e códigos (gramática) que possam responder pelo uso sistêmico pictórico reconhecido como linguagem, ainda que *sui generis*, respaldada no uso consistente e estável com resultados de sentido convergentes à semelhança da linguagem alfabética – o que se pretende, ademais, trabalhar nesta pesquisa são sistemas de alfabetização pela imagem a ponto de nos aproximarmos do que chamaríamos de nível de um letramento visual na escola, que corresponderia à utilização dos sistemas imagéticos na prática diária, assim como acontece com o alfabetizado funcional.

Conceitos

A oportunidade desta discussão está na recorrência, como já apontamos, de um tema no âmbito da pesquisa em contextos como o da Comunicação Social e do *Design*. Neste, como em outras disciplinas que lidam intensamente com imagens dentro do campo caracterizado como linguagem visual ou linguagem gráfica, apesar dos autores citados, existem vozes que argumentam que a expressão é imprópria, isto é, que o texto visual não pode ser encarado como produto de uma linguagem. É, precisamente, essa questão que queremos abordar. Pretende-se uma reflexão em torno da natureza da imagem, mais particularmente relativa à polêmica de uma possível linguagem constituída por imagens. Buscamos, assim, ocupar-nos da hipótese que nos leva a crer que o signo icônico, da maneira como vem sendo trabalhado em campos do saber como o *Design* e a Publicidade, implica um sistema semelhante àquele associado às mais diversas linguagens de que dispomos, sobretudo a verbal. Aqui, à semelhança do que ocorre com sistemas simbólicos em geral, tem-se tentado buscar uma gramática que dê conta da produção imagética nas relações sociais. O uso sistemático que a publicidade e a comunicação visual fazem das imagens constitui bons exemplos de produção de sentido com razoável precisão, conforme se tem obtido com textos baseados na escrita. Embora a publicidade costume utilizar imagens combinadas a textos impressos e sons, a comunicação visual tem trabalhado sobre material predominantemente imagético.

Usamos o termo linguagem para nos referir ao gênero dos sistemas de signos trabalhados pelo ser humano, conceito este distinto daquele usado por Saussure (1973). Ao pensarmos nesse conceito operacionalmente, colocamos como condição mínima para ocorrer linguagem a existência de um sistema de produção de sentido estável, constituído por um repertório de signos regulados em sua constituição e associações por códigos, e utilizado por um grupo social, de maneira consciente ou inconsciente. Embora seja este, como dissemos acima, um conceito diferente do adotado por Saussure, trabalhamos aqui com parte da noção saussuriana, que destina à língua (*langue*) a ideia de um sistema maduro, dotado de gramática explícita, e à fala (*parole*) a emissão específica por determinado utente, a partir das possibilidades facultadas pela língua (a *langue*, em Saussure, é tida, também, como um sistema específico, tal como a língua portuguesa). Nesse contexto, pressupomos que determinada linguagem pode, ou não, portanto, atingir o nível da *langue* saussuriana. Para Saussure, existem sistemas não linguísticos (porque carecem de *langue* e de *parole*), mas que produzem sentido (HAYWARD, 1996, p. 308; HARRIS, 1987).

Ainda relativo à terminologia, gostaríamos de esclarecer que, ao usarmos a expressão língua natural, estaremos referindo-nos a um sistema que reúne léxico e gramática correspondente. Em outras palavras, aquilo que nos acostumamos a ter como sinônimo de língua, tal como é o caso da língua portuguesa.

O uso da imagem

Se recuarmos no tempo e tentarmos refletir em torno da precedência do uso da imagem sobre a palavra oral como expressão do pensamento, ou do uso da oralidade sobre o desenho, chegamos a um impasse. É difícil asseverar se nossos ancestrais adotaram, em primeiro lugar, a língua oral ou as imagens para se expressar, ou se os sistemas foram contemporâneos, sobretudo porque a natureza fugidia da oralidade não deixou registros e frustra as buscas nessa direção. O certo é que muitas das notações que conhecemos hoje, inclusive a alfabética, tiveram origem pictórica (GELB, 1963).

Deixando as origens do uso remoto e pré-histórico, e partindo para a história dos registros linguísticos, é possível evidenciar que o logocentrismo vem prevalecendo sobre a cultura da imagem há muito em nossa cultura. Bernard Darras fala-nos com clareza do conflito latente que opôs iconófilos a iconoclastas no mundo ocidental. Com o advento do alfabeto, rompe-se com os sistemas pictóricos e distingue-se o desenho da escritura. Dessa forma, o pensamento linguístico vem a prevalecer sobre o pensamento imagético, destinando o mundo da fantasia mental e da arte pura ao último. A escritura alfabética escolhe a palavra e favorece o encontro do saber com a linearidade da razão analítica. Fica estabelecido o domínio da lógica da inscrição simbólica sobre o pensamento figurativo. A partir daí, o uso de imagens passa a ser associado aos pobres e a constituir a escritura da cultura do analfabeto (DARRAS, 1996, p. 10). Entretanto, Darras acentua o papel de resistência do pensamento imagético enquanto sistema de reflexão e geração de sentido teórico-científico. Para ele, embora tivesse havido como que uma repressão ao uso da imagem enquanto sistema linguístico – negando-lhe, assim, o prestígio do texto da palavra oral ou escrita –, imagens sempre foram coadjuvantes nos argumentos logocêntricos. Com base nessa afirmação, Darras busca levantar o potencial do uso da imagem à semelhança do que acontece com a palavra, e constrói sua Teoria da Imagética Inicial, como uma gramática universal desenvolvida a partir da observação do potencial gráfico da criança em idade pré-escolar.

Ao tratarmos do uso da imagem até este ponto, temos nos referido à imagem estática e isolada. Entretanto, a questão demanda uma apreciação do uso de imagens sequenciais, ainda que estáticas, como no caso das histórias em quadrinhos e das imagens em movimento que surgiram com os aparelhos óticos, em meados do século XIX, primeiramente no âmbito científico, mas que se tornaram verdadeiras vedetes do entretenimento nas feiras internacionais e nos parques de diversões até as primeiras décadas do século XX, incluído aí o cinema, que atraía multidões para os espaços dos espetáculos. As grandes cidades de todo o mundo passaram a desenvolver uma economia significativa baseada no uso desses aparelhos (SILVA, 2006). O que talvez respondesse pelo grande fascínio do público a esse tipo de espetáculo, além da novidade de se verem imagens em movimento formando-se diante dos olhos sobre os diversos suportes à disposição na época, era a possibilidade de se terem pequenas narrativas à semelhança do acontecia nas artes cênicas existentes até então, como o teatro e o circo. O consumo de enredos heroicos já era comum nos teatros da Grécia Antiga, ganhando novas possibilidades estilísticas por toda a Europa medieval, com exemplos como o das canções de gesto ou dos grupos de saltimbancos, que apresentavam pequenas histórias para o deleite das numerosas plateias. As novidades óticas do século XIX chegam, portanto, a um espectador acostumado ao espetáculo encenado. Uma novidade que o cinema trouxe, porém, foi a possibilidade de mostrar lugares e costumes remotos, explorando o exotismo de terras longínquas dos grandes centros urbanos, algo ainda bastante presente em nossa época – em que viajar para locais distantes deixou de ser grande empreitada –, sobretudo através dos filmes e jogos que nos colocam em mundos virtuais de fantasia ou em reconstituições de locais e episódios vividos por nossos ancestrais, que ficaram no passado e que conhecíamos apenas por meio dos registros históricos.

O relato como pedra de toque na relação imagem linguagem

Um dos usos mais comuns das linguagens – o relato e o registro de fatos e feitos – corresponde ao enredo das formas narrativas de que dispomos hoje. Entender tal processo (e sua fruição) pode ajudar--nos a perceber a linguagem por trás do relato. E nada melhor do que examinarmos a questão da capacidade de relato do que enfocarmos um sistema de sucesso de narrativa imagética: o cinema.

Aqui não teríamos problemas em comparar suas histórias com as das narrativas literárias, provavelmente por força da fruição que o filme narrativo pressupõe (com personagens, espaço, tempo, pontos de vista e enredo), isto é, uma decodificação sem maiores esforços por grandes plateias nas salas de projeção ou nos espaços da televisão (massa falante). As imagens dos filmes chegam-nos tais qual um discurso articulado da linguagem oral ou escrita. Reconhecemos com facilidade a diegese em ambas, inclusive é comum haver comparações entre adaptações de um texto para o outro. Dessa maneira, no que concerne à dimensão narrativa da imagem, a questão da natureza linguística do cinema parece tornar-se pacífica. Ainda assim, o fato de se compreender o sentido de uma emissão imagética pode não significar que estamos diante de um ato de fala. Saussure pressupusera outros sistemas culturais e sociais com sentido sem, entretanto, constituírem linguagens (com *langue* e *parole*). Para que estes pudessem chegar ao *status* linguístico, seria preciso haver a dimensão da *langue* (a potência) e a dimensão da *parole* (atualização). Talvez em função desse fato, nos anos 1950 e 1960 houve a busca por uma gramática visual do cinema para evidenciar-lhe o *status* de *langue*. Guy Gauthier relata que, nos anos 1950, houve um grande interesse pelas histórias em quadrinhos enquanto linguagem, ao mesmo tempo em que Christian Metz, sob o viés da linguística estrutural, desenvolvia sua teoria sobre a linguagem do cinema (METZ, 1971, 1968). Gauthier fala aqui "do cinema como outra forma de relato utilizando imagens" (GAUTHIER, 1990, p. 68).

Na entrevista para Michel Delahaye e Jacques Rivette, intitulada "Roland Barthes: Towards a Semiotics of Cinema" para a revista *Cahiers du Cinéma*, número 147, em setembro de 1963, Barthes fala que a imagem só se configuraria em linguagem se pudesse valer-se de uma sintaxe (BARTHES, 2004; HILLIER, 1986). Ele diz que ele próprio não conseguira integrar o cinema na esfera da linguagem porque esta pressupõe a fala como uma linguagem articulada, utilizando signos não analógicos, que podem ser – e são – descontínuos. Para ele, o cinema, à primeira vista, seria uma expressão analógica e contínua da realidade; algo que frustraria a tentativa de se iniciar uma análise do tipo linguístico. Ali ele sugere que seria preciso buscar no *continuum* fílmico elementos não analógicos que pudessem ser codificados a ponto de constituir unidades de significação indicando, como na análise estruturalista, que a variação do significante acarretaria uma variação do significado. Para Barthes, isso criaria uma rede de sentidos denotativos à semelhança da língua natural. Entretanto, o mesmo Barthes, em 1964, escreve para a revista *Communications* o artigo "A retórica da imagem", reproduzido em seu livro *O óbvio e o obtuso*, em que já fala em signo típico, imagem denotada, e reconhece a existência de uma retórica composta por imagens (BARTHES, 1990, p. 27-43). Contudo, talvez seja Metz mesmo o autor que atinja o estágio previsto por Barthes para que se pudesse dar à imagem o estatuto de linguagem (BARTHES, 2004). Em 1968, Metz publica em *Essais sur la signification au cinéma*, volume I, uma estrutura baseada em linguística para analisar a narrativa cinematográfica, buscando uma semiologia do cinema, a partir de sintagmas simples e menores (planos) a sintagmas mais complexos e abarcantes (sequências) (METZ, 1968). O esquema baseado em pequena e grande sintagmática demonstra o caráter de dupla articulação do sistema cinematográfico, característico da língua falada (idem). Também reconhece o cinema como uma forma de escritura textual (METZ, 1971). Entretanto, Metz refere-se à questão da comunicação dialógica simultânea, que tipifica a língua natural, para mostrar que no cinema o sentido se faz *a posteriori*, sem o fluxo parlante (idem) Por força de características como a da impossibilidade diálógica na fruição fílmica, Metz veio a referir-se ao cinema como uma linguagem sem língua (METZ, 1971). Segundo Jacques Aumont e Michel Marie, para Metz

> o cinema não tem língua, tem códigos – em grande número – e cada um rege, de um ponto de vista parcial e particular, certos momentos ou certos aspectos dos enunciados fílmicos. O conjunto dos códigos do cinema é, portanto, globalmente, uma espécie de equivalente funcional da língua, sem ter seu lado sistemático (AUMONT; MARIE, 2003, p. 177).

Em contrapartida, Robert Stam argumenta que espectadores respondem ao filme sob a forma de um monólogo interior e por meio de diálogo com outro espectador após o filme, e que Bakhtin reconhece que a emissão linguística não necessita de resposta imediata para constituir comunicação (STAM, 1992, p. 35).

De qualquer maneira, em relação à capacidade de diálogo em copresença, imagens estáticas ou em movimento permitem hoje, via tecnologia computacional, tanto a criação simultânea de imagens e sons por diferentes participantes em relação remota, quanto o diálogo interpessoal a distância, como acontece em teleconferências, quando recursos visuais permitem todo tipo de articulação imagética. No que tange às dimensões e à sistematização dos códigos cinematográficos, o tempo mostra-nos que as possibilidades de uso (fala) são também numerosíssimas.

Outra razão para a postura de Metz teria sido, talvez, o fato de Saussure afirmar que o signo linguístico não se ligava ao objeto por uma relação única de sentido; estaria, isto sim, conectado àquele via significado, isto é, mediado por um sentido acordado convencionalmente. Para Metz, o sistema fílmico carecia dessa arbitrariedade do signo linguístico (METZ, 1971). Seria preciso haver o descolamento do sentido denotativo da imagem do objeto na tela para que isso ocorresse. Seria necessário o deslocamento do sentido da imagem do objeto imediato em direção a um sentido simbólico. Metz talvez não tenha considerado que a teoria da montagem, dos primeiros momentos dos anos 1920, por meio das experiências teórico-práticas de Eisenstein, Kuleshov, Pudovkin e Vertov, já havia atingido esse alvo (EISENSTEIN, 1967; KULESHOV, 1974; PUDOVKIN, 2006; MICHELSON, 1984). Após críticas à sua posição de base realista, entretanto, Metz veio a reconhecer o caráter codificado do signo fílmico, embora ainda distinto do que acontecia na arbitrariedade da língua natural (STAM, 1992, p. 33).

Citando Edward Branigan, Marcel Vieira da Silva apresenta-nos a dimensão linguística do cinema a partir dos recursos visuais que assinalam o ponto de vista na narrativa cinematográfica.

Branigan destaca a noção de ponto de vista como linguagem, tendo por esteio uma aplicação de conceitos da linguística aos artifícios estilísticos do cinema, o ponto de vista, aqui, baseia-se principalmente na distinção, estabelecida por Émile Benveniste, entre discurso (*discours*) e história (*histoire*); dessa maneira, reside na ideia de que a linguagem simbólico-representativa do cinema teria estrutura semelhante à da linguagem verbal, e ambas (junto a diversos outros sistemas de linguagem) fariam parte de um campo de estudos mais amplo denominado semiologia, tal como imaginada por Ferdinand de Saussure. A partir dessa percepção, o plano ponto de vista seria o equivalente a uma fala em primeira pessoa, quando o narrador cede seu olhar/voz para uma personagem. Embora a busca de similitudes entre as linguagens verbal e visual se baseie em algumas associações apropriadas (como a supracitada entre plano ponto de vista e fala em primeira pessoa), Branigan (op. cit., p. 15) argumenta que "esse debate acerca da relação entre palavras e imagens frequentemente negligencia uma questão vital: a natureza da cognição humana, ou seja, o sistema representacional interno que processa palavras e imagens" (tradução de Marcel Vieira). Ele acrescenta que há evidências da existência de dois sistemas de processamento no cérebro, o que indica uma parcial independência do sistema pictórico para a linguagem verbal (SILVA, 2007, 1984, p. 15).

Ainda que sua gramática não tenha as mesmas partes ou os mesmos níveis de articulação da língua natural (fonema, morfema,

Langue gráfica?

Outro aspecto que contribui com nossa discussão diz respeito à *langue* enquanto gramática explícita, de uso consciente, como acontece com uma língua como a portuguesa em seu estágio atual. Uma linguagem não existe porque possui uma gramática explicitada; existe no uso sistemático de seu repertório e códigos pela massa falante. A gramática costuma vir *a posteriori*. Não se pode esquecer que as gramáticas são o resultado de observação dos padrões de uso. São, portanto, frutos de dedução, embora se possa manter um esquema em que normas consuetudinárias convivam com regras claras preeestabelecidas.

Se adotarmos o conceito de linguagem saussureano, não fará sentido aceitar expressões como linguagem visual, linguagem gráfica, nem mesmo linguagem musical, linguagem gestual, linguagem de sinais, etc. Seria, ainda, impróprio, referir-se à leitura da imagem ou ao texto fílmico, como se faz corriqueiramente hoje. No conceito saussureano, só haveria uma linguagem e só haveria um sistema de signos chamado língua. Assim, língua e linguagem seriam sinônimos. Entretanto, utilizamos linguagem em expressões que se referem a vários sistemas de significação que não o da língua natural. Para validar tal uso, teríamos de admitir o sentido de linguagem que atribuímos nos primeiros parágrafos deste texto. Neste ponto, gostaríamos de chamar a atenção para o fato de que, quando Metz fala em uma linguagem sem língua, referindo-se ao cinema, passa a admitir um lugar linguístico fora da noção saussureana de língua (METZ, 1971). Esse detalhe é importante porque abre espaço para o que entendemos por linguagem como gênero dos diversos sistemas que existem, que possuem falas e que atingiram um nível razoavelmente desenvolvido de gramática. Mesmo que não a tenham, não deixam

Sobre a dimensão linguística da imagem   303

de ser linguagens nesta acepção; basta terem as características que arrolamos no início do trabalho.

A linguagem ou comunicação visual, à semelhança de sistemas como o fílmico, possui uma gramática desenvolvida, embora não se estabeleça nas mesmas articulações da gramática da língua natural (DONDIS, 1999). Como no caso do cinema, ela possui dupla articulação em seus elementos textuais (ponto, traço, retícula, pixel, etc.) até chegar à unidade de sentido semelhante à palavra (imagem representativa do referente). Sua preocupação com aspectos distintos dos da gramática língua natural, tais como legibilidade, identidade, leiturabilidade, define objetivos diferentes de categorias gramaticais como substantivo, adjetivo, pronome, etc. Não obstante, seu texto possui qualidades como as do adjetivo, ou posturas de representação espacial que definem pontos de vista, tal como ocorre na narrativa literária. Histórias em quadrinhos utilizam-se de convenções que correspondem a conectivos equivalentes a preposições ou a conjunções entre imagens distintas. As imagens, ainda que isoladas e estáticas, têm a capacidade de compor sintagmas cristalizados (apresentados por Saussure), como é o caso das alegorias, tão utilizadas pela escola simbolista dos pré-rafaelitas. Este caso também nos evidencia o potencial da imagem em estabelecer o sentido para além da representação do objeto imediato. Hoje, muitas imagens de uso comum, tais como os ícones existentes em páginas dos sites de computador, têm um caráter arbitrário, convencional.

Para finalizar esta seção do trabalho, poderíamos argumentar que, em se tratando de repertórios e códigos de naturezas diferentes daqueles que tipificam a linguagem oral – em nosso caso elementos de natureza visual –,não se deveria ter a preocupação de buscar um paralelismo absoluto entre os mecanismos da língua natural e os de outras linguagens. Estamos sugerindo um afastamento também do logocentrismo em seus elementos de constituição de linguagem para se chegar à caracterização de sistemas outros que poderiam ser reconhecidos como linguagens ontologicamente diferentes. Talvez uma atitude mais contemporânea seria buscar um sistema aberto, *sui* generis, livre de estruturas universais, conforme as da linguagem oral, alfabética. Algo cujas regras pudessem ter um diferente grau de flutuação semântica ou um comportamento mais condizente com uma realidade cambiante, algo que merecesse uma interpretação global, de dentro (de um sistema) e de fora (do uso). Este é um desafio à frente para os teóricos da imagem.

Alfabetização pela imagem

Ver e ler pressupõem conhecimento de repertórios e códigos, estejam estes no universo do pensamento linguístico (SAUSSURE, 1973), ou do pensamento imagético (DARRAS, 1996). Se admitirmos que existe uma linguagem visual com gramática específica, podemos deduzir que aqui existirá, também, um tipo de alfabetização e letramento, que passamos a nos referir como alfabetismo e literacia. Certamente não nos referimos à imagética inicial de Darras, mas ao manuseio da imagem dentro de um sistema complexo que a cultura estabeleceu ao longo da história da iconicidade. O que queremos aqui dizer é que o sentido da imagem é culturalmente determinado, assim como o sentido da palavra.

A imagem figurativa realista tem a capacidade de nos passar uma primeira impressão de que não existem regras para sua fruição. Nada mais enganoso. Em realidade, não apenas existem normas de representação visual, como algumas são bastante antigas, como é o caso da perspectiva central, concebida no Renascimento. O próprio realismo na pintura é uma escola de representação que adota regras específicas para simular a visão e a percepção diretas, miméticas. Em um primeiro nível de percepção, essas regras são de fácil domínio, razão, talvez, do mito da imagem sem regras.

Embora não pertença à imagem figurativa, temos um bom exemplo de expressão imagética que exige um conhecimento de regras de leitura para seu entendimento: o mosaico islâmico, que tem nos arabescos imagens que representam narrativas e se ligam a referentes do mundo concreto por meio de convenção. Da mesma forma, quem não for versado em manuscritos iluminados da Idade Média, não conseguirá ler as imagens e interpretar relações complexas entre texto escrito e elementos figurativos. Notamos, então, que existe aí o pressuposto de alfabetismo, que passa, inclusive, pela interpretação dos espaços em branco ou pela relação entre as unidades imagéticas. Lembramos aqui que Derrida nos chama a atenção para os espaços entre as letras e as palavras do texto escrito ou impresso como um possível *locus* de sentido (DERRIDA, 1995). A própria estética acumula-nos de exemplos em que é preciso o domínio de um olhar para se perceber determinada imagem. A escola simbolista de pintura requer o conhecimento das convenções de representação simbólica para que a leitura da imagem se dê. Não estaríamos, talvez, diante de uma alfabetização de outra natureza introduzida pela imagem?

No viés da percepção, que deve ser equacionada na gramática da imagem, temos exemplos como o pontilhismo, a demandar um olhar de síntese para que se percebam as imagens formadas por células de cor na tela. Exemplo mais radical é o que apresenta a estereoscopia sem auxílio de aparelho. Aqui o próprio olho é exigido para que a percepção ocorra. A Gestalt também nos fornece exemplos instigantes sobre a percepção visual, que, embora não represente um esforço físico, como no caso da estereoscopia, nos coloca diante de imagens que mudam de sentido a cada mirada (ARHEIM, 1974).

Temos outras categorias de imagens, associadas a fenômenos da percepção, que apresentam sentidos ambíguos, impressões cinéticas (por exemplo, obras de Victor Vasarely ou Jesús Soto), mudanças de cor em função da posição do fruidor diante da obra (trabalhos de Anish Kapur) ou ambientes que contradizem códigos da perspectiva (obras de Maurits Cornelis Escher).

Panofsky nos mostra, todavia, que não basta identificar determinada imagem como algo, por mais realista e natural que pareça. O autor fala de um percurso de três fases na apreciação estética, que vai do pré-iconográfico ao iconológico, e que exige do intérprete treinamento de observação e conhecimentos específicos para realmente absorver sentidos e transformar a imagem em algo que lhe agregue e ao entorno (PANOFSKY, 1955). É mediante o domínio desse conhecimento e com sensibilidade que o indivíduo tramitará, então, pelo âmbito das imagens, podendo, assim, incorporá-las à sua vida. O alfabetismo e a literacia pressupõem treinamento diverso daquele a que nos acostumamos com relação à língua portuguesa. Nesta, foi-nos exigido aprender letras, sílabas e palavras e, com elas, formar sentenças e períodos. Assim lemos e escrevemos. Para o letramento nos é exigido, além do conhecimento do código, um entendimento do papel sociocultural da língua que falamos e escrevemos. Nossa língua torna-se, assim, uma cunha de vivências; ela instrumentaliza-nos para a vida e para o meio em que atuamos. Ela valoriza os agentes da cultura e da aprendizagem. É, portanto, o sentido que a língua dá para vida que afere o letramento. Embora o letramento esteja associado mais diretamente à escritura e à utilização da escrita na produção social, entende-se que funcione também na oralidade. Por isso, é bastante comum encontrarmos o analfabeto funcional, que, em geral, domina o código em nível básico. Mas também não é raro estarmos diante de uma pessoa parcialmente analfabeta que possui letramento, que sabe trabalhar o verbo e compreende o sentido maior do uso da língua falada e da escrita.

Hoje se fala em alfabetizar letrando, dentro do chamado Modelo Ideológico de Letramento. Segundo Colello,

> [...] O "Modelo Ideológico" admite a pluralidade das práticas letradas, valorizando o seu significado cultural e contexto de produção. Rompendo definitivamente com a divisão entre o "momento de aprender" e o "momento de fazer uso da aprendizagem", os estudos linguísticos propõem a articulação dinâmica e reversível entre "descobrir a escrita" (conhecimento de suas funções e formas de manifestação), "aprender a escrita" (compreensão das regras e modos de funcionamento) e "usar a escrita" (cultivo de suas práticas a partir de um referencial culturalmente significativo para o sujeito) (COLELLO, 2007).

SOBRE A DIMENSÃO LINGUÍSTICA DA IMAGEM 307

A autora fala-nos, ainda, de "letramentos":

[...] é possível confrontar diferentes realidades, como, por exemplo, o letramento social com o letramento escolar; analisar particularidades culturais, como, por exemplo, o "letramento das comunidades operárias da periferia de São Paulo", ou ainda compreender as exigências de aprendizagem em uma área específica, como é o caso do letramento científico, letramento musical, o letramento da informática ou dos internautas. Em cada um desses universos, é possível delinear práticas (comportamentos exercidos por um grupo de sujeitos e concepções assumidas que dão sentido a essas manifestações) e eventos (situações compartilhadas de usos da escrita) como focos interdependentes de uma mesma realidade (SOARES, 2003). A aproximação com as especificidades permite não só identificar a realidade de um grupo ou campo em particular (suas necessidades, características, dificuldades, modos de valoração da escrita), como também ajustar medidas de intervenção pedagógica, avaliando suas consequências. (COLELLO, 2007)

Saindo da visão grafocêntrica, perguntamo-nos como podemos pensar em trabalhar imagens para além de enxergá-las e decodificá--las superficialmente? Qual seria o papel social da imagem? Em primeiro lugar, é preciso perceber que a imagem, enquanto linguagem, tem formas de expressão de natureza distinta da língua natural. Como tal, requer procedimentos distintos de aprendizado e uso, de alfabetismo e literacia. Mas podemos inspirar-nos nas conquistas pedagógicas obtidas no campo do ensino da língua natural. Darras defende o raciocínio pelo pensamento imagético e o funcionamento em sociedade por meio da utilização de recursos visuais inatos. Nesta mesma linha, acreditamos que o modelo ideológico de letramento da língua natural deve ser considerado em relação às imagens, assim, deveria ensinar-se o aluno a ler imagens em vez de tê-las como simulacros do real. Seria preciso aproveitar as vivências de representação espontânea que o aluno traz, bem como suas preferências em descrever o mundo imageticamente. Não seria preciso que dominasse as técnicas de representação em um nível esmerado, como no caso do desenho técnico ou da pintura aprendida em academias de Belas Artes. Teríamos de ensiná-lo a ver e a escrever com imagens por meio dos recursos próprios e das tecnologias de que hoje dispomos para tal. Estas permitem que nos articulemos visualmente com mais facilidade que nossos antepassados.

Gostaríamos de deixar aqui uma nota de destaque para o professor que atua nas áreas acadêmicas, como o *Design*, em que a imagem é presença constante e central. À semelhança do que se faz, hoje, com o ensino da língua portuguesa nas escolas contra o analfabetismo funcional, o mesmo esforço deve ser aplicado à leitura e ao uso da imagem. Estaria em jogo o que convencionamos aqui chamar de literacia, isto é, o uso criativo e eficiente dos recursos visuais para além da mera representação denotativa da figura mimética. Dessa maneira, quando se produz ou se quer interpretar uma imagem, devem-se considerar aspectos relativos à recepção e ao contexto de produção e uso dela. Elementos relativos à tecnologia, à situação sociopolítico-econômica, psicológica e afetiva constituem, dessa maneira, variáveis que alteram a percepção, o sentido e o uso da imagem, situação semelhante à que nos encontramos diante de textos alfabéticos.

Referências

ARHEIM, R. *Art and Visual Perception*: A Psychology of the Creative Eye. Berkeley: University of California Press, 1974.

AUMONT, J.; MARIE, M. *Dicionário teórico e crítico de cinema*. Campinas: Papirus, 2003.

BARTHES, R. *O grão da voz*. Entrevistas 1962-1980. São Paulo: Martins Fontes, 2004. p. 17-23.

_____. *O óbvio e o obtuso*. Rio de Janeiro: Nova Fronteira, 1990.

BUORO, A. B. *Olhos que pintam*: a leitura da imagem e o ensino da arte. São Paulo: Educ, 2002.

CARTER, C. L. Syntax in Language and Painting. *The Structuralist*, v. 12, p. 45-50, 1972.

CHOMSKY, N. *Language and Mind*. New York: Harcourt Brace Jovanovich, 1972.

COLELLO, S. M. G. *Alfabetização e letramento*: Repensando o ensino da língua escrita. Disponível em http://www.hottopos.com/videtur29/silvia. htm>. Acesso em 5 de janeiro de 2007.

DARRAS, B. *Au commencement était l'image*. Du dessin de l'enfant à la communication de l'adulte. Collection Communication et complexité. Paris: ESF éditeur, 1996.

DERRIDA, J. *A escritura e a diferença*. São Paulo: Perspectiva, 1995.

DONDIS, D. A. *Sintaxe da linguagem visual*. São Paulo: Martins Fontes, 1999.

EISENSTEIN, S. M. *Film form [and] The film sense*. Cleveland: World Pub. Co., 1967.

GAUTHIER, G. Langage et cinéma... et bande dessinée. In : MARIE, M.; VERNET, M. (Orgs.). *Christian Metz et la théorie du cinéma*. Paris: Méridiens Klincksieck, 1990. p. 68-77.

GELB, I. J. *A Study of Writing*. Chicago: The University of Chicago Press, 1963.

HARRIS, R. *Reading Saussure*: A Critical Commentary on the Cours De Linguistique Générale. Norwood: Ablex, 1987.

310 Sobre a Linguagem e o Pensar

HAYWARD, S. *Key Concepts in Cinema Studies*. London & New York: Routledge, 1996.

HELLER, S.; POMEROY, K. (Org.). *Design Literacy*. New York: Allworth Press,1997.

HILLIER, J. *Cahiers du cinéma*: 1960-1968 – new wave, new cinema, reevaluating Hollywood. Part Four Towards a New Cinema/New Criticism. Cambridge: Harvard University Press, section 28, 1986.

JOLY, M. *Introdução à análise da imagem*. São Paulo: Papirus, 2005.

KRESS, G.; VAN LEEUWEN, T. *Reading images*. The grammar of visual Design. London: Routledge, 2000.

KULESHOV, L. V. *Kuleshov on film*: writings. Berkeley: University of California Press, 1974,

MANGUEL, A. *Lendo imagens*. São Paulo: Companhia das Letras, 2001.

METZ, C. *Langage et cinema*. Paris: Larousse, 1971.

_____. *Essais sur la signification au cinéma*. Paris: Klincksieck, 1968. 1 v.

MICHELSON, A. *Kino-eye*: the writings of Dziga Vertov. Berkeley: University of California Press, 1984.

PANOFSKY, E. *Significado nas artes visuais*. São Paulo: Perspectiva, 1955. (Coleção Debates)

PEIRCE, C. S. *Semiótica*. São Paulo: Perspectiva, 1977.

_____. The Division of Signs. In: HARSTHORNE, C.; WEISS, P. (Ed.). *Collected Papers*. Cambridge: The Belknap Press of Harvard University Press, 1965. v.II, book 2, chap. 2.

PUDOVKIN, V. I. *Selected essays*. Richard Taylor (Ed.). London; New York: Seagull Books, 2006.

SAUSSURE, F. de. *Curso de linguística geral*. São Paulo: Cultrix, 1973.

SILVA, M. C. M. *A presença dos aparelhos e dispositivos ópticos no Rio de Janeiro do século XIX*. 2006. 230 f. Tese (Doutorado em Comunicação e Semiótica) – Programa de Pós-graduação em Comunicação e Semiótica – Pontifícia Universidade Católica de São Paulo, São Paulo.

SILVA, M. V. B. *Entre mimese e diegese*: a construção da cena na adaptação do Closer. 2007. 185 f. Dissertação (Mestrado em Comunicação) – Programa de Pós-graduação em Comunicação da Universidade Federal

Fluminense (PPGCOM), Instituto de Artes e Comunicação Social, IACS, Niterói.

STAM, R. et al. *New Vocabularies in Film Semiotics*. London & New York: Routledge,1992.

TWYMAN, M. Using Pictorial Language: A Discussion of the Dimensions of the Problem. In: DUFFY, T. M.; WALKER, R. W. *Designing Usable Texts*. Orlando: Academic Press, 1985, p. 245-312.

_____. The graphic presentation of language. *Information Design Journal*, v. 3(1), 1982, Grillford Ltd, Stony Stratford, Milton Keynes, UK, p. 2-22.

Impresso por:

gráfica e editora

Tel.: 11 2769-9056